초자연적 그리스도인

초자연적 그리스도인

대런 스토트 지음 | 김주성 옮김

UN APOLOGE TICALLY SUPER NATURAL

헌사

놀랍고 멋진 우리 아이들에게,

이 글을 쓰면서 엄마와 아빠에게 너희가 얼마나 큰 선물인지에 대한 자부심과 감사함으로 가득하단다. 아비가일 로즈, 피터 조셉, 소피아 조이, 빅토리아 스토트, 너희는 우리에게 가장 기쁨이야!

이 책을 너희 한 명 한 명에게 바친다. 너희는 초자연적 세계를 추구해 온 우리 가문의 네 번째 세대야. 하늘나라의 초자연적 실재를 과감히 받아들이고 누리는 너희가 너무나도 자랑스럽다.

인생의 여정을 살아가는 동안 너희가 유일무이한 소중한 존재라는 걸 기억하기 바란다. 목적을 위해 창조된 너희에게는 하나님의 영광을 위해 크고 놀라운 일들을 할 잠재력이 있다. 세상이나 교회가 너희를 틀에 가두려 할지라도 두려워하지 말고 너희다운 모습으로 너희 믿음에 충실하기를 바란다.

엄마와 아빠는 항상 이곳에서 너희를 지지하고 사랑하며 너희가 그리스도와 그분이 너희 마음속에 두신 갈망을 구하고 따르도록 응원할 거야. 너희는 혼자가 아니라는 사실을 기억하렴. 하나님이 늘 너희와 함께 계시니까 말이야.

인생이라는 거친 모험을 하는 동안 이 책이 너희에게 영감과 용기를 주길 바란다.

세상을 변화시킬 소중한 너희에게 이 책을 바친다.

사랑을 담아 **아빠가**

다니엘이 말하여 이르되 영원부터 영원까지 하나님의 이름을 찬송할 것은 지혜와 능력이 그에게 있음이로다 그는 때와 계절을 바꾸시며 왕들을 폐하시고 왕들을 세우시며 지혜자에게 지혜를 주시고 총명한 자에게 지식을 주시는도다 그는 깊고 은밀한 일을 나타내시고 어두운 데에 있는 것을 아시며 또 빛이 그와 함께 있도다 나의 조상들의 하나님이여 주께서 이제 내게 지혜와 능력을 주시고 우리가 주께 구한 것을 내게 알게 하셨사오니 내가 주께 감사하고 주를 찬양하나이다 곧 주께서 왕의 그 일을 내게 보이셨나이다 하니라 _단 2:17-23

목차

4_ 헌사

8_ 서문

1장 초자연적인 천국의 영역 풀어놓는 법 ——— 20

2장 돌파의 연료 ——— 50

3장 초자연적 경로 정하기 ——— 76

4장 예언적 운동 분별하기 ——— 106

5장 초자연적 정체성과 소명의 기초 ——— 134

6장 하늘 영역의 기적 활성화하기 ——— 160

7장 밤은 초자연적 역사가 일어나는 시간이다 – 꿈 매뉴얼 ——— 194

8장 이 땅의 전쟁 ——— 240

9장 제사장 직분 ——— 268

서문

> 초자연적 사역은 그리스도인에게 선택이 아닌 필수다. _워치만 니

서문을 읽어야 하는 이유

어느 젊은 커플이 사무실에 난입하여 금방이라도 폭발할 것 같은 긴장된 분위기를 조성했다. 분노와 낙담으로 분위기가 무거운 것이 뭔가 잘못된 것 같았다. 보통 활기가 넘치던 남자는 슬리퍼를 물어뜯다가 야단맞은 강아지처럼 시무룩해 있었고, 약혼녀는 씩씩대며 울분을 토하고 싶어 했다.

내가 눈을 감고 기도를 시작하자 그녀는 참지 못하고 입을 열었다. "당신이 대런 목사님께 말씀 드릴래 아니면 내가 말할까?" 면도날처럼 날카로운 목소리였다. 남자는 여전히 고개를 숙인 채 내 시선을 피하며 투덜거리듯 말했다. "내가 말할게. 하지만 이건 큰 문제가 아닌 것 같아."

약혼녀는 전혀 개의치 않았다. "나한테는 큰 문제야! 나는 우리 관계를 진지하게 받아들이고 있고 당신도 그랬으면 좋겠어"라고 쏘아붙였다.

"나도 우리 관계가 중요해." 남자는 힘없이 항변했다.

"그러면 어서 말씀 드려!" 여자가 쏘아붙였다.

마침내 그가 고개를 들어 나를 바라보며 자기 잘못을 털어놓았다. "그녀가 화가 난 건 제가 책의 서문을 읽지 않았기 때문이에요. 저는 책의 서문을 읽는 사람은 아무도 없다고, 본문 내용을 볼 텐데 서문을 읽는 것은 시간 낭비에 불과하다고 말했죠."

나는 눈썹을 치켜 올리며 웃음을 참으려 애썼다. "그래서 그 책의 나머지 부분은 다 읽었나요?"

그는 적극적으로 답했다. "그럼요! 내용이 너무 좋아서 어서 나누고 싶어요."

약혼녀는 그의 말에 화가 나서 머리를 절레절레 저었다. "정말 바보 같은 소리네. 잘 정리된 서문이 없으면 독자는 관심을 잃어버리고 본문의 분위기와 흐름을 제대로 설정하지 못할 수 있어. 그래서 서문이 독자의 관심을 끌고 정보를 전달하는 중요한 역할을 한다는 걸 모르는 거야?"

서문의 중요성에 대한 그녀의 열정적인 항변에 웃지 않을 수 없었다. "우리 모두 그 말에 동의할 거예요." 나는 미소를 지으며 말했다. "이제 진정하고 시작해 볼까요?"

토론을 시작하면서 나는 정말 말도 안 되는 상황이라는 생각이 들었다. 그러면서도 사소한 것이 엄청나게 큰 문제를 야기할 수도 있다는 사실을 상기하는 좋은 계기가 되었다.

그러니 당신의 초자연적 정체성과 소명이 온전히 풀어지기 원한다면, 서문을 반드시 읽고 넘기지 않기를 바란다.

좋은 소식과 나쁜 소식

최근 초자연적인 것이 대중의 관심사가 되었다. 심지어 그것을 받아들이기 주저하던 사람들도 관심을 보이고 있다. 지극히 보수적인 사람부터 가장 개방적인 사람에 이르기까지 성령의 역사에 관한 관심이 커지고 있다. 심지어 요즘에는 (미국에서) 보수적인 침례교단에서도 벧엘 교회(역주-빌 존슨 목사가 담임하고 있는 성령사역 교회) 찬양을 부르고 있다. 이로 인해 믿는 자들이 초자연적 경험을 할 새로운 기회가 열리기도 하지만, 동시에 예수 그리스도를 따르는 자들 가운데 비성경적이고 비합리적인 관행이 유입될 우려 또한 커지고 있다.

우리는 어떻게 이러한 상황을 헤쳐 나가며 복음적 사명과 성경의 무오성을 잃어버리지 않고 믿는 자들이 초자연적인 것을 받아들이도록 격려하고 무장시키고 힘을 실어줄 수 있을까?

우리가 이상한 신비주의자처럼 보이지 않으면서도 백 퍼센트 당당하게 초자연적 믿음을 가질 수 있는 방법은 무엇일까?

1. 그리스도 안에서 자신이 누구인지 알라

사자는 이미 사자이기에 사자가 되려고 노력할 필요가 없다. 그러나 만일 사자가 자신의 정체성을 깨닫지 못한다면, 이미 사자임에도 사자가 되려고 시간과 에너지, 물질을 허비할 수도 있다. 마찬가지로 우리도 이미 그리스도 안에서 당당하게 초자연적인 존재들이다. 이 책이 당신을 초자연적인 존재로 만들어 주지는 않겠지만, 당신의 정체성을 이해할 수 있도록 지식과 청사진을 제공해 줄 것이다.

2. 예수님으로 충분하다는 사실을 기억하라

하늘나라에는 지름길이나 요령 같은 것이 없다. 초자연적이라는 것은 사람이나 결과를 조종한다는 말이 아니다. 우리는 그런 것을 흑마술 혹은 주술이라고 한다.

(점을 치는 데 사용하는) 수정 구슬이나 기름, 특정의 성수, 교인 자격, 영적 체험이 예수님의 능력과 권세를 대신할 수는 없다. 그분이 전부이시다. 예수님이 길이요 진리요 생명이시다. 그분이 아버지께 가는 유일한 길이시다. 다른 누군가가 말하는 초자연적 "열쇠"나 방법들에 현혹되지 말라. 이 방법들이 그리스도를 대체할 수 없다. 우리는 항상 신랑 되신 예수님께 초점을 맞춰야 하며, 그분을 향한 사랑과 헌신을 통해 우리의 경주를 끝까지 잘 마칠 수 있다.

3. 초자연적 경험의 역할이 뭔지 이해하라

초자연적 경험의 목적과 의미를 교회에서 오해하고 있을 수도 있다. 그런 경험을 명예로운 훈장이나 선택받은 엘리트의 표로 여기는 사람도 있을지 모르겠다. 이러한 관점으로 인해 위험한 교만과 우월감에 빠져서 어리석음의 영이 틈탈 수 있다. 반대로 그런 경험이 없으면 스스로 덜 영적이거나 뭔가 잘못했다고 여기면서 낙담하거나 심지어 죄책감까지 느끼는 사람도 있을 수 있다. 하지만 사실 초자연적 경험으로 능력이 나타나고 삶이 변화되더라도 그 자체가 목적은 아니다. 다만 목적에 이르는 수단, 곧 하나님께 가까이 나아가서 우리 삶을 향한 그분의 목적을 이루는 방법일 뿐이다.

이 책은 성경의 초자연적 줄거리와 그 안에서 우리의 역할이 무엇인지 이해할 수 있게 도울 것이다. 초자연적 경험을 이해할 수 있는 명확한 틀을 제공함으로써 중심을 잃지 않고 열매 없는 삶이나 이상한 방향으로 나아가지 않도록 도울 것이다.

이 책의 목표는 당신이 행동하도록 동기를 부여하고 뚜렷한 목적의식과 책임감을 갖게 하여 자신의 초자연적 정체성을 온전히 받아들이고 하나님이 예비해 두신 모든 것을 충만하게 누리며 살아가게 하는 것이다.

나는 "이런 사람"이다!

명확하게 하기 위해 미리 말하지만, 나는 매사에 조심하고 절제하라고 설교하는 스타일은 아니다. 히브리어 박사학위도 없고 신학적 세부사항을 두고 공개적인 논쟁에 참여하는 일에도 관심이 없다. 내가 방송에 나와서 성경에 대해 열정적으로 논쟁하거나 최신 명품 향수를 뿌리고 다니는 모습을 본 적도 없을 것이다. (소박하게 무향의 데오드란트를 사용하는 정도이다.)

나는 본래 비관적인 성격도 아니고, 뿌리 깊은 분노나 원한을 품는 사람도 아니다. 음란의 죄를 이용해 회개를 촉구하며 강단에 초청하는 것과 같이 감정에 호소하는 조잡한 시도들을 좋아하지도 않고, SNS에 교회를 비난하는 글을 게시하는 것이 의미 있다고 생각하지도 않는다.

나는 초자연적인 것을 추구하는 초자연주의자이다. 2013년부터 '초자연주의자 미니스트리(Supernaturalist Ministries)'라는 사역 단체를 직접 운영해 오고 있으며, 10년 넘게 초자연주의자 팟캐스트 방송을 진행하면서 우리 시대의 저명한 초자연적 리더들을 인터뷰하는 즐거움을 누려 왔다.

재미있는 이야기를 들려주겠다. 2022년 1월에 데스티니 이미지 출판사의 래리 스팍스(Larry Sparks)에게서 문자 메시지를 받았다. "대런, 《초자연주의자(The Supernaturalist)》라는 책을 써 보는 게 어때요?" 나는 지체없이 "해봅시다!"라고 답장을 보냈다. 그런데 어떻게 됐는지 아는가? 불과 몇 달 후에 내가 사는 도시의 어떤 초자연적 사역자가 바로 그 제목으로 책을 출간했다. 신기하게도 말이다.

솔직하게 말하자면 나는 바로 이런 사람이다. 나는 하나님의 영광에 열광하는 사람들과 함께하는 것이 자랑스럽다. 내가 당당하게 초자연적인 믿음을 가지고 행하는 것을 부끄러워하지 않는다.

그런데 중요한 사실은 나만 그런 게 아니라는 것이다. 우리 가족도 같은 부류이다. 우리는 처음부터 초자연적인 것에 푹 빠졌다. 아버지는 자주 성령에 취해 여행 경로나 방향도 천사들에게 받으셨는데, 천사가 호텔 방 벽에 번개로 지도를 그려 주곤 했다.

이 책을 쓰는 지금 나는 인도의 정글 깊은 곳에 있다. 오늘은 우리 아이들과 함께 백인 선교사가 발을 들인 적 없는 마을에서 사역했다. 12살의 아들과 14살의 딸이 담대하게 말씀을 전하며 주님께 받은 비전을 나누었다. 오늘은 특히 역사적인 날이었다. 인도의 목회자들과 힌두교 정부 지도자들이 와서 미국 선교사들을 치하했는데, 이곳은 외국인이 복음을 전하는 것이 완전히 법으로 금지되어 있는 지역이었다.

그렇다, 나는 그냥 "이런 사람"이다. 절대로 달라지지 않을 것이다. 나는 성령에 관해서라면 열정적으로 추구하는 사람으로 유명하다! 분명히 해둘 것이 있다. 나는 하나님의 영광에 열광하는 자들과 함께하며 억제되지 않는 열정으로 초자연적인 것을 받아들이지만, 그것이 내가 즉흥적이고 어리석으며 어리숙한 사람이라는 말은 아니다.

오히려 정반대다. 예수 그리스도의 초자연적인 복음이라는 좋은 소식을 세상에 전하는 것이 나의 목표이다. 나는 전략적으로 생각하는 사람으로 성경 연구 및 신학 학위가 있으며, 예수 그리스도 안에서의 초자연적 정체성과 소명을 사람들에게 일깨우기 위해 살아가고 있다.

그렇다. 나는 관습에 얽매이지 않으며 급진적이고 약간 독불장군 같은 구석이 있다. 그러나 여전히 내가 하는 모든 일에 진지하며 집중하고 있고 목적을 가지고 있다. 삶을 변화시키고 몸을 치유하며 세상을 바꾸는 하나님의 초자연적 능력을 믿는다. 따라서 그 비전이 실재가 되는 모습을 보기 위해 결코 멈추지 않을 것이다.

걱정하지 마라!

그러나 걱정하지 마라. 이 책이 해결책이 되어 줄 것이다! 이 책은 현실 세계의 권능과 차원을 초월한 기적으로 안내하는 초자연적 선언문으로, 실제적이면서도 성령의 감동이 있고 기적과 꿈에서 "내 친구 바야바"(Bigfoot, 미드라마로 제작되어 친근한 미지의 동물 - 편집자 주) 같은 불가사의한 존재나 유체이탈, 자각몽에 이르기까지 모든 것을 다룰 것이다. 식단 조절이나 예산 관리, 성(性)에 대한 것들은 여기서 다루지 않을 것인데, 그런 것들은 앞으로 나올 책에서 이야기하겠다.

이 책에서 배운 것을 실천한다면, 초자연적 존재로서 자신이 누구인지 자각하여 새로운 차원의 초자연적인 권세를 사용하게 될 것이다. 꿈과 신비로운 만남을 경험할 것이고, 기적 안에서 살아가며, 지혜와 계시를 얻을 것이다. 또한 혹시 이단에 속한 사람이 있다면, 교회라는 성경적이고 초자연적인 공동체를 발견하는 도구와 열쇠를 얻게 될 것이다.

그러므로 확신과 지식 그리고 권세를 가지고 초자연적인 세계에 뛰어들 준비를 하라. 이 책은 모든 것을 변화시킬 것이다.

어떻게 이 여정을 시작할까? 이 책에서 기대할 수 있는 것이 무엇인지 간단하게 살펴보자.

첫째로, 당신의 초자연적 정체성을 자각하게 될 것이다. 그것을 위해 약간의 가르침과 깨달음 그리고 예수님이 당신을 위해 예비하신 모든 것을 가로막는 패배주의 신념에서 벗어나는 과정이 필요할 것이다.

이어서 2장에서는 대부분의 사람들이 왕이신 예수님의 초자연적 능력을 꾸준히 경험하지 못하는 이유를 상세히 살펴볼 것이다. 초자연적 증거들을 볼 수 있게 해주고 지속적으로 초자연적 영역에서 행하도록 능력을 받는 비결을 보여주겠다.

3장에서는 초자연적인 경로를 여는 실용적인 방법들을 살펴보겠다. 많은 사람들이 초자연적 영역에서 방황하며 헤매고 있기에 표적, 이사, 기적 안에서 지속적으로 자라고 성장하는 법을 배울 필요가 있다. 우리는 당신이 초자연적 영역에서 전례 없는 속도로 성장하고 진급할 수 있는 비결을 제시할 것이다.

4장에서는 거짓된 예언 운동과 거짓 선지자를 분별하기 위해 우리가 알아야 할 것들은 무엇인지 자세히 살펴보겠다. 우리의 초자연적 정체성을 받아들이려면, 반드시 안전장치를 세워야 한다. 이것은 우리 자신은 물론 건강하지 못한 자들이나 남을 조종하는 자들, 심지어 악한 삯꾼 목자와 공동체에 현혹되어 있는 다른 이들에게 도움이 될 것이다.

5장에서는 건전하고 건강한 초자연적 공동체의 필요성에 초점을 맞출 것이다. 초자연적 교회의 구성, 필요조건 그리고 유익에 대한 성경적 지침을 제공할 것이다.

6장에서는 삶 가운데 기적의 영역을 활성화하는 방법을 가르쳐 주겠다. 더 큰 담대함을 가지고 실제적인 단계로 나아가 예수님의 발 앞에서 불가능한 것들이 굴복하는 모습을 볼 준비를 하라.

7장에서는 잠, 휴식, 꿈 등 밤과 관련된 요소들에 권세를 확립하는 방법을 안내할 것이다. 그동안 접하지 못했던 여러 가지 흥미로운 내용을 깊이 살펴보기에 분명 마음에 들 것이다.

8장은 악한 영이 드나드는 문들이나 초현실적 존재를 포함하여 이 땅에서 벌어지고 있는 초자연적 전쟁에 대해 이야기할 것이다. 당당하게 초자연적 존재로 살아가려 한다면, 우리의 문화 가운데 명백하게 벌어지고 있는 영적 전쟁에 대해 무지해서는 안 된다.

9장에서는 이러한 현재의 어둠을 대신할 수 있는 유일한 길에 대해 나눌 것이다. 그 실마리는 바로 제사장들의 공동체이다. 하나님은 이 시대에 제사장 직분을 세우셔서 이 땅 위에서 그리스도의 몸과 그분의 권세로 기능하게 하심으로써 그분의 음성과 임재를 나타내게 하신다는 것을 깨닫게 될 것이다.

이 책은 당신의 초자연적 선언문이며, 현실 세계에서 차원을 초월한 기적을 일으킬 수 있도록 권능을 부여 받게 하는 안내서이다.

우리가 정말로 누구인지 각성하여 새로운 차원의 초자연적 권세로 행할 준비를 하라.

'장애(disabilities)'라는 말의 문제는 보통 보기나 듣기, 걷기 혹은 그 외 많은 이들이 당연하게 여기는 일들을 할 수 없는 상태를 떠올리게 한다는 점이다. 하지만 감정을 느끼지 못하는 사람들은 어떤가? 자기 감정에 대해 말하지 못하는 사람이나 제대로 관리하지 못하는 사람들은 어떠한가? 친밀하고도 굳건한 관계를 맺지 못하는 사람들은? 또한 자기 삶 가운데 만족을 얻지 못하거나 소망을 잃어버린 사람, 절망과 원망 속에서 살아가며 아무런 기쁨도 사랑도 발견하지 못하는 사람은 어떠한가? 내가 보기에는 이런 것들이 진정한 장애이다.

_프레드 로저스(Fred Rogers),
《미스터 로저스의 세계(The World According to Mister Rogers)》1)

---

1) Fred Rogers, The World According to Mr. Rogers(로저스씨의 세계) (New York, NY: Hachette Books, 2003).

1장

초자연적인 천국의 영역 풀어놓는 법

| 1장 |

우리는 초자연적 존재이다!

친구들, 우리는 초자연적 존재이다! 정말 그렇다! 우리가 그 사실을 온전히 깨닫지 못했을지라도 경이로우신 초자연적 하나님이 비범한 초자연적 목적을 위해 우리를 창조하셨다!

성경의 초자연적 이야기들을 깊이 살펴보며 그 안에서 우리만의 독특한 역할을 이해하고 나면, "나는 확실히 초자연적 존재야!"라고 외칠 것이다. 지금 바로 해보자! 숨을 깊이 들이마신 다음 외쳐 보라. "나는 확실히 초자연적 존재야!".

어떤가? 정말로 그런 것 같은가? 실제로 그렇게 외쳐 보았는가?

자신을 초자연적 존재로 선포하면서도 인지 부조화를 경험하게 되는 주된 이유는 그렇게 느껴지지 않기 때문이다. 하지만 느낌과는 별개로 대부분의 사람들이 자신을 초자연적 존재로 여기지 않는 가장 큰 이유는 무의식적으로 비교하는 본성 때문에 현재의 자신은 이미 그럴 만한 자격이 되지 않는다고 결론을 내렸기 때문이다. 비교는 현재의 나를 초자연적 범주에서 제외시키는 가장 큰 원인이다.

비교할 때 다가오는 음성

이 책이 처음으로 읽는 초자연적인 세계에 대한 책은 아닐 것이다. 우리는 다른 사람들이 경험한 초자연적 영역, 만남 그리고 기적에 관한 책을 좋아한다. 삶의 어떤 분야나 영역에서 우리보다 훨씬 앞선 사람들에 관해 들으면, 무의식적으로 자신의 모습과 비교하게 되는데, 문제는 비교할 때 다가오는 음성이 있고 그것이 꺼림직한 질문을 던지며 영향을 미친다는 사실이다.

이를테면 "너도 저 대단한 사람들처럼 살아가고 있어? 아니라면, 그렇게 될 수는 있고? 언제 그렇게 될 수 있는데? 네가 그렇게 되지 못하게 방해하는 건 뭐야?" 같은 질문들이다. 에덴 동산에서 뱀도 비꼬는 질문으로 아담과 하와를 유혹하여 야훼 하나님과 자신들을 비교하게 만들었다. 뱀은 비교를 강조한 후 불순종이라는 선택지를 제안하는데, 그것은 승진하고 높아져서 야훼와 동등한 신적 지성을 갖게 되는 관문처럼 보였다.

불쾌한 질문에 압도당하면 대부분의 사람들은 비교로 인한 고통을 피하려고 상대를 "영웅(Hero)"의 범주에 넣어버린다. 또는 시기와 질투의 영에 지배당하고 있다면, 그 사람을 깎아내릴 이유를 찾아 "악인(The villain, 빌런)"으로 분류해 버린다.

믿음의 영웅

물론 믿음의 영웅을 갖는 것에는 아무런 문제가 없다. 나에게도 좋아하는 영웅들이 많다! 내가 가장 좋아하는 두 거장은 바로 윌리엄 브랜험(William Branham)과 바비 코너(Bobby Conner)이다.

윌리엄 브랜험

윌리엄 브랜험은 1909년 4월 6일에 태어났다. 15살이었던 엄마가 그를 품에 안았을 때 할머니가 블라인드를 열었고 아름답고 초자연적인 빛의 구슬이 창문을 통해 날아들었다. 그건 영의 눈으로만 볼 수 있는 영적 빛이 아니었다. 방 안에 있던 모두가 실제 살아 있는 비치볼 크기의 불의 공을 보았다. 윌리엄에 따르면 그것이 "소용돌이치며" 방 안으로 들어와 그의 주위를 "빙빙 돌다가" 침대 위에 머물렀다고 한다.

바비 코너

현대의 선지자 바비 코너는 자신의 아버지가 성병으로 정신이 온전하지 못해 정신병원에 있었다고 한다. 의사가 바비의 어머니에게 분명 태중의 아기도 같은 병을 가지고 태어날 거라고 하자, 옷걸이를 자궁에 넣어 낙태하기로 마음먹었다. 그러나 옷걸이의 날카로운 부분이 접근할 때마다 하나님의 손이 아기 바비를 위로, 옆으로 이동시켜 닿지 않게 하셨다.

바비가 어른이 되었을 때 주님이 뱃속에 있을 때 무슨 일이 있었는지 보여 주셨다. 그가 자신이 본 것이 정확한지 묻자 어머니는 맞다고 확인해 주었다. 하나님은 바비를 초자연적으로 보호하셨고, 그는 교회와 열방을 위한 현대의 선지자가 되었다.

대런 스토트

대런 스토트, 곧 내가 태어날 때에는 어머니 곁을 맴돌다가 침대 위에 머문 빛의 구슬도 없었고, 하나님의 손이 태중의 나를 이동시키는 일도 없었다. 빌리(윌리엄의 애칭)와 바비에 비하면, 나의 출생은 지극히 평범하게 보인다. 기적적이고 초자연적인 탄생 이야기도 없는데, 어떻게 내가 윌리엄 브랜험이나 바비 코너 같은 될 수 있을까?

존 G. 레이크의 겉옷

존 G. 레이크(John G. Lake)의 겉옷을 비유로 들어 설명하겠다. 감사하게도 나는 '르네상스 연대(Renaissance Coalition)'라는 단체를 이끌고 있다. 존 G. 레이크가 1908년에 남아프리카공화국에서 이 단체를 시작한 것을 1947년에 그의 딸과 사위가 스포케인에 세워서 워싱턴주에서 가장 오랜 역사를 가진 단체가 되었다.

사람들이 존 G. 레이크의 겉옷(영적 기름부음)을 받았느냐고 물어보면, 우리는 "아니요"라고 대답한다. 우리가 그의 겉옷을 주장하지 않는 이유는 존 G. 레이크도 겉옷을 받지 않았기 때문이다. 그는 그리스도의 기름부음 안에서 행하면서 그리스도의 세대가 자신이 남긴 유산이 아니라 태초부터 계신 분의 덕에서 나오는 권능의 충만함 가운데 살아가길 바랐다.

이 세상은 또 다른 존 G. 레이크나 윌리엄 브랜험, 바비 코너 혹은 대런 스토트를 필요로 하지 않는다. 이 땅은 우리를 필요로 한다. 우리는 성령 충만하여 담대하고 분명하게 그리고 용기 있게 행한다. 비교하는 것은 성령에 속한 것이 아니다. 이것은 교만과 불안정이라는 기초 위에서 자라나며, 우리를 너무나도 사랑하시는 하나님은 이런 것들이 우리의 DNA의 일부가 되는 것을 허락하지 않으신다.

비교하다 보면 우리가 그저 인간에 불과하며 자신의 삶이 당연하고도 평범한 것처럼 보일 수도 있다. 하지만 우리의 예언적 삶을 과소평가하는 일이 없기를 바란다. 바울은 이것에 대해 다음과 같이 말했다. "우리는 그분의 작품이니"(엡 2:10, 한글킹제임스). 성령의 능력이 우리 안에 거하고 있다. 당신의 삶 전반에 걸쳐 하나님의 개입하시고 초자연적인 임재가 나타나는 순간들을 통해 우리의 길과 목적이 형성되어 왔다. 그러한 의미심장한 순간들을 돌아볼 때 성령님께서 우리 삶의 의미와 중요성을 계시해 주실 것이다. 당신의 초자연적 배경을 설명해 주는 강력을 증거들을 다시 발견할 수 있게 도와주겠다.

우리의 초자연적 과거

하나님이 모든 것을 지으시되 때를 따라 아름답게 하셨고 또 사람들에게는 영원을 사모하는 마음을 주셨느니라 그러나 하나님이 하시는 일의 시종을 사람으로 측량할 수 없게 하셨도다 _전도서 3:11

도로시 세이어즈(Dorothy Sayers)는 《조물주의 생각(The Mind of the Maker)》이라는 책에서 삼위일체를 '창조적 아이디어(Creative Idea)', '창조적 에너지(Creative Energy)', '창조적 능력(Creative Power)'으로 설명한다. 창조적 아이디어이신 성부 하나님은 시간에 매이지 않고 그것을 초월하여 존재하시는 분으로, 열정에 치우치거나 시간의 제약을 받지 않으시며 처음부터 끝까지 전체를 한번에 완벽하게 보신다.

"하나님이 모든 것을 지으시되 때를 따라 아름답게 하셨다"는 말씀 그대로이다. 하나님이 만드신 질서와 아름다움이라는 체계는 창조 전에도 있었고 인간을 만드실 때도 영원한 계획이 이미 예비되어 있었다. 로마서 8장 28절은 하나님의 이러한 체계 안에서 모든 것이 합력하여 선을 이룬다는 것을 다시 한번 확인시켜 준다.

하나님이 각 사람 안에 이미 영원을 새겨 놓으셨다는 사실은 너무나도 놀라운 일이다. 그래서 사람마다 시간이 흐르면서 자신의 초자연적인 기원을 자각하게 되는 것이다.

기억 풀어놓기

이 장을 읽으면서 노트와 펜을 가지고 다음을 실습해 보라. 성령님께 당신의 기억을 초자연적으로 일깨워 달라고 구하라. 예수님께 잊고 있던 장면과 순간을 기억나게 해 주셔서 감사하다고 아뢰라. 당신이 아기였을 때, 유년 시절, 십 대, 청년 시절에 본 초자연적인 것들을 믿음으로 적어 보라. 천사나 악한 영, 천국 혹은 지옥을 본 게 기억날지도 모른다.

이를테면 나는 어린 시절에 자다 깨어 창밖을 내다보았는데 우리 집 마당에 천국과 연결된 계단이 있었고 천사들이 그 위를 임의로 오르내리고 있었다. 그것은 마치 천국으로 가는 고속도로 같았다.

기억나는 모든 순간이 페이지에 담길 때까지 계속 적어 보라. 며칠, 심지어 몇 주가 걸릴 수도 있다. 과거에 당신이 기억하던 것보다 훨씬 더 많은 초자연적인 일들이 일어났다는 사실을 발견하게 될 것이다. 어쩌면 잊고 있었던 여러 가지 세부적인 내용이 기억날 수도 있다. 최대한 자세하게 적어 보라.

우리는 자신의 삶을 다른 사람과 비교하는데 그것은 공정한 비교가 아니다. 그 사람의 초자연적인 경험들과 바로 지금 이 순간 우리의 위치를 비교하기 때문이다. 그러나 일단 자신의 초자연적 경험을 기록해 보면, 당신도 당당한 초자연적 존재라는 사실을 알게 될 것이다.

이것은 단지 당신에게만 해당되는 내용이 아니다. 초자연적 것은 모두가 어린 시절과 성장 과정에서 일반적으로 경험하게 되는데, 하나님이 우리를 위해 창조하신 차원이 바로 영적 세계이기 때문이다. 태어날 때에는 어떤 필터나 편견도 없다. 사실 대다수의 아이들이 감당하기에는 어려운 초자연적 강도가 있다. 그래서 많은 부모들이 자녀들의 영적인 경험에 대해 "그건 진짜가 아니고 네 상상일 뿐이야"와 같이 무시하는 말로 길들여 그들의 영적 민감성을 무디게 만들어 버린다.

어느 날 밤 딸아이 아비가일이 울고 있어서 무슨 일인지 알아보려고 방으로 들어갔더니, 옷장을 가리키며 안에 뭐가 있다고 말했다. 옷장 안을 들여다보니 눈앞에 악한 영이 빠르게 움직이는 모습이 보였다. 속으로 '아니, 정말로 옷장에 무언가 있었네!'라고 생각하며, 큰소리로 예수님의 이름으로 그것을 꾸짖었더니 사라졌다. 나는 아비가일에게 걱정하지 말라고 우리가 그것을 처리했다고 알려줬다. 아비가일은 악한 영이 사라진 것을 볼 수 있었다. 그래서 아빠가 사실을 말하고 있음을 알았다. 딸은 더 이상 두려워하지 않았고 돌아눕더니 다시 잠이 들었다. 하지만 나의 심장은 여전히 두근거리고 있었다.

과거 속에서 예수님 찾기

예수님을 본 적이 있는가? 대부분의 사람들은 그런 적 없다고 생각할지도 모르지만, 그 반대다. 문제는 우리가 예수님을 보았느냐가 아니라, 그분을 만났을 때 알아보았느냐는 것이다.

이번에도 성령님께 여쭤보자. 과거에 예수님이 우리에게 오셨을 때, 그것이 꿈이든 환상이든 혹은 깨어 있는 상태에서든 우리가 그분을 본 순간이 있다면 계시해 달라고 구하자. 잊고 있거나 예수님이 우리에게 자신을 계시하셨지만 알아보지 못한 순간들을 보여 달라고 구하라.

과거의 초자연적 경험들, 나아가 예수님이 우리에게 자신을 계시하신 순간들을 기억하기 시작하면, 놀라운 일들이 벌어지고 있음을 깨닫게 될 것이다. 잊고 있었던 순간들이 조금 더 실제적으로 선명하고 생생하게 다가올 것이다. 바로 이것이 하늘 나라가 역사하는 방식이다. 이것에 대한 존중은 우리의 간증을 온전히 풀어내며, 이 간증은 우리가 더 많은 것을 기억해내어 믿음으로 간직하게 한다.

이러한 초자연적 사건들이 오래된 과거의 일이기에 우리는 그것을 찾거나 구하지 않는다. 그리고 찾거나 구하지 않기에 그것을 발견하지 못하고, 그로 인해 그런 일은 없다는 무의식의 거짓말을 받아들이게 된다. 하지만 그것들은 분명히 존재한다!

사람들에게 그들의 인생 여정 가운데 초자연적 일들이 있었다는 사실을 알려 주면, 성령님의 능력과 존중의 자세를 통해 우리 삶의 이야기 속에 하나님의 은혜가 남긴 증거를 볼 수 있게 된다.

이것은 우리뿐만 아니라 다른 이들에게도 똑같이 적용된다. 이 과정 가운데 내가 당신과 함께 걷고 있는 것과 마찬가지로 당신도 다른 사람들과 함께 걸어 줄 수 있다. 사람들이 기억할 수 있는 가장 오래된 순간까지 하나님이 얼마나 그들을 찾아오셨는지 깨닫기 시작하면 자신이 얼마나 사랑받는 존재인지 깨닫게 될 뿐만 아니라, 하나님이 그들의 삶 가운데 특히 초자연적으로 운행하기 원하신다는 확신도 갖게 될 것이다.

하늘의 초자연적 영역을 풀어놓는 법

초자연적 요소가 우리 삶의 이야기 가운데 새겨져 있다는 사실이 확고해졌다면 우리의 시간 속에 영원의 기록이 존재하는 것이다. 여기에는 강력하지만 잊고 있었던 예수님과의 만남도 있을 수 있다. 그러나 우리는 더 깊이 들어가야 한다.

이제 하늘의 초자연적 영역을 풀어놓으려면 어떻게 해야 하는지 살펴보자. 과거에는 초자연적인 영역이 미지의 세계처럼 여겨졌을 수도 있다. 어쩌면 자신이 경험하고 있는 것들을 헤쳐 나가는 데 필요한 이해력이나 신학 또는 권위가 부족했을지도 모르겠다. 이러한 혼란과 상처, 어쩌면 어둠까지 있었던 시기로 인해 초자연적 것들을 뒤로 하고 문이 잠긴 방에 스스로를 가두었던 것이다.

돌아보면, 우리가 인위적으로 문을 닫아걸었다는 걸 깨닫게 될 것이다. 우리가 하늘에 들어가지 못하도록 하나님이 문을 잠그신 것이 아니다. 스스로 문을 잠근 것이다. 윌리엄 블레이크(William Blake)는 《천국과 지옥의 결혼(The Marriage of Heaven and Hell)》에서 "인식의 문이 정화되면, 모든 것이 있는 그대로 무한하게 보일 것이다."

사실 하늘의 초자연적 영역이 우리에게 열려 있고, 하나님의 마음도 닫혀 있지 않다. 가능성은 무한하다. 우리가 해결해야 하는 건 하나님의 마음이 아니라 우리의 마음이다. 마음을 열 준비가 되어 있다면, 하늘이 이미 우리에게 열려 있다는 사실을 알게 될 것이다. 우리 영의 사람이 받아들여지고 사랑 받기 원한다면, 성령님이 이미 우리를 하나님의 놀라운 역사가 넘치는 초자연적인 삶으로 인도할 준비가 되어 있음을 발견하게 될 것이다.

우리가 부르는 찬양이나 기도를 살펴보면 마치 하늘의 문을 두드리는 소리처럼 들린다. 그러나 요한계시록 3장 20절의 "볼지어다 내가 문밖에 서서 두드리노니"라는 말씀과 같이 성경적인 표현은 아니다. 문을 두드리시는 분은 바로 예수님이다! 많은 이들이 예수님이 오래된 나무문을 두드리시는 고전적인 그림을 보고 구원을 묘사하고 있다고 생각한다.

그러나 이 구절은 믿지 않는 자들을 향한 말씀이나 구원에 대한 것이 아니라 예수님이 라오디게아 교회를 향해 호소하시는 내용이다. 믿는 자들이 예수님을 문밖에 세워 두었고, 그분은 그곳에서 "누구든지 내 음성을 듣고 문을 열면 내가 그에게로 들어가 그와 더불어 먹고 그는 나와 더불어 먹으리라"고 말씀하고 계신다.

바로 지금 예수님이 문밖에 서서 당신과의 교제를 구하고 계신다. 단순히 당신의 구원에 대해 말씀하시는 것이 아니라 구원의 기쁨을 다시 발견할 기회에 대해 말씀하고 계시는 것이다. 당신의 삶에 초자연의 영역이 열리는 모습을 보기 원한다면, 다시 예수님을 신뢰하고 마음을 여는 것부터 시작해야 한다.

대적

이제부터 진짜 이야기가 시작된다. 나는 솔직하게 있는 그대로 말해 줄 것인데, 이미 당신이 알고 있는 내용일 수도 있다. 그렇다 하더라도 또 들으라. 이미 알고 있는 내용이라도 내가 하는 말이 안도감을 줄 것이다. 그것이 당신이 그동안 어렴풋이 느끼고 있었던 것을 표현한 말이기 때문이다. 당신은 초자연적 존재이며 당신을 위협하는 엄청난 대적이 있다!

그는 뱀, 루시퍼, 사탄, 바알세붑, 악마, 또는 올드 닉(1600년대부터 마귀를 일컫는 비공식 별명, 아이러니하게도 산타클로스의 또 다른 이름인 올드 세인트 닉, 곧 성 니콜라스와 비슷하다)으로도 알려져 있다.

요한과 베드로는 항상 예수님과 동행했기에 마귀가 도둑이며 대적이라는 걸 잘 알고 있었다. 요한복음 10장 10절은 도둑이 오는 것은 도둑질하고 죽이고 멸망시키려는 것뿐이라고 말씀한다. 신약성경에는 마귀를 16차례나 도둑이라고 언급한다. 베드로전서 5장 8절에서는 "너희 대적 마귀가 우는 사자같이 두루 다니며 삼킬 자를 찾나니"라고 말씀한다.

헬라어 '안티디코스'(antidikos, anti: ~에 반대하다, dike: 소송)는 본래 재판에서 상대방을 가리키는 용어였다가 나중에는 법률적 사무와 상관없이 대적이나 원수를 의미하게 되었다. 이것은 어떤 사람에 대해 적극적이고 지속적으로 적대적인 사람을 말한다. 대적은 시비를 걸고 반대하고 저항한다. 악마를 뜻하는 스페인어 디아블로(Diablo)는 동사 '디아

발로'(diaballo)의 명사형으로, 누군가에 대해 참소할 뿐만 아니라 사실을 말하면서도 악의적으로 교묘하고 적대적으로 퍼뜨리는 사람을 말한다. 《웨스트 성경 연구서(The Wuest Bible Study)》에서는 이 단어를 "~에게 참소를 퍼붓는 것"으로 설명한다.[2]

이제 우리는 원수의 악의적인 전략, 곧 도둑질하고 참소한다는 것을 알게 되었다. 모든 악인과 마찬가지로 그의 유일한 목적은 불의를 조장하는 것이다. 성령님이 주시는 사랑과 기쁨, 평강을 거부하고 끊임없이 그것에 맞서 싸우는 삶을 산다는 것이 이해되는가? 이러한 일치와 조화에 반대하는 것이 바로 불의의 본질이며, 샬롬을 이루는 초자연적, 관계적, 그리고 문화적 연합이라는 복잡하게 얽혀 있는 실타래를 풀어버리는 행위이다. 그러나 불의가 이들 실타래를 풀어버리려 해도 다시 엮어서 평강이라는 본래의 목적을 회복할 수 있다.

오늘날 교회의 모습

악인은 야훼의 형상을 가진 모든 사람을 미워하는데, 특히 그리스도의 몸, 에클레시아, 교회로 함께 연결되어 활동하는 이들을 미워한다. 이들은 샬롬을 다시 엮어내는 임무를 맡은 사람들이다. 악인은 에클레시아의 정체성과 소명을 방해하기로 마음먹고 그것을 태초부

---

2) Kenneth S. Wuest, Wuest's Word Studies from the Greek New Testament, vol. 3 《웨스트 헬라어 신약 단어 연구》(Grand Rapids, MI: W.B. Eerdmans Publishing Co., 1973), 104.

터 제1 전략으로 삼아 왔다. 이러한 전략에는 자연스러운 역경을 교묘하게 이용하여 정서적 혼란을 조장함으로써 거짓말을 퍼뜨릴 수 있게 허락하는 것도 포함된다. 궁극적 목표는 실망과 좌절을 기초로 하여 서서히 야훼 하나님의 정체성을 거짓되게 구축하는 것이다. 이러한 비극은 성취가 지연된 소망을 올바른 신학처럼 포장하는 열정이 된다.

부유하고 능력 있는 아버지가 있는데 당신의 기본적인 필요도 제공해 주지 못한다고 상상해 보자. 또한 그 부유함과 능력 때문에 자신의 책임을 다하는 데 시간과 관심을 기울이느라 당신을 등한시할 수밖에 없다. 하지만 당신은 아버지의 무관심에도 원망하지 않았는데, 그가 너무나도 강력하기에 무의식중에 살아남으려면 그와의 관계나 그에 대한 실제적인 신뢰 없이 스스로를 돌보는 법을 생각해내야 한다고 믿기 시작한 것이다. 자 이제 당신의 독립 혹은 자립에 대한 자부심이 아버지를 기쁘게 하는 길이자 공경하는 방법이라고 확신한다고 상상하자.

바로 이것이 현대 교회 많은 이들의 모습이다. 우리는 하나님을 믿는다. 그분을 사랑하고 또 섬긴다. 하나님은 위대한 일들을 행하실 수 있고 또 이미 이루셨다. 우리는 그분이 오늘날의 온갖 문제들에 개입하실 수 있는 분이라는 사실을 안다. 하지만 그분은 아마도 그러지 않으실 것이다. 너무나도 강하고 능력 있는 분이기에 인간의 사소한 문제에 개입하실 수 없는 것이다.

이처럼 우리는 삶의 문제들을 스스로 해결하는 능력을 키우면서 하나님 아버지와의 친밀함에 의지하지 않고 핵심적인 원칙들과 도덕적 이상들을 유지하려고 노력한다. 그러면서도 하나님을 절대적으로 온전히 의지한다고 선언한다. 그러면서 왜 복음이 아직 믿음을 갖지 않은 사람들에게 매력적으로 보이지 않는지 궁금해 한다.

복음은 좋은 소식이라는 말이다. 그런데 정말로 그렇다면, 이런 것이 어떻게 복음일 수 있겠는가? 그것은 전혀 좋은 소식이 아니다. 이 하나님이 거의 아무런 반응, 응답도 보이지 않으시는데 어떻게 사람들에게 온전히 야훼를 의지하라고 요구할 수 있는가? 그들을 가까이 하기를 갈망하시는 사랑의 아버지의 참된 모습을 보여 주지 않으면서 어떻게 사람들에게 하나님께 더 가까이 나아오라고 요구할 수 있는가?

너무나도 오랫동안 초자연적 임재 없이 방치된 '고아 신학'은 너무 바빠서 자녀들 곁에 계시지는 않지만 종교적으로 철저한 신뢰와 복종을 요구하시는 하나님이라는 모습을 만들어 왔다. 이것이 바로 교회 안에 있는 성취가 지연된 소망이라는 열매이다. 적은 수백 년간 자연스러운 역경을 교묘하게 이용하면서 교회 문화 속에 거짓을 심어 놓았다.

문제는 수많은 하나님의 자녀들이 아버지가 어떤 분인지 잘 모른다는 것이다. 그리고 이것이 바로 우리가 더 많은 표적과 기사, 이적을 보지 못하는 이유이다. 누군가 뭔가를 해야 하는데, 그 사람은 바로 우리 자신이다. 당당한 초자연적 세대가 머지않아 이 땅 위에 하나님 나라의 정의를 실현할 것이다.

소망이 더디 이루어지면 영광의 초자연적 영역으로 들어가는 문들이 잠긴다. 그것은 항상 다른 사람들을 초자연적 영웅의 범주에 올려놓으면서 정작 자신이 겪고 있는 불의에 맞서거나 바로잡으려 하지 않는 것이다. 지연된 소망은 단지 원수의 거짓말이 가져온 결과에 불과한 것으로, 풍성한 삶이나 당신의 부르심과 사명에 대한 계시를 앗아간다.

잠긴 문을 열라

그러니까 우리는 지금까지 거짓말에 속아 온 것이다. 세상이 우리를 속였고, 종교가 우리에게 거짓말을 했다. 거짓의 아비가 우리를 속여 왔다. 거짓말쟁이에게 무엇을 기대하겠는가. 진리는 우리를 사랑하셔서 자신의 형상과 모습대로 창조하신 하나님 아버지가 계시며 바로 이러한 때에 이 땅에 보내셨다는 것이다. 우리는 두렵고도 놀랍게 지음 받은 존재이며, 이 땅은 우리를 필요로 한다.

지옥의 세력이 우리에게 온갖 공격을 퍼부었지만, 우리는 여전히 서 있다. 모든 일을 다 한 후 굳건히 섰다. 원수의 간계에 맞서 왔다. 넘어졌지만, 다시 일어섰다. 악한 사람에게도 선한 이들에게도 상처를 입었고, 착한 사람이 있기는 한지 의구심이 든 적도 많았다. 모든 것에 의문을 품었지만, 지금까지 당신이 직면한 모든 상황 가운데 하나님의 은혜가 충분했다는 사실을 당신은 알고 있다. 우리는 하나님의 은혜로 여전히 서 있는데, 자기 힘으로 섰다고 자랑할 수 있는 사람은 없다.

바로 지금이 잠긴 문을 열고 주님의 영광이 우리에게서 솟아나게 할 때이다. 이것은 하늘 쪽에서 열어 줘야 할 것이 아니라 우리가 풀어야 할 자물쇠이다. 우리는 신실하신 하나님을 의지하여 과거의 고통에 직면해야 한다. 그러한 고통은 벌이 아니었다고 우리 혼에 말해 주어야 한다. 예수님이 우리가 받아야 할 모든 벌을 다 담당하셨기 때문이다.

그 고통은 하나님이 소극적이시거나 우리를 사랑하지 않으신다는 증거가 아니다. 그분은 과거에도 지금처럼 계셨으며, 우리의 시련 가운데 두 팔을 벌리고 마음을 활짝 여신 채 아버지의 본성과 신실한 임재를 드러내기 원하신다.

천국의 초자연적 영역을 풀어놓는 열쇠는 우리가 생각하는 것과 다를 수 있다. 지연된 소망으로 인해 이 문들이 잠긴 것이라면, 소망이 그 문들을 여는 열쇠라고 생각하는 사람도 있을 수 있지만, 그렇지 않다. 초자연적인 영광의 문들을 여는 열쇠는 바로 신뢰이다. 묻고 싶지는 않지만 반드시 해야 할 질문이 있다.

"당신의 과거, 현재, 미래를 기꺼이 주께 맡기겠는가?"

"그렇다"고 대답한다면, 나아갈 준비가 된 것이다. 그러나 답이 "아니요"라면, 과거의 상처를 처리하기 위해 돌아가야 한다. 시련 속에서 예수님을 발견함으로써 거짓을 제거하고 과거의 상처들에 진리를 적용하여 온전히 치유시켜야 한다.

신뢰가 대단히 중요하다. 신뢰는 모든 관계의 기초이다. 신뢰가 없다면, 치열한 갈등과 대립을 견뎌낼 힘도 없을 것이다. 그러나 신뢰가 있으면, 어떤 불길도 헤쳐 나갈 수 있을 것이다. 그 불이 당신을 태우지 못할 것이고, 오히려 더 강하게 만들 것이다.

너는 마음을 다하여 여호와를 신뢰하고 네 명철을 의지하지 말라 너는

범사에 그를 인정하라 그리하면 네 길을 지도하시리라 _잠 3:5-6

하나님을 신뢰하지 못하게 하는 것들을 제거하라

초자연적인 천국의 영역들을 풀어놓으려면, 패배주의적 믿음(defeater belief)을 해결해야 한다. 패배주의적 믿음이란 우리가 진리라고 믿지만, 그 뿌리가 거짓이기에 하나님이 우리 삶을 위해 예비하신 최고의 것이 이뤄지지 못하게 가로막는다. 이제 패배주의적 믿음의 다섯 가지 예를 살펴볼 것인데, 당신도 모르게 무의식 속에 숨어서 영향을 주고 있던 또 다른 믿음들을 발견할 수 있을지도 모른다.

이 다섯 가지는 말 그대로 예시에 불과하다. 이들은 패배주의적 믿음이 어떻게 작용하는지 이해하여 그것을 파악할 수 있게 돕기 위한 것이다. 성령님과 협력하여 지속적으로 거짓말("'항상' 그렇지 뭐" "나는 '절대로' 그렇게 되지 않을 거야" 같은 말이나 우리의 바람이나 주님의 뜻과 상관없이 "어쩔 수 없다"고 기대하는 것 등)을 분별해 나가기 바란다. 이런 패배주의적 거짓말은 기본 전제가 되고, 그 전제를 기반으로 모든 것을 쉽게 판단해 버리게 된다. 그리고 진리에서 벗어난 판단은 영적 세계에서 강한 힘을 발휘하여 거짓과 속임수가 인생의 방향을 설정하도록 허용하게 된다.

다섯 가지 예

1. "하나님을 신뢰할 수 없어."

나는 이 거짓말을 믿고 있었지만, 그 사실을 인식하지 못하고 있었다. 절대로 그런 말을 입 밖으로 내지는 않았던 듯하다. 하나님이 사역으로 부르셨을 때, 그 부르심을 받아들여 순종하면 부모님에게 하신 것처럼 나를 다루지 말아 달라고 구했다. 바로 그때 하나님은 내가 거짓말을 믿고 있고 그분을 신뢰하지 않고 있다고 말씀하셨다. 나는 그분의 말씀이 옳다는 것을 인정하고 무너져서 울음을 터뜨렸다.

내가 하나님을 신뢰하지 못하여 스스로 나 자신의 실질적인 구원자가 되었다는 사실을 전혀 모르고 있었다. 하나님을 신뢰하지 못하는데 어떻게 다른 사람을 신뢰할 수 있겠는가? 그래서 나 자신을 위해 살았고 나를 행복하게 만드는 일들을 행했다. 그렇게 하면 누군가 나를 보살펴 주리라 믿었기 때문이다. 하지만 이런 속임수는 나에게 상처를 주었을 뿐이다.

기쁨을 지키고 보호하려는 노력은 오히려 그것을 경험하지 못하게 가로막았다. 하나님을 신뢰할 수 없다는 거짓이 잘못된 신학적 틀이 되었다. 잘못된 믿음은 잘못된 행동을 하게 만들었고, 주님은 그분을 온전히 신뢰하지 않으면 나와 동역하지 않을 것이라고 말씀하셨다. 그 외의 방식으로는 동역이 이루어지지 못할 것이다.

나는 그것이 얼마나 터무니없는 것인지 깨닫게 되었다. '하나님을 신뢰할 수 없다면 전적으로 나 자신만 신뢰하겠어'라고 말하는 셈이다. 나는 그렇게 똑똑한 사람은 아니었지만, 그렇다고 바보도 아니었다. 결국 눈물이 쏟아지면서 무너진 채 소리 내어 중얼거렸다. "하나님, 주님을 신뢰합니다." 이 고백은 지금까지 내가 한 일 중 가장 잘한 일이었다.

2. "사람들은 항상 나를 실망시킬 거야."

오랫동안 목회하다 보니, 바로 이 거짓말이 하나님을 신뢰할 수 없게 가로막는 가장 흔한 무의식적 패배 요인이라는 사실을 알게 되었다. 사람들은 우리 교회가 다를지도 모른다는 기대를 품고 찾아와서 한동안은 최고의 교회라고 믿는다.

하지만 그들은 시간이 지나면서 부정적인 일이 일어난 것도 아닌데 물러나기 시작한다. 단지 이번에도 똑같은 일이 반복될 것이라는 예상 때문이다. 그래서 친밀한 관계, 마음을 터놓는 참된 동역의 가능성을 아예 없애버린다. 많은 이들이 과거를 정리했다고 생각하지만, 과거는 그들을 놓아주지 않고 있다는 게 안타까운 현실이다.

3. "내가 다시 교회를 신뢰하더라도 상처받고 거절당하는 건 시간문제에 불과해."

공동체는 이 땅에서 가장 많이 오해받고 과소평가되는 집단 중 하나이다. 창세기 11장의 바벨탑 사건은 연합된 공동체가 지닌 가능성 혹은 잠재력을 보여 준다. 그 위험성이 인류에 치명적인 결과를 가져올 수 있었기에 하나님이 개입하셔서 그 공동체를 분열시키셔야 했다.

우리는 가족이라는 환경 가운데 상처 받기도 하지만, 결국은 바로 그 가정 안에서 회복될 수도 있다.

이러한 이유로 이 땅에서 다른 어느 것보다 교회와 가정을 둘러싼 영적 전쟁이 가장 치열하다. 원수가 계속해서 가정을 해체시키고 파괴할 수 있다면, 또 교회를 분열시키고 환멸을 느끼게 만들 수 있다면, 어떤 책임도 지지 않고 아무런 처벌도 받지 않은 채 제한 없이 마음대로 영향을 미칠 수 있게 된다. 실제로 교회에서 상처를 받게 된다. 목회자가 교인을 공격하기도 하고, 교인들이 목회자를 공격하기도 한다. 지도층과 교단이 서로 편을 가르고, 모두가 성명서나 교의에 이름을 올리고 투표로 의사를 결정하며 갈라진다. 무수히 많은 해체의 조합과 그로 인한 저주와 파장 또한 끝이 없다. 나는 교회에서 상처받은 사람 중 하나이자, 그 아픔을 누구보다 잘 아는 사람이다. 내 아버지의 교회라는 나라의 젊은 왕자였다가 내가 고아라는 거짓말을 믿으면서 환멸을 느끼고 원망하며 교회에 일절 관여하지 않겠다고 맹세하기도 했다.

하지만 하나님이 용서하지 않는 나의 마음을 다루시고 교회로 돌아가고자 하는 갈망을 심어주신 후에야 비로소 참된 정체성과 소명을 붙잡을 수 있었다. 내가 하려는 말은 이것이다. 내가 상처받았던 교회로 돌아가지 않았다면(모두에게 그렇게 하라고 추천하는 것은 아니다), 내 인생의 소명의 두루마리를 받을 수 없었을 것이다.

자신을 지키려고만 하면 소명을 실현할 수 없다. 어떤 시기에는 자기 보호가 필요할 수도 있지만, 그것이 살아가는 방식이 되어서는 안 된다. 내가 분명히 말할 수 있는 것은 사람은 누구나 마음에 상처를 받게 되어 있고 그것은 힘든 일이지만, 마음의 상처 때문에 열매 없는 존재로 살아야 할 이유가 되지 않는다. 사랑했다가 그 사랑을 잃어버렸지만 그럼에도 다시 사랑하기로 선택한 사람, 신뢰가 깨진 후 다시 신뢰하기로 선택한 사람만큼 용감한 사람은 없다. 이 놀라운 일을 이루려면 믿음과 예수 그리스도의 은혜가 필요하다. 어떤 상황에 직면해 있든지 그분의 은혜는 충분하다.

4. "나는 신뢰받을 자격이 없어. 나는 골칫덩이야."

어쩌면 하나님을 신뢰하지 않거나 사람들을 신뢰하지 않는 것이 문제가 아닐 수도 있다. 오히려 하나님과 사람의 공동체 가운데 있는 것이 벅차고 기대되는 일일 수도 있다. 문제는 자신을 신뢰하지 않는 것일지도 모른다. 심지어는 자신은 항상 일을 망치기에 믿을 수 없는 사람이라고 말하면서 스스로를 저주하는 말을 해 왔을 수도 있다. 또는 교회에 재앙을 초래하거나 그 흐름을 방해할까 봐 가고 싶지 않은 것일 수도 있다.

한번은 어떤 사람이 자신이 출석하는 교회마다 결국 망했다고 말했다. 나는 그를 꼭 안아주며 말했다. "잘 오셨습니다! 당신은 이 교회를 망하게 할 만큼 강력하지 않아요. 교회는 예수님께 속한 것입니다." 그러자 그는 깊은 안도의 한숨을 내쉬었다.

어쩌면 우리는 자신이 문제라고 여기며 다른 사람의 인생을 망칠까 봐 연애조차 하고 싶어 하지 않을 수도 있다. 실제로 많은 일들을 망쳐 왔고, 수차례 이혼의 원인이 되었거나 심지어 한두 번 교회 분열의 중심에 있었을 수 있다. 이럴 때 필요한 것은 단순한 격려나 매일의 예언적 말씀 선포가 아니라, 구원자와 완성된 퍼즐이다. 사실 신명기 21장 23절의 "나무에 달린 자는 하나님께 저주를 받았음이니라"는 말씀을 이해하게 되면, 저주를 받거나 저주의 근원이 될 필요가 없다는 것을 알게 된다.

예수님이 우리의 저주가 되셨다! 그분이 십자가에서 우리의 타락과 죄와 수치 그리고 스스로 초래한 불행한 상황들이 되셨다. 십자가에 달리셔서 우리 때문에/우리를 위해 죽으신 것이 아니었다. 그분은 우리가 되어 죽으셨다. 그리고 죽음과 패배에서 부활하심으로써 우리를 그 위대하고 영광스러운 승리에 참여하도록 초청하신다. 예수님은 가장 극심한 역경을 견디셨을 뿐 아니라 그것을 이겨내시고 정복하셨다. 그리고 그 승리를 통해 새로운 차원으로 나아갈 수 있는 통로가 열렸다.

예수님의 선한 이름을 받으려면, 기꺼이 그분께 우리의 나쁜 이름을 맡겨 드려야 한다. 그분의 의의 기록을 소유하려면, 우리의 불의한 기록을 기꺼이 그분께 맡겨 드려야 한다. 우리의 타락한 본성과 그 극단적인 모습을 예수님과 함께 그 무덤에 장사지내야 한다. 부패나 타락과 관련된 교만을 내려놓고 예수님이 거저 주시는 용서를 받아들이는 겸손을 가져야 한다. 우리는 그리스도 안에서 새로운 본성으로 신뢰할 만하고 의로운 100% 흠이 없는 존재가 되었다! 더 이상 자책하며 살아갈 필요가 없다. 자신의 죄악이 얼마나 큰지 과장하며 미화하는 자기연민을 중단하고 그 죄와 그 기억들을 소멸시키라. 자신이 초래한 고통에 대해 말하지 말고 그리스도와의 친밀함을 누리는 새로운 삶을 시작하라. 구원자이신 예수님으로 인해 당신은 진정 자기 자신에 대한 두려움에서 즉시 해방될 수 있다. 분명한 것은 예수님은 전혀 조금도 우리를 두려워하지 않으신다는 사실이다.

5. "나는 항상 혼자일 거야."

자신이 고립되어 있다는 생각 자체가 가장 큰 착각 중 하나이다. 영적 세계의 원리를 이해한다면, 우리는 결코 혼자가 아니라는 사실을 알게 된다. 그것은 우리가 살아가고 있는 영역 혹은 세계에 따라 좋을 수도 나쁠 수도 있다. 자신이 고립되어 있다고 믿는다면, 그 거짓 때문에 친밀감이나 책임감에서 벗어난 삶, 곧 열매 맺지 못하는 삶을 살게 된다. 고립되어도 살아남고 심지어 잘 살아가는 사람이 있다면, 바로 예수님이라야 가능할 것이다. 하지만 예수님이 사역을 시작하시기도 전에 가장 먼저 하신 일은 제자들을 부르신 것이었다. 예수님이 이 열두 명에게서 정확히 무엇을 보셨는지는 아무도 모르지만, 예수님은 기꺼이 삶을 함께하자고 그들을 초청하셨다.

혼자인 것처럼 느껴지더라도 그럴 필요가 없다. 앞서 살펴본 다른 패배주의 믿음과 마찬가지로, 그러한 느낌의 뿌리도 거짓이다. 당신의 외로움이 거짓에 불과하며 사실은 구름같이 허다한 증인들이 우리를 둘러싸고 응원하고 있다는 사실을 믿을 수 있다면, 이 땅에서 친구들을 사귀기 전부터 초자연적 공동체 안에서 살아갈 수 있다.

이 거짓 뒤에서 영향을 끼치는 영이 있는데, 바로 거절의 영이다. 거절의 영은 당신을 보호해 주겠다고 하면서 자기혐오라는 발톱 속에 감싸 안는 거짓 모성의 영이다. 이 영은 우리의 무감각함과 무관심을 인정하면서 우리의 영을 무기력하고 게으르게 만든다. 모두가 우리를 미워한다고 우리는 결코 사랑받지 못할 거라고 말한다. 거짓되고 잘못된 판단으로 사람들이 뒤에서 수군대고 있다고 믿게 한다. "너는 특별한데 아무도 나처럼 그것을 알아보지 못한다"고 속삭인다. 우리의 영적 은사를 인정하면서도 그것을 다른 이들과 나누지 못하게 한다. 우리의 머리를 쓰다듬으면서 우리의 목을 세게 조이고 있다. 이것이 바로 거절의 영이며, 그 역할은 '성공이란 오히려 그것을 스스로 망치는 것'이라고 믿게 만드는 것이다.

이러한 거짓의 능력 파쇄하기

우리는 진리의 빛을 비추어 이 어둠의 능력을 파쇄할 것이다. 그리스도 안에는 이러한 패배를 부르는 거짓 믿음들을 무너뜨릴 권세가 있다. 우리가 결박되어 살아가는 이유는 권세가 없어서가 아니다. 진리가 없고 우리에게 그 진리를 사용하여 해방될 수 있는 권세가 있음을 모르기 때문이다. 우리를 패배하게 만드는 거짓들을 파악한 다음 해야 할 일은 그것을 믿고 동조한 것에 대해 회개하는 것이다.

회개는 어려운 일이 아니다. 단순히 예수님께 거짓을 믿은 것을 용서해 달라고 구하면 된다. 그 거짓을 자백하고, 그것이 우리 생각과 몸과 영에 미치는 능력과 견고한 진을 파쇄해 달라고 구하라. 그리고 용서 받은 것에 대해 감사하다고 선포하라. 기억하라. 용서받았다고 느낄 필요가 없다. 우리는 오직 그리스도를 믿음으로써 은혜로 용서받는다.

    그러므로 우리는 법적인 선언처럼 그것을 소리 내어 말해야 한다. 우리 귀로 그것을 들을 필요가 있고, 또한 그 거짓을 강화시켜 온 초자연적 견고한 진들과 영들도 그 선언을 들어야 하기 때문이다. 일단 우리가 용서를 선언하면, 거짓이 진리로 대체된다. 진리는 어디에서 얻는 걸까? 우리는 성령님께 구해야 한다. 이것은 단순히 부정적인 것에 대해 반대로 말하는 심리적인 훈련이 아니다. 성령님께 진리가 무엇인지 말씀해 달라고 구하라. 그러면 단순하든 복잡하든 하나님의 말씀이 그것을 뒷받침하고 있기 때문에 진리를 알게 될 것이고 성령님이 계시해 주시는 성경 구절로 그것을 굳건히 세우고 싶어질 것이다. 일단 이렇게 활성화 과정을 완료한 후, 일기장에 기록하고 싶어질 것이다. 자신이 믿었던 거짓말과 그것이 삶에 어떤 영향을 미쳤는지 기록한 다음, 진리와 그것을 뒷받침하는 성경 구절들을 적어 보라.

    가능한 자주 그 기록을 다시 들여다보되, 소리 내어 읽으면서 하나님 말씀의 진리를 당신의 삶에 선포하고 당신의 영이 하나님의 말씀이라는 물에 잠기게 하라. 이렇게 하면 우리의 마음이 새롭게 되어 변화를 받게 된다.

결론

우리는 초자연적 존재이며, 우리의 삶 전체가 초자연적이다.

우리에게는 과거의 역경과 어려움을 이용하여 하나님의 성품과 본질에 대한 거짓들을 믿게 만든 초자연적 대적이 있다.

문제는 하나님이 천국이라는 초자연적 세계를 우리에게 숨기신 것이 아니라, 우리가 우리 자신을 지키려고 안에서부터 문을 걸어 잠가 버렸다는 것이다. 하나님을 신뢰하여 하나님께 맡기는 것은 천국의 초자연적 세계를 풀어놓는 열쇠이다. 이제 우리는 진정한 자신이 누구인지에 대해 알아가는 중이다.

다음 장에서는 불의 안으로 들어가서 하나님의 나라를 풀어놓는 초자연적 동력, 에너지에 대해 나눌 것이다. 이 장을 읽었다고 해서 모든 것이 100퍼센트 회복되어 바로 준비가 되는 것은 아니다. 그럼에도 초자연적 가능성을 여는 열쇠를 잘 전달 받았기를 바란다.

고대 히브리의 교육 방식대로 두 가지 질문으로 마무리하겠다. 이 대화들과 질문들에서 느껴지는 긴장감을 감내할 용기가 있는가? 과거의 험난한 물결을 헤치고 계속해서 목자 되신 주님의 인도를 받으며 다음 장으로 나아갈 준비가 되어 있는가?

활성화 기도

사랑하는 예수님,

저에게 초자연적 생명을 주셔서 감사합니다. 제가 두려움과 의심 때문에 스스로 갇혀 있음을 고백합니다. 원수의 거짓말에 속아 진실로 주님이 누구신지 그리고 주님 안에서 진정 제가 누구인지 혼동하게 되었습니다.

저는 주님의 형상대로 창조된 초자연적 존재임을 선포하며 원수의 거짓말과 속임수를 끊습니다. 주님이 저를 위해 예비해 두신 천국의 초자연적 영역이 풀어질 만큼 충분히 주님을 신뢰하지 않은 것을 용서하소서.

주님, 저를 인도하사 제가 정말로 누구인지 알아가게 하소서.

불의 가운데로 들어가서 주님의 나라를 이 세상에 풀어놓을 수 있게 초자연적 담대함을 구합니다. 제가 아직 완전하지 못함을 인정합니다. 그러나 목자 되신 주님이 은혜와 자비로 저를 인도하사 과거의 험난한 물결을 헤쳐 나가게 하실 것을 신뢰합니다.

주님의 사랑과 은혜, 자비에 감사드리며, 우리 구주 예수 그리스도의 능력의 이름으로 이 기도를 드립니다.

예수님의 이름으로 기도합니다. 아멘.

용감하다는 것은 두려움이 없는 게 아니다. 용감하다는 것은 두렵지만 그것을 뚫고 나아갈 길을 찾는 것이다.

_베어 그릴스,
《하나님, 우리 모두를 도우소서(God Help Us All)》

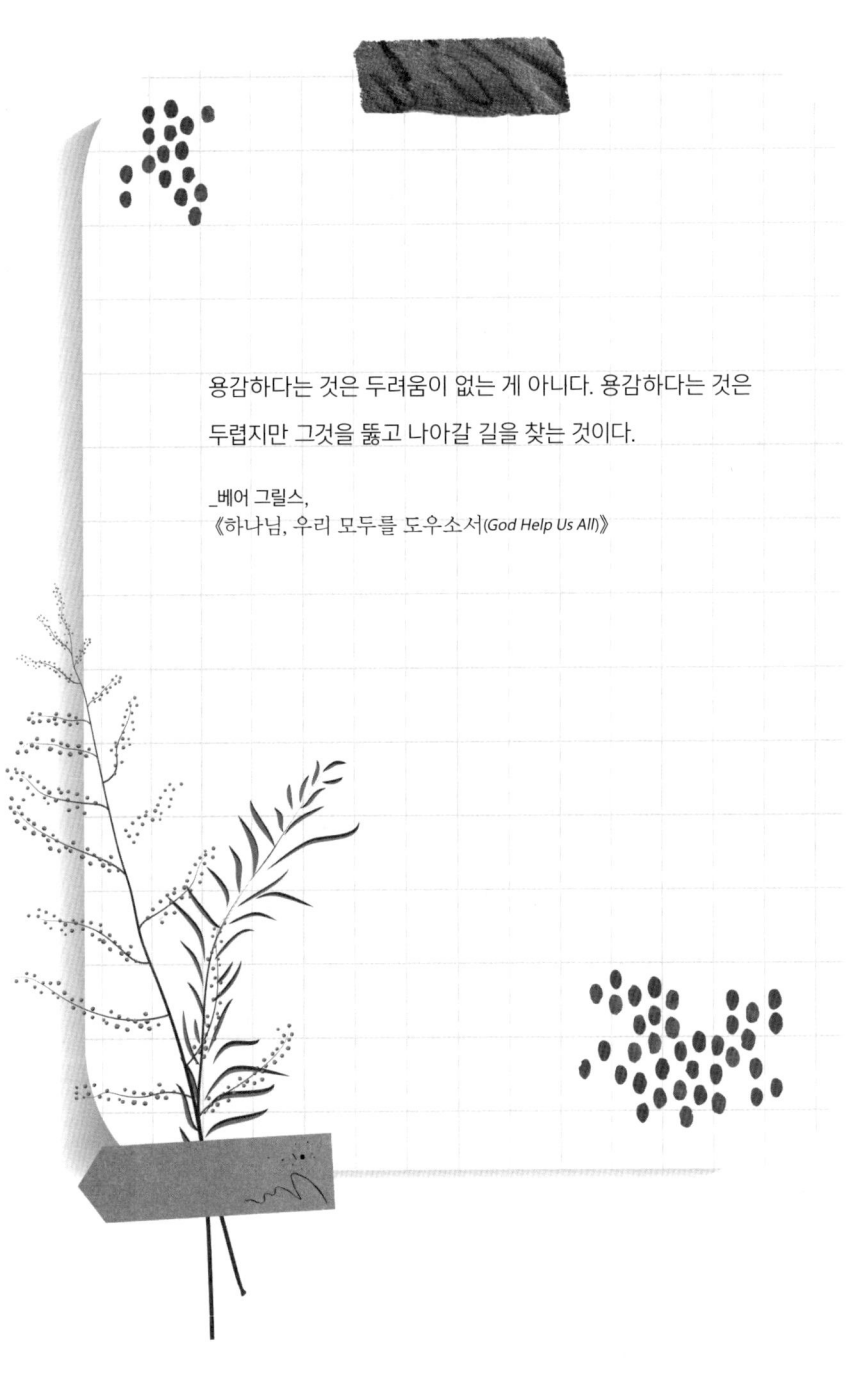

2장

돌파의 연료

UN
APOLOGE
TICALLY
SUPER
NATURAL

| 2장 |

나는 방호복을 입고 출입해야 하는 병원 격리 구역에 들어가 본 적도 있고, 우크라이나 침공 10주 후에 난민 사역을 위해 차를 타고 국경을 넘기도 했으며, 밤 11시에 시애틀에서 있었던 의사당 점거 시위(CHOP)에 잠입하기도 했고, 포틀랜드에서 안티파 시위를 하는 사람들을 예수님께로 인도하다가 가스 공격을 당하기도 했으며, 이 책을 집필하는 지금은 러시아 모스크바에서 집회를 열기 위해 종교 비자를 기다리고 있다.

그런데 미국 대사관에서는 우리가 그 나라에서 빠져나올 방법을 스스로 마련해야 할 수도 있다고 한다. 지금까지 내가 목격한 가장 놀라운 사실은 예수님께 연료가 필요하고, 그것은 우리가 태어날 때부터 가지고 있는 게 아니라는 사실이다. 연료를 태우면 힘이 생기고, 그 힘은 또한 불꽃을 지속시키는 데 필요하다. 이번 장에서는 돌파의 연료를 만드는 데 반드시 필요한 핵심 재료들을 살펴보겠다.

2020년 3월 2일 월요일 오후 12시 30분쯤 우리는 수프와 샌드위치를 먹어치우고 계속해서 동영상을 찍고 있었다. 그때 우리 교회에서 접대를 담당하고 있는 자매가 근심 어린 표정으로 들어와서 말했다. "소식 들으셨어요?" 나는 "아니요, 무슨 일인대요?"라고 물었다. 그녀는 워싱턴주 커클랜드의 요양원에서 노인 일곱 명이 방금 코로나로 사망했다는 소식을 전했다. 이 미국 최초의 코로나 사망자들을 기점으로 대유행이 시작되었다.

바비 코너도 마침 그 자리에 앉아 있었는데, 사흘간의 예언 집회를 마친 직후였다. 그는 입을 굳게 다문 채 이를 드러내지 않고 미소 짓는 듯한 표정을 지었지만, 눈은 웃고 있지 않았다. 그의 눈은 "자 이제 시작이구나" 하고 말하는 것 같았다. 닷새 후인 3월 7일에 사탄 숭배자들이 워싱턴주 올림피아에 몰려들었고, 워싱턴주 의사당에 들어가는 것을 허락받았다.

그들은 들어가서 워싱턴주 인장 문양을 둘러싸고 악령을 부르는 의식을 진행했다. 그런 다음 의사당 계단 위로 걸어 나와 붉은 비단으로 커다란 오각형의 별 모양(역주-흑마술에서 사용)을 만들었다. 정말 노골적으로 악하지 않은가?

정말 이상한 것은 그로부터 닷새 후인 2020년 3월 12일에 주지사인 제이 인슬리(Jay Inslee)가 워싱턴주의 모든 교회들에 집회를 금지하는 행정명령을 발표했다. 생각해 보라. 워싱턴주의 교회들이 문을 닫는 동안 그 사탄 숭배자들은 계속해서 모이지 않았겠는가?

그날, 곧 3월 7일에 나는 하프 마라톤을 위해 훈련하고 있었다. 달리면서도 걱정이 되어 기도했고 하나님께 말씀해 달라고 간구했다. 하나님은 내게 세 가지 말씀을 주셨는데, "기회, 기회, 기회"였다. 우리가 열린 기회의 문에 과감히 들어가기만 하면, 이 위기가 도리어 하나님의 나라를 위한 기회의 인큐베이터가 될 것이다.

일주일 후 아이가 다니는 사립학교에서 전화가 왔다. 코로나에 걸린 가정이 있으니 아이들을 집으로 데려가라는 것이었다. 학교가 폐쇄된다고 했다. 음성 메시지 끝부분에 교장 선생님이 "하나님, 우리 모두를 도우소서"라고 말했을 정도였다.

겁쟁이가 아니었던 사자

라이먼 프랭크 바움(Lyman Frank Baum)의 고전 소설 《오즈의 마법사(The Wizard of Oz)》에는 겁쟁이 사자가 등장한다. 사자라면 "동물의 왕"이어야 하지만, 이 사자는 겁이 많아서 자격이 되지 않는다고 생각한다. 그는 두려움에 맞서 행동하는 것이 용기라는 것을 이해하지 못했다. 자신이 자주 그렇게 행동하곤 했는데도 말이다. 그는 자신에게 용기가 없다고 생각하기에 수치심을 느끼는 흥미로운 인물이다. 하지만 사실 그는 상당히 용감했다.

코로나19의 전 세계적인 유행으로 교회에 문제가 생긴 게 아니었다. 단지 그로 인해 교회의 문제가 드러난 것이었다. 교회는 겁쟁이 사자와는 다른 오히려 반대의 경우였다. 우리는 우렁찬 포효와 용맹함, 담대함을 자부했지만, 막상 실제 상황에 처해 보니 포효가 필요할 순간 들려온 건 "야옹" 하는 고양이 소리였다.

겁쟁이 사자는 겁쟁이가 아니었지만, 용감하다던 교회는 그렇게 용감하지 않다는 것이 밝혀진 것이다. 이제 이른바 "중국 독감"의 위력이 약해지면서 일촉즉발의 위협이 사라지자, 교회는 다시 포효하는 듯 보이지만, 우리는 이 경험을 통해 정말 뭔가 깨달았을까?

문제

나는 찰리 샴프(Charlie Shamp)가 어떤 여성에게 다리의 보조기구를 벗어보라고 했을 때의 충격을 여전히 생생하게 기억한다. 그녀는 얼마 전에 수술을 했고 보행기에 의지해 이동하고 있었다. 사람들이 다리의 보조기를 벗겨낼 때 그녀는 얼굴을 찡그렸다. 나는 긴장한 미소를 감출 수 없었다. 기뻐서 미소 짓는 게 아니었다. 목회자로서 내 마음속에서 느껴지는 두려움을 감추기 위함이었다. 내가 말하는 "목회자의 두려움"이 무엇인지 이해하는 사람도 있을 것이다. 이것은 실재하는 감정이며 다른 어떤 것과도 비교할 수 없다. 이렇게 생각해 보자. 예수님이 그 여성을 고쳐주지 않으신다면 어떻게 될까?

이 일은 2016년 3월에 있었고 큰 깨달음의 순간이었다. 감기만큼이나 흔한 바이러스 같은 문제가 내게 있음을 자각하는 순간이었다. 문제는 내가 믿음의 사람을 자처하며 기적을 믿는다고 했지만 막상 그것을 보면 의심한다는 것이었다. 또한 기적이 일어나기도 전에 내 안의 불신은 그 일이 이루어지지 못하도록 안전하게 행동하려 했다.

그러나 찰리 샴프는 안전한 길을 택하지 않았다. 그는 안전한가는 전혀 신경 쓰지 않았다. 안내팀이 그 여성의 다리에서 보조기를 벗겨내자 찰리는 그녀에게 최근에 수술 받은 다리로 걸어보라고 요청했다. 실내에 기대와 충격, 공포가 가득해지면서 상당히 인상적인 분위기가 만들어졌다.

양쪽에서 안내팀의 도움을 받아 한걸음씩 걸으면서 그녀는 얼굴을 찡그렸다. 찰리는 그녀에게 괜찮다고 계속해서 걸으라고 격려하며 확신을 주었다. 나는 그녀의 얼굴이 일그러진 것이 통증 때문이 아니라 다칠까 봐 두려워서라는 것을 깨달았다. 찰리가 계속해서 괜찮다고 안심시켜 주자 그녀의 확신도 커졌다. 그러자 정말 그대로 그녀는 아무 통증도 없이 걷기 시작했다. 치유 받은 것이다! 그 순간 그 자리에 있던 모든 사람이 치유 사역자의 믿음을 소유하게 되었다. 마치 누가 병자를 위해 기도하든지 치유될 것 같았다. 전기가 흐르는 듯한 분위기였는데, 그것은 누군가 대가를 치렀기 때문에, 한 사람이 용감해졌기에 가능한 것이었다.

문제는 바로 이것이다. 안드레아와 나에게는 Z세대(역주-1997~2009년생 세대)와 알파 세대(역주-2010~2024년생 세대)에 속한 네 자녀가 있다. 이들은 역사상 가장 안전하게 자란 세대이다. 자전거를 탈 때도 헬멧을 쓰고 탔고 차에서는 안전벨트를 매며 심지어 교회에서도 제멋대로 돌아다니지 않았다(최소한 부모로서 우리는 그렇게 지도했다).

내가 어렸을 때는 상황이 달랐다. 나는 여기저기 특히 교회에서 마음대로 돌아다녔다. 방과 후 집에 오면 숙제를 하고 숲으로 달려가서 나무 위에 요새를 짓고 로빈 후드 놀이를 했다. 어두워지기 전에 집에 돌아가기만 하면 됐다. 우리는 픽업트럭(뚜껑이 없는 적재함이 설치된 트럭) 짐칸에 타고 다니기도 했고 자전거를 타고 1~2km 떨어진 시내로 야구 카드를 사러 가곤 했다.

지금은 상황이 달라졌고, 상당히 안전해졌다. 아이들에게 그것은 좋은 일이다. 우리 부부는 우리 아이들을 사랑하고 그들이 오래오래 건강하게 살기를 바라니 말이다. 문제는 안전이 아니다. 아이들에게 용기에 대해 가르치지 않고 있으며, 그에 대한 본을 보이지 못하고 있다는 것이다.

용기 없는 정의는 없다. 그리고 "안전하게만 행동하라"는 (가상의) 제11계명에 지배당하고 있다면, 진정한 용기도 없다. 베드로는 물 위로 걸었지만, 빠져 죽을 뻔했다. 예수님이 베드로에게 배에서 나와 물 위로 걷게 하신 것이 상당히 무책임하게 여겨질 수도 있다.

예수님은 자신의 운동이 불법으로 낙인찍혀 금지될 것이며 자신을 따르는 자들 대부분이 순교하게 될 것을 아셨지만, 그럼에도 자신을 따르라고 초대하셨다. 그러면서 그 대가가 무엇일지 미리 설명해 주시지도 않았다.

그로부터 1년이 못 되어 나는 내가 변했다는 것을 알게 되었다. 가족과 함께 교회에 있는데, 기적을 필요로 하는 한 여성이 앞으로 나왔다. 놀랍게도 그녀는 그때와 똑같은 보조기구와 보행기를 사용하고 있었다. 이제 내 차례였다. 나는 그녀에게 다리의 보조기를 벗어 보라고 요청했다. 놀라운 것은 그녀가 보조기구를 벗을 때 내 마음에 전혀 두려움이 없었다는 것이다. 오직 흥분될 뿐이었다. 나는 이미 변화되어 있었다.

2020년 6월 28일

고요한 어느 주일 밤에 시계가 10시를 가리키자 옅은 구름 뒤에 숨어 있던 달이 모습을 드려내며 머지않아 역사에 새겨질 한 장면을 비추었다. 우리는 정확하고도 능숙하게 15인승 승합차를 몰아 의사당 점거 시위 구역(CHOP)에 세웠다. 캘 앤더슨 공원과 인근 거리들이 만나는 지점에 위치한 이 혁명적인 공간은 2020년 6월 8일 조지 플로이드(George Floyd)의 비극적인 죽음을 계기로 탄생했다. 시애틀 경찰이 동부 경찰서의 철수에 맞서 격렬하게 시위를 벌이는 자들이 들고 일어났는데, 이는 제니 더컨 시장의 "분명한 외침"에 따라 이뤄진 조치였다. 경찰서 문이 열린 채 방치되어 안티파 시위대가 건물을 습격할 필요 없이 옥상에 저격수 거점을 마련할 수 있었다.

데이비드 쿠식(David Cusick)과 예레미야 깁슨(Jeremiah Gibson), 아론 패커드(Aaron Packard)와 알렉스 파킨슨(Alex Parkinson) 그리고 찰리 샴프(Charlie Shamp)와 나는 "캐피털 힐(의사당) 공화국에 온 것을 환영한다"는 표지판을 지나쳤다. 시애틀에 거주하는 사람으로서 이 지역에 여러 차례 와 봤지만, 이 구역은 처음이었다. 우리는 이미 전쟁터에 들어와 있었다.

우리가 음침한 골목으로 걸어 들어가니 벽마다 현란한 색들이 어지럽게 도배되어 있었다. 그래피티 위에 또 다른 그래피티가 덧칠되어 항의와 저항의 무질서한 콜라주를 이루고 있었다. 강렬한 저항의 벽화들과 과격한 구호들 각각이 고통과 분노를 이야기하고 있었다. 공기 중에 대마초와 정체불명의 불쾌한 짙은 냄새가 배어 있었고, 모든 창문은 합판으로 막혀 있었는데 그 위에 반항적인 낙서들이 가득했다. 그 현장을 제대로 다 둘러보기도 전에 18세가 안 되어 보이는 소녀가 걱정스러운 표정으로 우리에게 달려왔다. 그녀는 의심 어린 눈으로 연신 우리를 훑어보며 우리가 경찰이 아니라는 것을 확인하려 했다. 우리가 신원을 밝히자 안도의 한숨을 내쉬며 곧장 본론을 말했다. 그녀는 우리에게 여자들이 밤마다 사라지고 있으며 강간도 자주 일어난다고 하면서 주의 깊게 지켜보다가 수상한 움직임이 있으면 알려 달라고 부탁했다. 이러한 무법천지에서는 공동체가 스스로 경찰 역할을 해야 했다.

무겁게 짓누르는 공기를 가르며 걷다가 짧고 헝클어진 레게 머리를 하고 궐련을 태우는 젊은이와 마주쳤다. 그런데 내 시선이 그에게 멈춘 순간, 특별한 느낌이 밀려왔다. 그 지역 전체를 집어삼킬 듯한 어둠 속에서 반짝이는 한 줄기 빛처럼 주님이 그를 내 눈에 띄게 해 주셨다. 용기를 달라고 기도하면서 벽에 기대고 있는 그에게 다가갔다. 왜 거기 있느냐고 물을 때 기대감으로 심장이 두근거렸다. 그는 한 치의 망설임도 없이 이 운동의 이유와 목적에 대해 열정적이고 조리 있게 설명하기 시작했다. 그가 말을 하는 동안 주님의 임재가 점점 더 강해지면서 공간을 채우는 것이 느껴졌고, 주님이 그에 대해 말씀해 주시기 시작했다.

어느 순간 잠시 그의 말을 잠시 끊고 나도 뭔가 나눠도 되는지 물었다. 나는 그가 사람들의 오해를 받아 온 것 같다고 그리고 사람들은 그가 정말로 하고자 하는 말을 들을 필요가 있다고 말해 주었다. 그리고 그의 뱃속에 불이 있으며 그것은 하나님이 그 안에 두신 것이라고 했다. 내가 말하는 동안 그는 몹시 흥분하면서 "그걸 어떻게 알았어요?!"라고 외쳤다. 그는 옆에 있는 친구를 보며 "오늘 우리가 바로 그 얘기를 하고 있었거든요!"라고 했다. 그리고 손을 내밀며 "저를 위해 기도해 주세요!"라고 말했다.

우리는 모두 그를 둘러싸고 기도하며 예언해 주었다. 그 사람의 이름은 리오였다. 그는 의사당 점거 시위 구역의 마지막 주간 담당자였다. 상상해 보라. 이제 우리는 시위부 지도층의 승인을 받아 현장에 있게 되었다!

그때 전동 스케이트보드를 탄 위협적인 인물이 장전한 엽총을 흔들며 내 옆을 확 지나쳤다. 멀리서 한 무리의 사람들이 소총을 단단히 붙잡고 거리를 행진하고 있었다. 한 남자가 보도를 활보하며 총의 개머리판으로 쓰레기통들을 내리치며 소란을 일으키고 있었다. 그들은 모두 무장을 하고 있었으며 약에 취해 있었고 점점 더 편집증적으로 변해 가고 있었다. 심지어 술에 취해 비틀거려 제대로 서 있지도 못하는 이들조차 다가올 어떤 상황에도 맞설 준비가 되어 있다고 굳게 믿으며 그 자리를 지킬 각오가 되어 있었다.

찰리는 어떤 젊은이에게 예언을 선포하면서 메일을 읽고 있었다. 나는 찰리가 사역할 수 있게 주변을 살피며 경계하고 있었고, 그동안 시위 지역 민병대는 바리케이드를 설치하며 총격전에 대비하고 있었다. 결국 나는 찰리를 붙잡고 "우리 이제 가야 해!"라고 말했다.

그곳을 빠져나올 때 얼굴에 오각성 문신을 한 험악한 기세의 BLM (Black Lives Matter, 흑인에 대한 폭력과 인종차별을 반대하는 국제적인 운동) 사탄 숭배자가 갑자기 우리 길을 막았다. 그가 분명 위협적으로 보이긴 했지만, 우리는 두렵기보다는 담대함과 무슨 일이든 할 각오가 되어 있다는 느낌이 들었다. 그는 우리가 경찰이라고 확신하는 것 같았고 그게 아니더라도 결국 죽게 될 것이라고 단언했다. 우리를 불편하게 만드는 것을 즐기면서 자기들 무리는 살인자들이라고 그리고 우리는 표적에 불과하다고 말하며 비웃었다. 우리가 담대하게 맞서려 하자, 바로 그 자리에서 우리를 죽이기로 마음먹는다 해도 아무도 눈 하나 깜빡이지 않을 것이라고 겁박했다. 그곳이 더 이상 안전한 미국이 아니기에 우리가 소리친다고 해도 아무도 도와주지 않을 것이라고 분명히 말했다. 그의 위협에도 우리는 물러서지 않았고, 결코 위축되지도 않았다. 그는 우리에게 떠나라고 다시는 돌아오지 말라고 명령하면서 자신의 경고를 무시한다면 죽게 될 것이라고 협박했다. 그러나 우리는 위축되지 않고 그냥 그 자리를 벗어나면서 앞으로 무슨 일이 닥치든 담대히 맞설 준비가 되어 있다는 사실을 알았다.

다음 날 우리는 다시 그곳으로 갔지만 그의 모습은 보이지 않았다.
그날 밤, 어떤 청년이 시위 구역에서 총에 맞았다. 리오는 그 청년을 자기 차에 태우고 병원으로 데려가려 했다. 그의 말에 따르면 첫 번째 병원에서 그의 치료를 거부했고 몇 분 후 어느 골목길에서 경찰들이 그를 에워쌌다. 그는 경찰을 향해 외쳤다. "차 안에 죽어 가는 청년이 있어요." 그러나 그들은 그의 말을 믿지 않았다. 리오는 청년을 차에서 끌어내려 거리로 데리고 나왔는데, 그는 이미 피를 너무 많이 흘려서 죽은 상태였다.

다음 날, 청년의 아버지가 지도부에 대한 분노에 가득 차서 시위 구역에 들이닥쳤다. 리오는 적극적으로 나아와 분노한 청년의 아버지와 맞섰다. 그는 뜨거운 마음으로 벌어진 일을 설명하려 했지만, 청년의 아버지에게는 위로가 되지 않았다. 사랑하는 아들을 잃은 것에 가슴이 미어졌고 그 슬픔이 고스란히 전해졌다. 무력감과 절망에 사로잡혀 더 이상 자신의 혐오감을 억누르지 못하는 상태였다. 청년의 아버지가 돌아가려 하자 나는 그의 마음에 깊이 공감하며 다가갔다. 그를 마음에 품고 기도하겠다고 약속하면서 고통스러운 순간에 위로를 전하려 했다. 놀랍게도 그는 나에게 전화번호를 건네주며 나중에 꼭 연락해 달라고 부탁했다. 그 후 몇 주 동안 몇 차례 통화하면서 나는 청년의 아버지가 얼마나 힘들고 마음이 아픈지 더 알게 되었다. 심지어 방송인 션 해너티(Sean Hannity)도 그의 사연을 알게 되어 한 회 전체를 그와의 인터뷰에 할애했다.

그 나흘 동안 우리는 기적과 구원과 축사를 목격했고, 법 집행이 통하지 않는 지역 한복판에서 예수님의 정의가 스며드는 모습을 보았다. 안전한 곳은 아니었지만, 그게 예수님이 원하신 일이었다.

나는 변화되었다. 교회 안에서 사람들을 위해 기도하는 일이 다시는 무섭지 않았다.

혼돈

이처럼 우리는 당당하게 초자연적 존재임을 인정하게 되었다. 또한 정의를 실행하고 적이 깨뜨린 평화를 회복하는 것이 우리의 역할이라는 것도 확인했다.

우리는 어디에 속해 있을까? 바로 혼돈 속이다! 창세기 1장은 하나님이 하늘과 땅을 창조하셨다고 말씀한다. 이러한 창조는 하나님의 영(하나님의 "루아흐")이 혼돈하고 공허함 가운데, 히브리어로는 "토-후 보-후(tō-hū ḇō-hū, 스트롱코드 H8414, H922)1, 2) 가운데 운행하시며 이루어졌다.

랍비들이 토라를 읽는 소리를 들어 보면 "토우 휴 보우 보우 휴"라고 하는 것처럼 들려서 나도 그렇게 발음하려고 한다. 이것은 하늘의 혼돈한 물들이 지닌 광기를 묘사하고 있다. 그곳은 혼돈과 불합리로 가득한 영역이라는 것이다. 나는 이것이 리듬이나 박자 없이 울리는 심벌즈 같다고 생각한다. 그래서 나는 이것에 관해 설교할 때 드럼스틱으로 심벌즈를 아무렇게나 불규칙하게 최대한 시끄럽게 때린다.

---

1) "Genesis 1:2 Text Analysis(창세기 1장 2절 본문 분석)," Biblehub, accessed November 7, 2022, https://biblehub.com/text/ genesis/1-2.htm.

2) "Ruach and the Hebrew Word for the Holy Spirit(루아흐 그리고 성령을 가리키는 히브리어 단어)," Fellowship of Israel Related Ministries, June 12, 2021, https://firmisrael.org/learn/the-hebrew-word-ruach -and-gods-breath-in-our-lungs.

이러한 혼란한 환경이 창세기 1장의 창조 역사가 이루어지는 배경이었다. 흑암과 혼돈 한가운데 성령님이 운행하시고, 성령님이 운행하시는 바로 그곳에서 "빛이 있으라!"고 말씀하시는 주님의 음성이 있었다.

이 순간 야훼께서 우주를 조직하시는 7일의 과정, 곧 혼돈에서 벗어나 질서를 세우시는 모습을 보게 된다. 그러므로 창조란 하나님의 정의의 실행이며 평화의 확립이다.

그렇다면 우리는 어디에 속해 있는가?

흑암과 혼돈이다.

우리는 어떻게 해야 할까?

평화를 회복함으로써 정의를 실행해야 한다.

참여하는 새로운 시대

교회에 새 아침이 도래하면서 영적인 잠에서 깨어나 활력 넘치고 강력한 부흥을 불러일으키고 있다. 지금은 무기력의 사슬을 벗어 던지고 적극적으로 참여하는 새로운 초자연적 시대에 뛰어들 때이다.

두려움에 위축되던 시대는 끝났다. 우리가 혼돈과 흑암 가운데서도 야훼의 거룩한 임재가 다스린다는 사실을 배웠다. 거센 폭풍은 더 이상 우리를 공포에 빠뜨리지 않는다. 오히려 그 너머에 펼쳐진 하나님의 창조를 기대하게 만든다.

위기는 물러서거나 숨어야 할 때가 아니라 무장하라는 부르심, 곧 일어나 빛을 발할 기회이다. 우리는 앞으로 닥쳐올 도전에 억눌리지 않고, 오히려 일어나서 우리 안에 계신 야훼의 불굴의 영으로 그들을 정복할 것이다.

이 사명을 성공적으로 이루는 데 반드시 필요한 핵심 연료가 바로 초자연적 용기이다. 이것은 목동에 불과하던 다윗이 악한 본성을 지닌 괴물 같은 거인 골리앗이 하나님의 백성들을 모욕하는 말을 들었을 때 느낀 의로운 분노와 같은 것이다. 태워버리시는 분의 임재의 능력을 입은 기드온이 경험한 것과 똑같은 확신의 힘이었다. 십자가와 무덤의 도전을 피하지 않으시고 오히려 받아들이셔서 승리하신 예수님의 성품과 본질이 나타난 것이었다.

오해하지 말라. 이것은 싸움을 찾아다니는 무법자같이 공격적인 태도가 아니다. 깨어 있는 영, 단호한 자세로 전쟁이 닥칠 때 감당할 준비가 되어 있는 것이다.

혼돈이 당신의 도시를 덮칠 때, 그것이 자연재해든 정치적 문제든 또는 폭동이든지 교회가 가장 먼저 반응하는 존재가 되어야 한다. 반응할 때는 우리가 대적하는 영과 똑같이 맞서거나 흉내 내지 말고 오히려 대조적으로 하늘의 거룩한 성령으로 나타남으로써 악한 계획을 뒤집어야 한다.

하나님의 무기는 어떤 악한 영의 무기보다도 강력하고 그 모든 것을 이긴다.

우리의 싸우는 무기는 육신에 속한 것이 아니요 오직 어떤 견고한 진도 무너뜨리는 하나님의 능력이라 모든 이론을 무너뜨리며 하나님 아는 것을 대적하여 높아진 것을 다 무너뜨리고 모든 생각을 사로잡아 그리스도에게 복종하게 하니 너희의 복종이 온전하게 될 때에 모든 복종하지 않는 것을 벌하려고 준비하는 중에 있노라 _고후 10:4-6

싸움 전에 신뢰하라

이제 우리는 1장에서 다룬 내용의 기초 위에 쌓아 올리기 시작할 것이다. 전투 모드에 돌입하기 전에 우리가 세우는 기초가 신뢰라는 것을 알아야 한다. 우리는 야훼를 신뢰한다! 이 말은 결과와 상관없이 우리는 하나님을 신뢰하고 순종할 것이라는 의미이다.

신뢰는 결과에 좌우되는 것이 아니다. 우리가 원하는 것을 얻기 위해 하나님을 신뢰하는 것이 아니라는 말이다. 우리는 하나님이 원하시는 바를 이루시도록 그분을 신뢰하는 것이다. 우리의 동기가 성숙해져서 우리가 원하는 것을 얻을 때가 아니라 하나님이 원하시는 것이 이루어질 때 행복해져야 한다.

우리가 신뢰의 기초 위에 하나님과의 관계를 세울 수 있다면, 고난과 갈등을 통과할 때 그 신뢰가 우리를 굳건히 붙들어 줄 것이다. 뿐만 아니라 그러한 신뢰가 초자연적 용기의 연료가 되어 자발적으로 고난과 갈등 안으로 들어가서 평화를 이룩할 수 있게 될 것이다.

이것을 좀 더 실제적으로 이야기해 보자. 신뢰가 없는 관계는 지속될 수 없다. 신뢰는 사람들의 관계를 끈끈하게 하는 접착제와 같아서 갈등이 생겨도 관계의 기초를 약화시키는 것이 아니라 오히려 굳건하게 만들어 준다.

결혼이 이기심이라는 기초 위에 세워지면 갈등을 회피하게 되는데 그것이 너무나도 불편하고 고통스럽기 때문이다. 갈등은 많은 것을 드러낸다. 누군가와 싸우게 되면, 평소에는 드러나지 않던 부분을 보게 된다. 또한 그 사람의 내면에 불안감과 수치심이 있다면, 통제력을 되찾고 자신의 벌거벗음을 가리기 위해 극단적인 행동을 하려 할 것이다.

이런 이유로 결혼을 준비하는 커플을 상대할 때마다 가장 먼저 다음과 같이로 질문한다. "가장 최근에 무엇 때문에 싸웠고 누가 이겼는지 이야기해 주세요."

만일 그들이 "아니에요, 목사님. 저희는 싸우지 않아요. 성령님이 계셔서 그런 일은 우리와 상관없어요"라고 하면, 나는 그들을 돌려보내면서 정말로 결혼에 관해 이야기할 준비가 되었을 때 다시 오라고 말한다.

성공적인 부부가 되려면 누구나 서로 건강하게 싸우는 법을 배워야 한다. 그래야 그들의 열정을 한 단계 끌어올려 서로를 위한 싸움에 사용할 수 있게 된다. 목표는 결국 부부가 서로 싸우는 데 에너지를 사용하는 것이 아니라 서로 등을 맞대고 연합하여 진짜 적과 싸우게 하는 것이다.

신뢰가 없으면 갈등이 관계나 기회의 끝이 될 수 있다. 하지만 시간과 정성을 들여 신뢰를 쌓으면 갈등이 생길 때 오히려 더 깊은 친밀함으로 나아가는 기회가 될 수 있다.

이러한 각성과 깨어남의 시기 가운데 교회 안에는 단지 투쟁적인 분노와 공격성으로, 목적이나 전략 없이 분열을 일으키는 시끄러운 영에 의해 일어나는 이들도 있다. 이러한 참여의 시대에 교회가 먼저 그리스도의 신부로 서약하고 헌신하기도 전에 하나님의 군대로 입대할 위험에 처해 있다.

사랑은 행동한다

바울은 고린도전서 13장에서 사랑이 없다면, 초자연적 체험이나 활동, 사역으로 그것을 대신하려 하기 전에 먼저 그 문제부터 해결해야 한다고 말한다. 그것은 불가능한 일이라는 것이다.

사랑이 없다면, 우리의 모든 참여는 하나님의 나라에서 아무런 가치가 없다. 사랑이 우리의 사역을 의미 있게 만드는 것이다. 사랑 없이도 참여할 수 있지만, 사랑한다면 참여하지 않을 수가 없다.

많은 사람이 초자연적 활동에 참여하려 하는 것은 사랑 받고 주목 받고 싶은 갈망 때문이다. 유명인이란 결국 '찬사를 받는 사람'에 불과하다. 사람들이 명성을 구하는 것은 사랑과 인정을 갈망하기 때문이다. 막상 유명인이 되고 나면 칭찬과 인정보다는 오히려 경멸과 거절을 더 많이 받게 되는 것에 크게 실망할 수 있다.

하나님 나라에서는 사랑을 갈구하는 영역 가운데 임하셔서 사랑으로 채워 달라고 아버지께 구해야 한다. 그렇지 않으면 우리가 사역하며 애쓰고 수고하는 이유가 사랑이 아니라 그것의 결핍 때문이 된다.

더 이상 거절감과 외로움을 느끼지 않기 위해 사역을 이용한다면, 아무리 사람들의 인정과 찬사를 받아도 마음의 그 부분이 채워지지 않을 것이다.

이렇게 기도하는 것이 좋다. "아버지의 사랑의 마음을 제게 주셔서 그 마음으로 다른 이들을 사랑하게 해 주소서."

그 결과는 사람들이 우리를 가르치거나 비판하려 할 때 드러날 것이다. 겸손하게 그 상황을 받아들이며 더 큰 이해와 관계, 성숙을 구할 것인가, 아니면 전쟁터에서 벗어나기 위해 쉬운 길, 곧 비겁한 도피의 길을 택할 것인가?

사랑은 행동한다. 사랑하면 관계를 유지하고 발전시키는 데 필요한 일을 가치 있게 여긴다. 자신이 사는 지역을 사랑하는가? 하나님 나라를 사랑하는가? 자신의 결혼을, 자녀들을 사랑하는가? 그렇다면, 사랑하기 때문에 행동하게 되어 있다.

우리는 상처 받고 겸손해질 수밖에 없는 상황을 겪고 완전히 무너져 주저앉기도 하지만, 항상 다시 일어나고, 또 일어난다. 우리가 계속해서 행동하고 또 행동하는 것은 사랑이 그렇게 만들기 때문이다. 우리의 안락함이나 명성을 위해서가 아니라 하나님 나라를 위해 그렇게 하는 것이다. 그리고 이러한 시련으로 인해 강해지고 성숙해진다.

이러한 성숙으로 점차 우리 믿음이 견고하게 세워지고, 이 믿음으로 인해 조금씩 우리의 행동이 달라진다. 이것이 바로 성령의 열매로서 억지로 만들어지는 것이 아니다. 혼란이 폭발할 때 우리가 그 상황에 가져올 수 있는 평화가 점점 더 선명하게 보이기 시작할 것이다. 그래서 점점 더 빠르고 신속하게 자발적으로 행동에 나서게 된다. 이전에 갈등을 해결하며 생긴 자신감은 다음 상황에 더 신속히 대응할 수 있는 용기를 준다. 그리하여 아무리 바쁘더라도 불의를 방관하는 것을 참을 수 없게 된다.

즐거운 용기

누가복음 22장 54-60절에서 예수님을 세 번 부인하고 두려움과 수치심에 사로잡힌 베드로의 모습을 보게 된다. 이때의 베드로는 사도 같지 않은 모습이다. 그러나 사도행전 2장에서 그는 성령의 타오르는 불에 변화되었다. 조롱하는 무리에게 단호하게 예수 그리스도의 복음을 선포했고, 바로 그 순간 사도 교회가 탄생하며 확립되었다. 무질서하게 보이는 자신들의 모임에 대해 변호하며 베드로의 설교가 시작된다. "너희 생각과 같이 이 사람들이 취한 것이 아니라"(행 2:15). 그는 술에 취해 이렇게 담대한 것이 아니라는 사실을 설명할 필요가 있었다. "우리는 성령으로 충만해진 것뿐이다!" 이것은 초자연적인 즐거움의 용기의 결과였다!

2022년 2월 24일 운명적인 아침, 러시아의 블라디미르 푸틴이 우크라이나의 "비무장화와 탈나치를 위한 특별 군사 작전"을 선언했다. 눈 깜짝할 사이에 러시아의 침공이 수년 전 중단되었던 지점에서 재개되었다. 그로 인해 수많은 우크라이나 국민들이 혹한과 끔찍한 기상 상황을 뚫고 사랑하는 고국 땅을 떠나야 했다. 온 가족이 피난민이 되어 안전을 찾아 국경까지 수 킬로미터 구불구불 이어져 있는 긴 줄을 서야 했다. 많은 이들이 탈수와 질병, 피로에 지쳐 쓰러졌다. 생존자들은 고향 마을을 떠나면서 목격한 지옥 같은 장면들에 깊은 상처를 입었다.

침공이 있고 2주 후 찰리와 나는 시애틀에서 열린 선포 컨퍼런스에서 사역하고 있었다. 내가 "우리가 우크라이나에 가야 할 것 같아. 어떻게 생각해?"라고 묻자, 찰리는 "진심이야?"라고 반문했다. "그래, 우리가 가서 피난민들에게 사역해야 해"라고 하자, 찰리는 주저 없이 "가자"라고 대답했다.

많은 이들이 필사적으로 우크라이나를 벗어나고자 할 때, 우리는 반대로 우크라이나로 향하고 있었다. 4주 후인 4월 6일에 나는 델타 145편에 탑승하여 암스테르담을 경유하여 폴란드로 향했다. 폴란드와 우크라이나 국경에 있는 난민 수용소에서 이틀을 보낸 후, 우리는 두 차례에 걸쳐 우크라이나로 들어가서 난민들에게 사역했다. 여러 사람들이 우리 앞에 놓인 위험에 대해 경고하면서 상황이 잘못되더라도 의지할 곳이 전혀 없는 위험한 미개척지로 들어가는 것이라고 주의를 주었다. 그럼에도 우리가 우크라이나 국경을 통과할 때 놀라운 초자연적인 평강이 팀 위에 임하여 우리의 얼굴은 기쁨으로 빛났다. 성령으로 충만해져서 성령의 담대함으로 전진했다. 예수님이 귀한 우크라이나인들의 마음에 깊이 사역하셨다. 비극적이고도 이해하기 어려운 이야기들도 들었다.

한 가지 분명한 사실은 우리가 이것을 위해 창조되었다는 것이었다. 사도행전 2장의 베드로가 경험한 즐거운 용기의 기름부음으로 나아가 하늘의 샬롬을 혼돈 가운데 가져오는 바로 그 일을 행하는 것이다.

돌파의 연료

어려서부터 젊은 다윗이 형들이 진을 치고 있는 전쟁터에 들어가는 장면에 감동을 받았다. 다윗은 형들과 하나님의 군대가 하나님의 원수, 곧 네피림 혼혈의 괴물 같은 자에게 조롱당하는 모습을 보고 틀림없이 분노를 느꼈을 것이다. 당시 다윗은 아직 적격자가 아니었다. 군인이 아니라 소년, 목동에 불과했다. 다윗은 이렇게 생각했을 것이다. '누군가 뭐라도 해야 하는 것 아닌가? 단순히 크고 위험하다는 이유로 이 거인이 어떻게 이런 짓을 하고도 무사할 수 있단 말인가? 왜 하나님의 백성이 위험 때문에 위축되어야 하는가? 우리는 하나님이 택하신 백성인데 말이야!'

누군가 나서야 했다. 그러나 아무도 그러지 않았다. 그래서 아직 어린 다윗이 자원한 것이었다.

우리는 당당하게 초자연적 존재이다. 하나님이 이제 우리를 돌파의 연료로 가득 채워 주실 것이다. 우리는 주님의 군대에서 제일 먼저 나서는 사람이 될 것이다. 우리가 가장 크거나 똑똑하거나 유명하지 않더라도, "제가 여기 있습니다. 나를 보내소서!"라고 제일 먼저 말하는 사람이 될 것이다. 우리가 어떤 분의 위대한 권세에 순복하고 있는지 알게 되어 우리에게 있는 권세가 얼마나 큰지도 인식하게 될 것이다.

우리 하나님께 능치 못하심이 없으며 정의와 긍휼이 그분에게 얼마나 중요한지도 알게 될 것이다.

야고보서 2장은 행함이 없는 믿음은 죽은 믿음임을 분명하게 보여 준다. 그 의미는 다음과 같다. 말은 쉽고, 말로만 고백하고 행동이 없는 사랑은 거짓이라는 것이다. 예수님은 단순히 우리가 좋은 집회나 모임을 가질 수 있게 십자가에서 죽으신 것이 아니다. 예수님은 나라 전체를 변화시킬 돌파의 연료를 주셨다. 우리의 불안과 정보 중독은 단순히 기도하고 유튜브로 예언 동영상만 많이 보면 우리 세대가 기다리고 있는 돌파가 임할 것이라고 착각하게 만들었다.

교회는 거룩한 분리 구역 안으로 들어가서 충분히 거룩하기만 하면 야훼께서 부흥을 보내시고 불을 내려 거인들을 멸하실 거라고 사람들을 설득한다. 그것은 올바른 부흥관이 아니다. 도덕주의적 이신론은 하나님의 군대 안에 수동성과 해야 할 일을 뒤로 미루는 태도를 조장한다. 교회는 하나님을 기다리고만 있는 것이 아니다. 오히려 하나님이 그분의 자녀들이 자신의 정체성과 위치를 올바로 깨닫고 일어나기를 기다리고 계신다.

- 용기는 교회 건물 안에 숨어서 마이크 앞에서 고함치는 것도, 높은 단상 위에 서서 음란물에 중독된 사람들을 내려다보며 정죄하는 것도 아니다.
- 용기는 자신의 가정과 삶 그리고 마음을 여는 것이다. 힘들어하는 사람과 쓴 커피 한 잔을 놓고 앉아서 그들을 구덩이에서 끌어내는 것이다. 예수님 안에 있는 소망, 기쁨, 돌파를 사람들에게 전하는 것이다.
- 용기는 눈물이며 웃음이다.
- 용기는 연약함을 드러내는 것이다.
- 용기는 아내와의 밤 데이트이며, 딸과 함께 마시는 핫초콜릿이고, 아들과의 낚시이다.
- 용기란 스스로를 예수 그리스도 복음의 사역자로 칭하는 것이다.
- 용기란 아무도 하려 하지 않는 일을 하는 것이다.
- 용기는 다른 이들은 풀어낼 수 없는 것, 곧 하늘의 응답을 풀어놓는 것이다.
- 용기란 야훼의 정의로 행하고 그것을 풀어내는 것이다.

그분 안에서 우리는 용감하다.

활성화 기도

예수님!

오늘 새롭고 심오한 초자연적 용기를 가지고 행하고 살아가기를 갈망하고 기대하며 주님께 나아왔습니다. 주님이 모든 능력의 원천이시며 능치 못하심이 없음을 압니다. 저는 예수님의 사랑으로 충만하다고, 그 완전한 사랑이 모든 두려움을 내쫓는다고 선포합니다.

주님을 신뢰합니다. 그리고 다가오는 모든 상황 속에서 저를 인도해 주시는 주님의 능력을 확신하며 선포합니다. 저는 성령으로 충만하며 어떠한 도전이든 확신과 담대함으로 맞설 힘과 용기가 있음을 선포합니다.

저에게 힘주시는 그리스도 예수로 말미암아 넉넉히 이긴다고 선포합니다. 저에 대한 주님의 계획이 선하시며 제 삶을 향한 주님의 목적을 성취하는 데 필요한 모든 것을 구비시켜 주셨습니다. 사람들에 대한 긍휼과 관용의 마음을 주셔서 주님의 사랑을 주변에 나누게 하소서. 어둠 속의 빛, 곧 길을 잃고 두려워하는 이들에게 한 줄기 소망의 빛이 되게 하소서.

주 예수님, 주님이 함께 계시기에 "나는 용감한 사람이다!"라고 선포합니다. 주님의 약속을 신뢰하고 주님이 결코 저를 떠나거나 버리지 않으신다는 걸 압니다.

주님의 사랑과 자비와 은혜에 감사 드립니다. 주님의 사랑과 성령의 능력으로 가능한 초자연적 담대함 안에서 늘 걷게 하소서.

예수님의 이름으로 기도합니다. 아멘.

구하는 자들이 찾을 것이요, 찾은 자들에게는 많은 이들이 모일 것이다.

_바비 코너

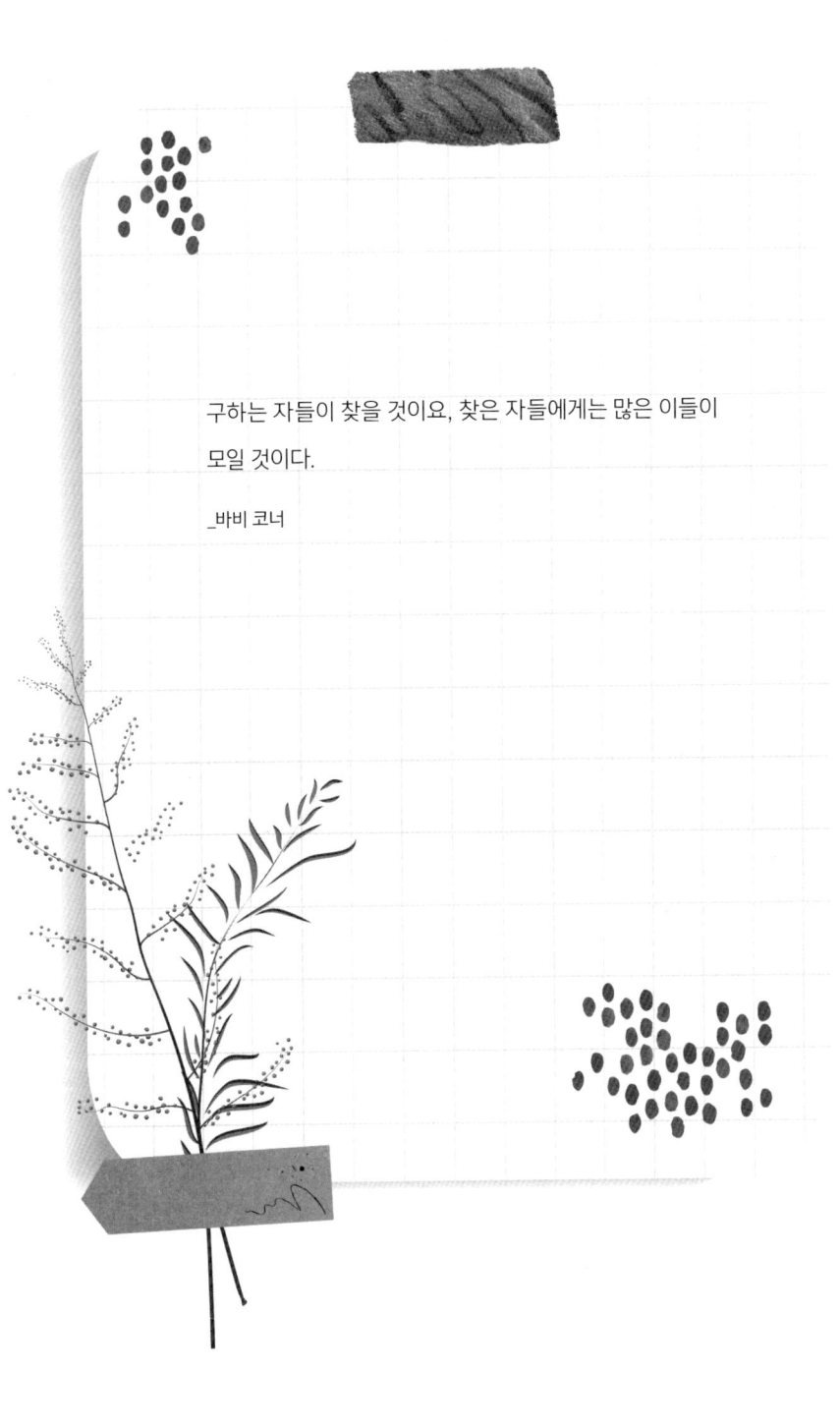

3장

초자연적 경로 정하기

UN
APOLOGE
TICALLY
SUPER
NATURAL

| 3장 |

먹는 것의 초자연적 중요성

그렇다, 우리는 이제 먹는 것에 대해 이야기하겠다. 성경에서 먹는 것은 중요한 문제이다. 음식 자체가 초자연적이라기보다는 배고픔, 허기라는 것에 근본적으로 중요한 의미가 있기 때문이다. 인간의 첫 번째 죄가 먹는 것과 어떻게 관련되었는지 생각해 보라. 첫 번째 유혹은 음식을 중심으로 일어났다.

하나님이 에덴 동산에 두 나무를 두신 게 흥미롭지 않은가? 둘 다 열매가 있어 먹을 수 있었다.

> 여호와 하나님이 그 사람에게 명하여 이르시되 동산 각종 나무의 열매는 네가 임의로 먹되 선악을 알게 하는 나무의 열매는 먹지 말라 네가 먹는 날에는 반드시 죽으리라 하시니라 _창 2:16-17

생명나무는 먹을 수 있었고 생명을 지속시키고 보존할 수 있었던 것으로 보인다. 두 나무 중 하나는 초자연적 생명을 지속시키고 보존하며 촉진하는 반면, 나머지 하나는 선과 악의 지식을 초자연적으로 알게 하는 것이었다. 여기서 우리는 하나님이 직접 창조하신 두 나무를 본다. 하지만 하나님은 그분의 사랑으로 장기적인 계획 가운데 자녀들이 먹어도 되는 것에 대해 분명한 한계를 세우셨다. 그러나 그들이 무엇을 욕망할지에 관해서는 제한을 두지 않으셨다.

여기서 흥미로운 부분이 등장한다. 선악과에 대한 유혹은 우리가 먹는 것이 우리를 변화시킨다는 사실을 보여 준다. 이것은 '당신이 먹는 것이 바로 당신이다'라는 표현 자체를 증거해 준다! 인류를 타락시키기 위해 루시퍼는 단순히 그들이 죄를 범하도록 설득만 한 것이 아니었다. 그는 외부 세계의 초자연적이고 이질적인 것을 그들의 존재의 내부로 들여보내야 했다. 불순종이 그들 안으로 들어오도록 반드시 뭔가 먹어야 했다. 입은 위로 들어가는 통로이며, 위는 음식이 분해되어 에너지로 전환되는 생산의 중심이다. 여기서 분해된 음식의 구성요소들은 초자연적 연료로 전환된다. 그리고 열매에 담긴 정보가 장을 통해 몸의 모든 뉴런에 전달된다.

놀랍게도 인간의 뇌에는 약 1000억 개의 뉴런이 있고, 장에는 5억 개의 뉴런이 있어서 신경을 통해 뇌와 직접 연결된다.

인류의 씨 전체가 타락하게 하려면, 바이러스가 그들 안으로 들어와야 했다. 아담과 하와는 몸과 마음에 영적 육적 영양을 공급하기 위해 반드시 먹어야 했다. 그렇게 몸 안으로 들어간 것이 그 육체를 안에서부터 변화시킬 수 있기 때문이다.

뱀은 유혹을 시작하면서 눈을 통해 욕망을 일깨우고자 하와로 하여금 선악과를 보게 했다. 그런 다음 더 깊은 의미에 대한 굶주림이나 갈망, 어쩌면 질투마저 불러일으켜 인간 정체성에 내재한 허영심을 충족시킴으로써 야훼 엘로힘만큼 유명해지려 했다. 이것이 바로 하나님이 교만을 그렇게나 미워하시는 이유이다.

루시퍼는 아담과 하와에게 이렇게 말했다. "저 열매를 살펴보고 그것을 갈망하라. 그 열매를 먹으라. 그것을 너희 안에 그것을 받아들이면, 그로 인해 너희가 변화될 것이다." 선악 지식의 나무가 죽음의 나무였던 것이 아니라, 하나님께 불순종한 결과가 바로 죽음이었다. 다만 그 나무 자체가 (감당할 수 있는) 성숙함을 필요로 하는 존재였는데, 아담과 하와는 아직 그러한 성숙함을 갖추지 못한 상태였다. 중요한 점은 이 나무를 포함하여 하나님이 만드신 모든 게 좋았다는 사실을 기억하는 것이다. 하지만 본질적으로 이 나무는 필요하지 않은 지식을 제공했다.

선악을 알게 하는 지식은 깊은 분별력이고 하나님이 주시는 현실적 지혜라고 할 수 있다. 여기서 야훼께서는 아담과 하와에게 그 나무를 먹지 말라고 하신 것은 이 지식, 이 분별력이 필요하지 않았기 때문이다. 아담과 하와는 순수한 어린아이와 같아서 그들에게 필요한 것은 야훼를 아는 지식뿐이었다. 이미 죄가 세상에 들어와 있기 때문에 우리에게 분별력이 필수적이지만, 당시에는 타락이 아직 창조 세계에 들어오기 전이었다. 그래서 아담과 하와는 오직 하나님을 신뢰하고 순종하기만 하면 되었다.

창세기 3장에는 아담과 하와가 하나님께 범죄하는 장면이 담겨 있다. 그들은 금지된 열매를 따서 제멋대로 먹어버렸다. 과즙이 몸 안으로 흘러 들어가자 금지된 쾌락의 전율이 온몸을 타고 흐르며 그들의 감각이 완전히 깨어났다. 그러나 그러한 쾌락과 함께 갑작스럽게 심오한 깨달음이 임했는데, 그로 인해 그들의 순수함이 산산 조각나면서 그들을 혼란스럽게 했다. 그들이 범한 죄의 무게가 엄청난 힘으로 그들을 덮쳐서 마치 그들의 영혼 자체가 세상에 그들의 수치를 널리 알리는 것처럼 느껴졌다. 이는 결코 무시할 수 없는 침묵시킬 수 없는 죄책감의 등대 같았다.

자신들이 벌거벗었다는 것에 대한 새로운 자각에 완전히 압도되어 두려움과 절망감이 그들을 사로잡았다. 삶에 대한 통제권을 되찾으려는 절박함에 그들은 자신들의 수치를 가리고 더럽혀진 혼에 조금이라도 존엄을 회복시키기 위해 무엇이든 필사적으로 움켜잡으려 했다. 나뭇잎을 모아 엮은 것으로 숨길 수 없는 것을 덮어 보려고 애썼다.

그러나 자신들의 수치를 덮어 보려고 애쓰면서도 그들은 그것이 부질없다는 사실을 알았다. 그들은 발가벗겨진 채 무방비 상태로 갑작스럽게 거칠고 무자비하게 느껴지는 세상 속에 완전히 홀로 내던져져 있었다. 그런데 그때 갑자기 하늘에서 떨어진 번개처럼 하나님의 음성이 들렸다. 그분이 에덴 동산에 거니시면서 그 신성한 임재가 그들의 세포 하나하나에 생생하게 느껴졌다. 그 순간, 그들은 참으로 길을 잃었고 자신들의 죄를 숨길 수 없다는 것을 그리고 자신들의 행위에 대한 결과에 직면해야 한다는 사실을 깨달았다.

그래서 창세기 3장 9절에서 "여호와 하나님이 아담을 부르시며 그에게 이르시되 네가 어디 있느냐"라고 물으신 것이다. 그들은 하나님을 피해 숨으려 했다.

실제로 그들의 행위의 초래한 여파는 대대로 파문을 일으키며 인간의 정신에 지워지지 않는 흔적을 남기게 된다. 아담과 하와는 더 이상 이전처럼 순수한 존재가 아니었다. 그들은 자신들의 죄의 무게로 인해 영원히 변화되었다. 바이러스가 그들의 의식 구조 깊숙이 침투되었고, 그것은 온 세상으로 퍼져 나가면서 세대에 걸쳐 수치와 두려움이라는 독성 씨앗을 전파하게 되었다.

아마도 인류 역사상 처음으로 불안이 그들의 마음과 정신에 뿌리를 내리면서 인간 존재의 연약한 구조를 붕괴시키겠다고 위협했을 것이다. 수치와 두려움이라는 두 사기꾼이 그들을 사로잡아 시간이 지날수록 그 교묘한 통제력을 강화하면서 이제 그들을 둘러싼 어둠에서 벗어날 방법이 없는 것처럼 보였다.

그러나 절망의 깊은 곳에 있을지라도 한 줄기 소망의 빛이 남아 있었다. 그들이 거룩하신 분을 거슬러 죄를 지었지만, 여전히 사랑의 하나님께 사랑받는 피조물이었기 때문이다. 그러므로 그분은 정말 도움이 필요한 때에 그들이 버리지 않으실 터였다. 그들은 동산에서 하나님의 음성을 들었기에 가장 어두운 순간에도 그분이 함께하신다는 걸 알았다.

그래서 그들은 자신들이 저지른 행위의 결과를 마주하면서도 그 소망을 붙들었다. 앞길이 멀고 험하더라도 하나님이 곁에 계시기에 가장 강력한 장애물도 극복할 수 있다는 것을 알고 있었기 때문이다. 수치심과 두려움의 바이러스가 그들의 마음을 통제하고 있을지라도 그것에 완전히 사로잡히지는 않았다. 그들은 싸울 것이고 이길 것이다. 그들은 거룩하신 분의 자녀였고, 그 무엇도 그 사실을 바꿀 수 없기 때문이다. 하나님은 그들의 반역과 죄 가운데서도 그들을 버리지 않으셨다. 그분은 그들의 벌거벗은 몸을 가릴 옷을 마련해 주셨고, 언젠가 구원자가 오셔서 악과 유혹의 상징인 뱀의 머리를 부술 것이라고 약속하셨다.

구속자가 오신다는 이 약속이 창세기 3장에 나타난 복음의 첫 번째 단서이다. 이것은 하나님이 베푸실 궁극적 자비와 구속의 행위, 곧 예수 그리스도가 이 땅에 오셔서 죄 없는 삶을 살아가시다가 인간의 죄값을 치르시고 죽음에서 부활하셔서 사망을 이기시고 자신을 믿는 모든 자에게 구원을 베푸실 것을 예고하는 것이다. 그리고 예수님이 사역하시면서 새 계명을 주실 것인데, 다시 생명나무의 열매를 먹되, 이번에는 말 그대로 나무 열매가 아니라 그분의 몸과 피를 먹고 마시라는 것이다.

두 성찬

아담과 하와가 에덴 동산의 실과를 먹은 것은 일종의 가짜 성찬이었다. 루시퍼가 사실상 이렇게 말한 셈이었다. "이 열매를 취하라. 그것을 욕망하라. 그것을 받아먹으라. 그러면 너희가 변화될 것이다!" 그리고 그렇게 되었다!

> 내가 너희에게 전한 것은 주께 받은 것이니 곧 주 예수께서 잡히시던 밤에 떡을 가지사 축사하시고 떼어 이르시되 이것은 너희를 위하는 내 몸이니 이것을 행하여 나를 기념하라 하시고 식후에 또한 그와 같이 잔을 가지시고 이르시되 이 잔은 내 피로 세운 새 언약이니 이것을 행하여 마실 때마다 나를 기념하라 하셨으니 너희가 이 떡을 먹으며 이 잔을 마실 때마다 주의 죽으심을 그가 오실 때까지 전하는 것이니라 _고전 11:23-26

예수님은 자신을 따르는 자들에게 생명나무 실과를 다시 먹을 수 있다고 말씀하신다. 그 실과가 바로 자신의 몸과 피라고 하시며 그들이 그것을 갈망하고 먹고 변화되기를 원하신다. 이것이 바로 참된 성찬으로, 교제 가운데 공동체 안에서 받으며 초자연적 결과가 따른다.

바울은 성만찬을 합당하지 않게 받으면 부정적인 결과가 초래될 수 있다고 말한다. 그는 고린도전서 11장에서 다음과 같이 말한다.

> 그러므로 누구든지 주의 떡이나 잔을 합당하지 않게 먹고 마시는 자는 주의 몸과 피에 대하여 죄를 짓는 것이니라 사람이 자기를 살피고 그 후에야 이 떡을 먹고 이 잔을 마실지니 주의 몸을 분별하지 못하고 먹고 마시는 자는 자기의 죄를 먹고 마시는 것이니라 그러므로 너희 중에 약한 자와 병든 자가 많고 잠자는 자도 적지 아니하니 우리가 우리를 살폈으면 판단을

받지 아니하려니와 우리가 판단을 받는 것은 주께 징계를 받는 것이니 이는 우리로 세상과 함께 정죄함을 받지 않게 하려 하심이라 _고전 11:27-32

이것은 초자연적 만찬이다. 우리가 먹는 것이 우리가 될 뿐만 아니라, 우리의 마음 상태, 동기, 관계에 따라 초자연적 만찬이 복이 되거나 오염될 수도 있다. 생명나무의 열매를 합당하게 먹으면, 그 결과로 생명이 유지되고 몸과 마음과 영이 초자연적으로 잘될 것이다. 하지만 생명나무 열매를 먹을 때에 서로 간에 불화나 분열이 있다면, 본래 생명을 가져오게 되어 있는 그 만찬이 오히려 죽음을 초래할 수도 있다.

놀랍지 않은가? 루시퍼뿐만 아니라 예수님도 우리가 먹기를 바라신다! 우리는 무엇을 먹을지 선택해야 한다. 하지만 분명히 알아야 할 것은 우리가 먹는 것이 바로 우리 자신이 된다는 사실이다.

우리가 계속 먹는 것이
우리의 초자연적 경로를 결정한다

우리의 초자연적 경로를 결정짓는 가장 중요한 요소는 바로 우리가 무엇을 먹고 있는가이다! 우리는 자신이 원하는 것을 먹는다. 그러므로 우리의 욕구가 우리의 운명을 결정하게 되어 있다.

출애굽기 16장 3절을 기억하는가?

이스라엘 자손이 그들에게 이르되 우리가 애굽 땅에서 고기 가마 곁에 앉아 있던 때와 떡을 배불리 먹던 때에 여호와의 손에 죽었더라면 좋았을 것을 너희가 이 광야로 우리를 인도해 내어 이 온 회중이 주려 죽게 하는도다

이스라엘 백성은 애굽의 노예살이로 돌아가고 싶어 했는데, 그곳에서 먹던 음식이 그리웠기 때문이다! 잠시 현실적으로 생각해 보자. 이것은 단순히 음식 문제가 아니라 갈급함, 굶주림과 관련된 문제이다.

갈망은 우리의 초자연적 경로를 결정짓는 가장 중요한 요소이다.

우리는 자신이 갈망하는 걸 추구하며 따르게 되어 있다. 미국 교회에는 갈급함이 없다는 말을 자주 듣는데, 그것은 사실이 아니다. 교회에 갈급함이 부족한 게 아니라 잘못된 음식을 갈망하는 것이 문제이다.

요한복음 4장 31-34절에서 제자들은 예수님이 뭘 좀 드셔야 한다며 염려한다.

그 사이에 제자들이 청하여 이르되 랍비여 잡수소서 이르시되 내게는 너희가 알지 못하는 먹을 양식이 있느니라 제자들이 서로 말하되 누가 잡수실 것을 갖다 드렸는가 하니 예수께서 이르시되 나의 양식은 나를 보내신 이의 뜻을 행하며 그의 일을 온전히 이루는 이것이니라

이 놀라운 본문에서 예수님은 제자들에게 다음과 같이 말씀하신

다. "너희의 육신적인 갈급함을 내게 그대로 투영하려 하지 마라. 나를 만족시키는 것, 내가 다른 어떤 것보다도 갈망하는 것은 내 아버지의 뜻을 이루는 것이다." 그리스도의 초자연적 갈망은 하나님 아버지의 뜻이 이뤄지는 것을 보는 것이었고, 그 뜻은 정의와 자비가 이뤄지고, 인류에게 구속의 은사가 주어지는 것이었다. 그리고 이것을 위해서는 초자연적 개입이 필요했다.

예수님이 초자연적인 것을 갈망하셨다는 기록은 어디에도 없다. 초자연적인 것 자체가 바라던 결과가 아니었다. 하나님 아버지의 청사진을 확립하는 것이 그리스도의 갈급함이었고, 그것이 요한복음 17장 25-26절에 분명하게 나타난다. 예수님은 기도를 다음과 같이 마무리하신다.

> 의로우신 아버지여 세상이 아버지를 알지 못하여도 나는 아버지를 알았사옵고 그들도 아버지께서 나를 보내신 줄 알았사옵나이다 내가 아버지의 이름을 그들에게 알게 하였고 또 알게 하리니 이는 나를 사랑하신 사랑이 그들 안에 있고 나도 그들 안에 있게 하려 함이니이다

예수님의 갈망은 그분의 사역과 사명의 기본 틀이 되었고, 그것은 상당히 단순했다. 예수님의 사역 목적은 아버지를 나타내시는 것이었다. 그 방법은 무엇이었는가? 초자연적인 역사로 이뤄졌다!

믿는 자가 초자연적인 역사를
한결같이 보지 못하는 첫 번째 이유

　성령님의 초자연적 사역을 통해 하나님 아버지를 나타내려는 갈망이 없는 것이 믿는 자가 초자연적 역사를 지속적으로 보지 못하는 첫 번째 이유다.

　아버지에 대한 계시는 분명 여러 가지 방법으로 임할 수 있다. 하나님의 말씀이나 기름부음이 있는 가르침, 또는 성령님이 주권적으로 허락하시는 단순한 깨달음을 통해 하나님의 성품과 본질에 대한 계시적인 지식을 경험할 수 있다.

　예수님이 하나님 나라의 복음을 가르치신 선례를 세우셨다. 그러므로 성령의 감동을 받은 가르침의 핵심적인 역할을 결코 과소평가하려 해서는 안 된다. 하지만 예수님의 사역을 통해 그리고 사도행전 가운데 나타난 하나님의 능력은 사람들의 사고방식만 다루신 것이 아니라 불의와 죄, 저주가 사람의 몸에 끼친 영향력을 초자연적이고 즉각적으로 대면하도록 아버지의 마음을 계시하신다.

　하나님 나라의 온전한 복음이 표적과 기사와 이적, 구원, 곧 모든 마귀의 억압이나 사로잡힘에서 해방되는 복음이라는 사실을 절대 훼손해서는 안 된다. 구원받을 때 성령의 은사와 불세례, 곧 그 증거로서 방언의 은사가 함께 임한다. 이러한 혜택들은 예수님이 부활하셨고 우리가 하나님 나라의 복음을 진실하게 선포하고 있다는 증거이다! 우리는 단지 죄와 질병, 죽음을 다스린다고 주장하는 가상의 철학을 전하는 것이 아니다. 그렇지만 예수님이 이러한 불의들을 심판하셨음을 입증하는 초자연적 실재를 살아가야 한다.

왜 자신의 삶에 초자연적 역사가 자연스럽게 나타나지 않는지 궁금하다면, 알려 주겠다. 당신이 이미 성령으로 충만하다면, 문제는 성령이나 기름부음이 부족해서가 아니다. "하나님이 더 많이" 필요하다는 것도 해답이 아니다. 하나님은 어떤 액체나 향료가 아니다. 계량컵으로 당신의 영의 사람에 성령님을 1.5컵 추가하면 되는 문제가 아니다.

문제는 하나님을 더 많이 소유하고 있는가 부족한가가 아니라, 우리가 무엇을 갈망하고 있는가이다.

갈망이 무엇을 받을지 결정한다

이제 우리는 대부분 인터넷 사용이 가능하다. 언제든지 사용할 수 있기 때문에 그 영향력을 온전히 인식하지 못하고 있을지도 모른다. 그것에 너무 익숙해진 것이다. 그래서 우리 대부분은 인터넷의 잠재력을 충분히 활용하지 못하고 있다.

바로 지금 우리는 인터넷을 통해 필요한 자연적인 지식은 무엇이든 얻을 수 있다. 무료로 제공되는 지침을 받아들여 앞으로 1년 동안 100만 달러를 벌거나 늘 원하던 복근을 만들 수도 있고 더 나은 배우자가 되는 팁을 얻을 수도 있다.

자연적인 지식은 정보에 접근하지 못하는 것이 문제가 아니다. 접근성 부족이 아니라 우리가 온라인에 접속했을 때 무엇에 접근하느냐가 문제이다. 우리가 무엇을 원하는지가 우리가 어디로 가는지를 결정한다. 만일 소통과 교제를 원한다면 SNS나 데이팅 앱에 접속할 것이다. 일상에서 벗어나고 싶다면, 영화를 스트리밍하거나 온라인 게임에 접속할 수도 있다. 교육을 받고 싶다면 구체적인 질문을 검색해 볼 수도 있을 것이다. 하나님 나라에서도 마찬가지다. 우리는 무제한적으로 접속할 수 있다. 한계가 없다!

우리가 지금 그 자리에 있는 것은 하나님이 우리에게 좋은 것을 아끼셨기 때문이 아니라 우리의 갈망이 우리의 목적지를 결정했기 때문이다. 이것을 이해하게 되면, 우리는 더 이상 실망하지 않게 된다. 오히려 그리스도 안에서 우리가 온전히 누구인지, 곧 우리의 초자연적 정체성으로 나아가는 것은 우리의 입맛을 바꾸는 것만큼이나 간단하고 쉬운 일이라는 사실에서 영감을 얻게 될 것이다. 그것만 바꾸면 된다.

간절히 원하는 것이
입 밖으로 나온다

입에서 나오는 말로 마음속에 있는 게 뭔지 알 수 있다. 그 말을 얼마나 자주 입에 올리는지 보면 얼마나 간절히 원하는지 분별할 수 있다. 때로 우리는 기도할 때, 어떤 것을 단 한 번 주님께 말씀 드리고는 그냥 살아가는 경우가 있다. 이것은 마치 마트의 장난감 코너를 지나갈 때 아이들이 장난감을 사달라고 조르는 것과 같다. 부모는 안 된다고 하고는 계속 장을 본다. 그러면 그 장난감을 다시 볼 일도 없고, 사실 아이들도 곧 잊어버릴 가능성이 크다. 아이들이 장난감을 본 순간에는 간절히 원하지만, 간절히 바란 건 아니었기에 다른 데 신경을 쓰게 된다.

재미있는 사실은 아이들이 어떤 것을 정말로 원할 때는 기억하고 있다가 계속해서 사달라고 조르고, 조르고 또 조른다는 것이다. 우리 아이들은 그래프, 통계자료, 예시가 포함된 파워포인트를 만들어서 프레젠테이션을 한다. 단순히 원해서가 아니라 그것이 왜 필요한지 성경과 신학을 동원해 논증하기까지 한다.

재미있는 예가 있다. 나는 어릴 때부터 개를 키웠지만, 내 아내 안드레아는 아니었다. 그래서 항상 울타리가 있는 마당이 넓은 집이 생기면 개를 한 마리 키워야겠다고 생각했다. 하지만 안드레아는 개에 별로 관심이 없었다. 우리가 현재 사는 집은 개를 키우기에 적합하지 않고 현실적으로도 말이 되지 않지만, 아이들은 그런 것에 관심이 없다.

아이들은 우리를 설득하기 시작했는데, 물론 갖고 싶어서가 아니라 절실함의 문제였다. 아이들에게는 강아지가 필요했다. 그들의 간절한 바람이 입 밖으로 터져 나왔다. 쉬지 않고 조르고, 조르고, 또 졸랐다. 그러나 우리 부부에게는 고려할 필요도 없이 명백히 안 되는 일이었다. 우리는 나중에 더 큰 마당이 있는 집에 살면 생각해 보겠다고 말했다.

그런데 주님은 그리 현실적인 분은 아니신 듯하다. 아이들의 필요에 대해 들으신 것이다. 우리 교인 중 한 분이 귀여운 독일 셰퍼드 강아지를 주겠다고 하셔서 우리는 합당하지 않음에도 그 기회를 받아들였다. 여전히 그게 잘한 일인지는 모르겠지만, 우리 아이들은 마음의 소원을 결국 받아냈다. 아이들은 자신들이 바라는 것을 선포했을 뿐만 아니라, 반복적으로 말했다. 그렇게 어떤 차원 혹은 영역을 만들어낸 것이다. 이제 우리 집에는 모리야라는 강아지가 있다.

자신이 진정으로 바라는 것이 무엇인지 알려면, 입에서 무슨 말이 나오는지 주목하라. 예수님은 마태복음 12장 34절에서 "마음에 가득한 것을 입으로 말함이라"라고 말씀하셨다. 이것은 100% 진리이다. 입은 마음에 있는 것, 우리가 갈급해 하는 것을 나타낼 뿐만 아니라, 그것을 창조해내기 위해서도 필요하다.

창세기 1장은 창조가 선포에 달려 있음을 보여 준다. 야훼의 마음속에 있는 갈망들을 그분이 말씀으로 선포하시자 현실로 나타났다. 그리스도 안에서 우리의 권세를 자각하게 되면, 우리의 기도 생활이 달라지기 시작할 것이다. 강아지를 원하는 어린아이처럼 말하던 것에서 아버지의 마음속에 이미 존재한다고 확신하는 것을 현재에 선포하는 기도로 변화될 것이다. 그것을 자신의 세계에 말로 선포함으로써 하나님의 나라가 세워질 기초적인 차원을 언어로 개척하는 것이다.

인도 출신으로 표적과 기사와 이적을 행하는 강력한 하나님의 사람을 만난 적이 있다. 그는 매일 아침 자신의 정체성과 삶에 관한 선포문들을 풀어놓는다고 말했다. 그것을 휴대폰 메모장 앱에 적어놓고, 매일 아침 이렇게 선포한다고 했다. "나는 치유자다. 그리스도 예수의 기름부음이 내 위에 있어서 병들고 고통 받는 자들을 치유한다. 나는 선지자다. 하나님의 음성을 정확하고 분명하게 듣고 그분의 마음을 백성들에게 전할 것이다. 나는 사도다. 이 땅 위에 하나님 나라의 실재를 세움으로 하늘에서와 같이 땅에서도 이뤄지게 할 것이다."

그는 단지 자신이 바라는 행동이나 습관, 하나님 나라의 목표들 그리고 성취하려는 것들을 선포하는 것이 아니었다. 그의 선포는 자신의 정체성의 핵심을 개척해내는 것이었다. 매일 아침 그는 "나는 ~이다"라고 선포했다. 자신을 어떻게 보는지 자신의 말로 규정했는데, 자신을 어떻게 보는지가 자신의 잠재력 혹은 가능성을 어떻게 여기는가를 결정짓게 될 것이기 때문이다.

예수님이 말씀하신 더 큰 일들을 해내려면 우리 자신을 다르게 보아야 한다. 우리의 정체성에 대한 이해가 미래의 가능성을 설정한다. 내가 가장 좋아하는 예를 들어 보겠다. 만일 자신을 운동선수라고 여긴다면, 선수처럼 훈련하기 시작할 것이다. 전혀 협응력이 없고 운동 실력이 뛰어나지 않더라도, 강도 높은 훈련을 시작함으로써 이전과는 비교할 수 없는 성과를 낼 것이다. 스스로를 운동선수라고 믿으면 그에 걸맞은 훈련을 하게 되고, 실행하지 않았다면 경험하지 못했을 성과와 영향력을 만들어낸다. 정말 탁월한 운동선수가 될지 누가 아는가? 무엇보다도 잠언 23장 7절에서 그렇게 말씀한다. "대저 그 마음의 생각이 어떠하면 그 위인도 그러한즉." 그러므로 성경의 이 원리에 주목하라. 간절히 원하는 것이 입 밖으로 나온다.

우리의 말이 우리의 초자연적 경로를 결정짓게 된다.

하나님이 나를 사용하신다!

내 인생은 2010년에 극적으로 변화되었다. 그때 나는 초자연적 영역에서 엄청난 업그레이드를 경험했고, 표적과 기사와 이적 그리고 축사와 구원의 역사가 크게 증가하는 모습을 보았다. 내가 이것을 나누려 하는 것은 당신도 비슷한 여정 중에 있을 수도 있기 때문이다. 이 이야기가 당신의 믿음에 복이 되어 초자연적 업그레이드를 믿고 기대하는 데 도움이 되기를 바란다.

목회자로서 교인들의 삶에 변화가 없는 것을 보면서 좌절하고 실망했다. 하나님이 놀랍게 역사하실 수 있다는 사실을 알고 있었지만, 어떤 이유에서인지 내 목회 사역에서는 그것을 경험하지 못하고 있었다. 나는 하나님께 초자연적 업그레이드를 일으켜 달라고 기도하고 선포하고 부르짖었다. 단순히 원하기만 한 것이 아니라 나를 온통 사로잡을 만큼 절실한 필요였다. 날마다 내 사역에 복음의 능력이 나타나야 한다고 하나님께 일깨워 드렸다. 나는 큰소리로 부르짖었다. "하나님, 저는 주님의 능력이 역사하는 모습을 봐야겠습니다!" 나는 간절하고도 끈질기게 구했고 그보다 못한 것에 만족하지 않았다. 초자연적인 것에 대한 갈급함이 불처럼 타올라서 꼭 그 결실을 보기로 마음먹었다. 초자연적인 것은 나에게 단순한 사치가 아니라 양보할 수 없는 필수였다.

우리 교회 협력 목사이자 중요한 영적 아버지 같은 존재가 된 그렉

데일리(Greg Daley)와 나누었던 이야기가 생각난다. 그는 나에게 능력의 만남들과 구원에 관한 이야기들을 들려주고 있었다. 나는 더 배우고 싶은 열망에 그에게 물었다. "그렉, 당신의 방식을 가르쳐 주세요. 저는 복음의 능력이 실제로 역사하는 모습을 반드시 보고 싶어요."

그렉은 주저 없이 나를 데리고 거리로 나갔다. 우리는 문을 두드리기도 하고 낯선 사람들에게 말을 걸기도 하면서 정말 즐거운 시간을 보냈다. 우리가 처음으로 문을 두드렸던 첫 번째 집은 결코 잊지 못할 것이다. 문을 연 여성은 적대적인 태도를 보였고, 심지어 청바지와 플란넬 셔츠를 입고 있는데도 우리를 몰몬교도로 확신했다. 그렉이 무엇이든 기도가 필요한 부분이 있는지 묻자, 그녀는 섬유근육통이 있어서 늘 통증 속에 산다고 말했다. 그렉이 그녀의 허락을 받고 기도하기 시작하면서 그녀의 표정이 바뀌었다. 입이 크게 벌어지고 눈은 놀라움으로 점점 커졌다.

그녀는 갑자기 그렉의 기도를 가로막으며 믿기지 않는다는 듯한 표정으로 외쳤다. "사라졌어요!" 그렉이 뭐가 사라졌는지 묻자, 그녀는 몸의 모든 통증이 사라졌다고 설명했다. 아무런 통증도 느껴지지 않는다는 것이었다. 우리 눈앞에서 기적이 일어난 것이다.

우리에게 전혀 관심이 없던 그녀가 그 순간부터 우리의 모든 걸 간절히 알고 싶어 했다. 나는 완전히 매료되었다. 조금 전 복음의 능력을 목격했고 그것은 말 그대로 기적이었다.

다음 날 나는 그렉 없이 내가 무엇을 할 수 있는지 뭔지 보고 싶었다. 추천할 만한 일은 아니지만, 나는 혼자서 복음의 능력을 체험해 보려고 나갔다. 마약 문제와 만연한 빈곤으로 유명한 동네로 차를 몰고 갔다. 주차하고 보니 어떤 노인이 조그만 테라스에서 테이블을 앞에 두고 나무 흔들의자에 앉아 있었다.

나는 차 문을 잘 잠갔는지 재차 확인한 후, 침을 꿀꺽 삼키고 그렉 데일리처럼 그 노인에게 곧장 걸어가서 어떻게 지내냐고 물었다. 그는 냉소적으로 거의 죽은 거나 마찬가지라고 대답하면서도 나를 무시했다. 그는 내게서 시선을 돌려 길 건너편의 아파트를 응시했다. 그래서 나도 그렇게 했다. 그가 나를 보지 않아서 나도 그를 보지 않은 것이다.

내 소개를 하자 그는 자신의 이름은 척(Chuck)이라고 했다. 내가 목사라고 했더니 그는 "와, 내 평생 목사의 방문을 받아본 건 처음이네"라고 말했다. 척의 눈에는 평생의 고통이 서려 있었고, 이야기를 할 때 그의 얼굴에서 오랜 고난의 흔적이 보였다. 그는 어린 시절 여러 남자를 집에 데려오던 어머니와 그들에게 두들겨 맞았던 이야기를 들려주었다.

그는 어머니가 더 이상은 어머니 역할을 감당할 수 없다는 이유로 자신을 도심 깊은 곳 어두운 골목으로 데리고 가서 버린 밤 이야기를 해주었다. 나는 그가 전쟁 이야기나 죽음을 앞두고 자신을 괴롭히는 후회들에 대해 이야기할 때 말없이 들어 주었다. 척은 인생의 끝에 있었고 이제는 죄책감에서 벗어나고 싶어 했다.

거기에 서서 척의 이야기를 듣다 보니 그에 대한 동정심이 생겨났다. 그는 인생 가운데 너무나도 많은 일들을 겪었고, 이제 마지막 순간에 이르러 평화를 줄 뭔가를 찾고 있었다. 내가 위로의 원천이 되어 그에게 절실하게 필요한 위안을 줘야 한다는 것을 알았다.

나는 척에게 전도 현장에서 늘 던지는 가장 중요한 질문을 했다. "척, 당신에게 대단히 중요한 질문이 있어요. 만일 오늘 죽더라도 천국에 가실 거라는 확신이 있나요?" 척은 혼란스럽고도 슬픈 표정으로 나를 바라보며 대답했다. "아니요, 그러지 못할 것 같아요."

과거의 무게가 그의 마음을 짓누르고 있는 것이 느껴져서 죄를 씻김 받고 예수님께 용서받고 싶은지 물었다. 척은 고개를 끄덕이며 그렇다고 대답했다.

기도를 시작하자 척이 말을 따라 하느라 애쓰는 모습이 보였다. "나의 모든 죄를 용서해 주소서"라는 부분에서 척은 갑작스럽게 "그러나 저는 너무나도 많은 죄를 지었어요"라고 말했다. 그러면서 눈물을 흘리기 시작했고 나도 그와 함께 엉엉 울 수밖에 없었다.

처음 보는 이의 뒷마당에서 그의 손을 잡고 기도를 마무리하려고 애썼다. 기도가 끝난 후 척에게 스스로 기도하는 방법을 가르쳐 주었다. 그 후 몇 주 동안 성경과 다른 책들을 가지고 다시 찾아갔지만, 태워다 주겠다는 나의 제안에도 불구하고 그는 교회에 출석하는 것을 불편하게 여겼다.

비록 척이 교회에 출석하지는 않았지만, 그의 삶은 영원히 변화되었고, 내 삶도 마찬가지였다. 바로 그 순간 나는 가장 깨어지고 소망 없는 삶도 변화시키는 복음의 능력을 깨달았다. 그 순간이 그토록 특별하고 강력했음에도 나는 그날 하루 종일 계속해서 문들을 두드리며 복음의 능력을 목격했다.

갈급함이 채워지다

질문하겠다. 우리는 초자연적인 것에 얼마나 갈급한가? 왜냐하면 갈급함이야말로 우리의 영적 경로를 결정짓는 가장 중요한 요소이기 때문이다. 단순히 기독교의 형식만 따르는 것으로 만족하는가, 아니면 삶 가운데 하나님의 능력을 더 갈망하는가?

성경은 "소망이 더디 이루어지면 그것이 마음을 상하게 하거니와 소원이 이루어지는 것은 곧 생명나무이니라"고 말씀한다(잠 13:12). 그런데 많은 이들이 그리스도인은 평생을 만족과 충만을 갈망하면서 늘 갈급함과 좌절 속에 살아야 한다고 생각한다. 그러나 그것은 하나님이 우리에게 원하시는 모습이 아니다! 그분은 우리가 그분 안에서 온전히 만족하며 살아가기를 바라신다.

다윗은 시편 37편 4절에 다음과 같이 기록했다. "또 여호와를 기뻐하라 그가 네 마음의 소원을 네게 이루어 주시리로다." 예수님도 누가복음 12장 32절에서 다음과 같이 말씀하셨다. "적은 무리여 무서워 말라 너희 아버지께서 그 나라를 너희에게 주시기를 기뻐하시느니라." 이해되는가? 하나님 나라의 열쇠를 주셔서 우리의 갈망을 만족시키는 것이 아버지의 갈망이라는 것이다.

당신의 영이 하나님을 더 원한다고 아우성치고 있다면, 준비하라.

이제 그 안으로 들어가게 될 것이다. 바비 코너의 말처럼 "구하는 자들이 찾아낼 것이고 찾아낸 자들에게 많은 이들이 몰려들 것이다." 그러므로 초자연적인 것에 대한 갈급함을 채울 준비가 되었는가? 하나님 나라가 우리를 기다리고 있다.

우리는 무엇에 갈급한가?

모든 것은 갈급함에서 시작된다. 즉 삶 가운데 하나님의 선하심을 온전히 경험하려는 갈망이 있어야 한다.

그러므로 깊이 숨을 들이마시고 자문해 보라. "내가 진정으로 갈급한 것은 무엇인가?" 성공인가? 재정적 안정인가? 하나님과 더 깊이 연결되는 것인가? 그것을 적어보고 회피하지 말라. 이것은 내 마음에 갈망하는 것을 현실로 불러낼 기회이다. 도약할 준비가 되었는가? 자신의 소명 안으로 들어가서 당신을 기다리고 있는 약속을 거머쥘 준비가 되었는가?

그러나 거기서 멈추지 말라. 이제 그 갈망을 선포할 때이다. 매일 아침 그것들을 큰 소리로 선포하여 당신의 삶에 이루어지는 것을 지켜보라. 갈망하는 것들을 선포하면서 자신의 정체성도 잊지 말고 선포하라. 당신은 어떤 사람으로 변화되고 있는가? 당신의 목적은 무엇인가?

우리에게는 미래를 현재로 끌어올 능력이 있다. 두려움에 발목 잡히지 말라. 우리가 두려워해야 할 것은 안주하며 우리를 향해 하나님이 계획해 놓으신 것보다 못한 것에 만족하는 것이다. 우리는 위대함을 위해 창조되었으며, 이제 그 위대함 속으로 들어갈 때이다.

우리가 보는 만큼 그렇게 될 수 있다는 사실을 기억하라. 그러므로 보고 선포하고 담대함과 확신을 가지로 나아가라. 우리를 기다리는 더 많은 것이 있다. 이제 하나님이 예비해 두신 모든 것을 맛보아 알 때다.

갈급함 평가

지침:

1. 집중할 수 있는 조용한 곳을 찾아라.
2. 노트와 펜을 준비하라.
3. 심호흡을 하고 성령님께 이 시간에 함께해달라고 기도하라.
4. 다음 질문들에 답하라.

1부: 나는 무엇에 갈급한가?

잠시 시간을 내어 자신이 무엇에 갈급한지 적어보라. 마음으로 기도하는 것은 무엇인가? 실용적이지는 않지만, 반드시 필요한 것은 무엇인가? 3~5가지 정도 적어보라.

1. _____
2. _____
3. _____

4. _____
5. _____

2부: 선포

이제 선포문을 구성해 보자. 앞의 목록에서 한두 가지를 택하여 그것에 관해 선포하라. 이 선포문은 매일 아침 당신의 삶을 향해 꾸준히 선포할 수 있는 것이어야 한다.

> (예) 내 삶 가운데 하나님의 더 많은 것을 갈망합니다. 나는 이렇게 선포합니다. "나는 하나님을 찾고 구하는 자이며 그분이 내 갈급함을 만족시키실 것입니다. 나는 날마다 하나님의 임재와 능력으로 충만할 것입니다."

1. _____
2. _____

3부: 정체성 선포

당신의 삶에 대한 정체성 선언문을 정리해 보라. 당신이 나아가고 있는 당신의 모습은 어떠한가? 미래를 현재로 끌어올 수 있는가? 그 모습을 볼 수 있는 만큼 그렇게 변화될 수 있다.

> (예) 나는 리더이자 영향력 있는 사람으로서의 정체성으로 나아갑니다. 내 능력에 대한 확신을 가지고 주변 사람들의 삶에 긍정적인 영향을 미칩니다.

1. _____
2. _____
3. _____
4. _____
5. _____

4부: 실행 단계들

이제 자신의 갈급함이 무엇인지 파악했고 그것에 대한 선포문과 정체성 선언문을 작성했다. 그것을 실현하기 위해 취할 수 있는 행동 단계들은 무엇인가?

> (예) 하나님을 더 경험하려는 갈급함이 채워지도록 나는 아침마다 시간을 내어 기도하고 성경을 공부할 것입니다. 또한 우리 교회와 공동체에서 섬기고 봉사할 기회를 찾을 것입니다.

1. _____
2. _____
3. _____

결론

기억하라. 오직 두려워해야 할 것은 당신을 그저 편안한 상태에 머물게 하여 일시적인 것들, 곧 자연식, 이 세상의 양식만을 갈망하게 하는 안주함과 수동성이다. 그보다 더 많은 것이 있다! 우리가 알지 못하는 양식이 있으니, 그것의 청지기가 되어 그것을 맛보아 알게 될 것이다.

활성화 기도

하나님 아버지

아버지와 아버지의 나라를 향한 깊은 갈망을 선포합니다. 제 삶 가운데 아버지와 아버지의 임재 그리고 아버지의 사랑을 더 경험하기를 갈망합니다. 무관심하거나 지치거나 한눈팔지 않고 마음과 혼과 뜻과 정성을 다해 아버지께 나아가기로 택합니다.

먼저 아버지의 나라와 아버지의 의를 구하며 이 모든 것들이 제게 더해질 것을 안다고 선포합니다(마 6:33). 저는 이 세상을 본받지 않고 마음을 새롭게 함으로 변화되어 아버지의 선하시고 기뻐하시고 온전하신 뜻이 무엇인지 증명할 것입니다(롬 12:2).

주님을 기뻐하기에 주님이 제 마음의 소원을 이루어 주실 것을 선포합니다(시 37:4). 저는 마음을 다하여 주님을 신뢰하며 저의 명철을 의지하지 않습니다. 범사에 주님을 인정할 것이니 주님께서 제 길을 지도하실 것입니다(잠 3:5-6).

이 세상의 것들에 만족하지 않고 의에 주리고 목마를 것을 선포합니다. 이는 제가 배부르게 될 것을 알기 때문입니다(마 5:6). 인내로 제 앞에 높인 경주를 하며 제 믿음의 창시자요 완성자이신 예수님을 바라볼 것입니다(히 12:1-2).

저는 두려움 없이 큰 꿈을 꾸고 불가능한 것을 구할 것이라고 선포합니다. 왜냐면 주님께는 능하지 못하심이 없기 때문입니다(눅 1:37). 제 삶을 향한 주님의 최고의 계획보다 못한 것에 안주하지 않고 그리스도 예수 안에서 하나님이 위에서 부르신 부르심의 상을 향하여 달려갈 것입니다(빌 3:14).

주님, 주님의 사랑과 은혜와 자비에 감사 드립니다. 저는 주님을 신뢰하고 제 삶을 향한 주님의 계획을 신뢰합니다. 예수님의 이름으로 기도합니다, 아멘.

예수께서 이르시되 나의 양식은 나를 보내신 이의 뜻을 행하며 그의 일을 온전히 이루는 이것이니라 _요 4:34

"너희의 육신적인 갈급함을 내게 그대로 투영하려 하지 마라. 나를 만족시키는 것, 내가 다른 어떤 것보다도 갈망하는 것은 내 아버지의 뜻을 이루는 것이다." 그리스도의 초자연적 갈망은 하나님 아버지의 뜻이 이뤄지는 것을 보는 것이었고, 그 뜻은 정의와 자비가 이뤄지고, 인류에게 구속의 은사가 주어지는 것이었다.

그리스도 안에서 일만 스승이 있으되 아버지는 많지 아니하니
그리스도 예수 안에서 내가 복음으로써 너희를 낳았음이라

_고린도전서 4:15

4장

예언적 운동 분별하기

| 4장 |

분별이 중요한 이유

예리한 분별력을 키우는 것의 중요성에 대해 살펴보겠다. 이것은 우리가 안전하고 지속적으로 사역하기 위해서이자 마찬가지로 안전한 초자연적 공동체를 촉진하고 키우는 게 중요하기 때문이다.

초자연적 영역이 순식간에 이상한 방향으로 흐를 수도 있고 선하고 참된 초자연적 기독교 공동체가 갑작스럽게 잘못된 길로 빠질 수도 있다는 사실을 아는 것이 대단히 중요하다. 이런 생각이 들 수도 있다. '잘못될 수도 있고 심지어 악해질 수도 있다면, 어째서 그런 일에 관여해야 하지?'

원수가 하나님이 창조하신 모든 것 가운데 왜곡하여 파괴에 사용하려고 무슨 일이든 다한다는 사실을 알아야 한다. 초자연적인 것이 이기적이고 남을 조종하는 일에 사용될 수 있다고 해서 초자연적 능력 자체가 악한 것은 아니다.

초자연적 사는 삶을 준비시키고 훈련하는 모든 책이 출판될 때 분별에 관한 장이 포함되어 있으면 좋겠다. 그리스도의 몸인 교회 안에 의심과 두려움을 일으키려는 것이 아니라 미성숙함, 유혹 그리고 조종하는 것을 어떻게 분별해야 할지 가르쳐야 하기 때문이다. 우리는 그리스도의 몸 안에서 경각심을 높여서 그리스도의 신부를 보호하기 위해 더 많은 노력을 해야 한다.

교회들이 지나치게 자기 보전에 몰두해 오면서 성령의 이름으로 자행되는 터무니없는 일에 맞서 기꺼이 목소리를 내는 목자들이 부족한 상황이다.

예수님은 사람들에게 이렇게 경고하셨다. "거짓 선지자들을 삼가라 양의 옷을 입고 너희에게 나아오나 속에는 노략질하는 이리라"(마 7:15). 안타깝게도 이단 사냥꾼이나 은사 중지론자들(현대 교회에서 초자연적 역사에 반대하는 자)만 이 본문을 인용하는 것 같다. 이 구절은 오늘날의 예언 운동에 돌을 던지는 데 고정적으로 사용된다. 하지만 예수님은 선지자라고 하는 이들에게 돌을 던지는 데 사용하도록 이 말씀을 하신 것이 아니다. 현대의 선지자들은 모두 양의 옷을 입은 이리로 봐야 할까? 결코 그렇지 않다! 본문은 선지자라는 사람들이나 예언의 은사에 대해 경고하는 게 아니다. 예수님은 거짓 선지자의 위험성에 대해 말씀하시는 것이다.

이 본문을 이해하고 해석하는 데 전적으로 헌신해야 할 공동체가 있다면, 그건 바로 예언적 공동체 안에 있는 우리다. 하지만 우리는 이 본문을 피하는 경향이 있는데, 이 구절이 우리를 공격하는 데 자주 사용되기 때문이다.

예수님은 "삼가라"는 말씀으로 시작하신다! 본문은 경고의 말씀이다. 하지만 이것은 또한 분별하라는 초청의 말씀이다. 예수님은 "너희에게 선지자라고 하면서 오는 사람들이 있을 것이다"라고 말씀하신다. 이 말씀이 중요한 것은 선지자라고 하면 우리가 곧바로 예언하는 사람들을 떠올리기 때문이다. 맞는 말이다. 하지만 더 큰 맥락에서 보면 선지자는 하나님 나라의 측면들과 하나님 아버지의 마음에 관해 초자연적으로 소통하는 계시적 교사들이다.

선지자들은 5중 직분 중에서 가장 영향력이 있는 자들이다(엡 4:11). 두 번째로 가장 영향력 있는 직분은 교사들이다. 오늘날의 선지자들 대부분은 미래를 예견하기만 할 뿐만 아니라 초자연적이고 계시적인 가르침을 수행한다. 교사 직분은 그 영향력을 가지고 이 운동을 신속하게 촉진할 수 있다. 새로운 계시적 개념은 사람들을 모으는 잠재력이 있다. 새로운 개념은 이해와 깨달음을 가져오는데, 이것이 대단히 중요하다. 지식이 영혼의 궁핍함을 치유한다. 그렇다, 프랜시스 베이컨(Francis Bacon)도 "아는 것이 힘"이라고 말했다.

마태복음 7장 15절에서 예수님은 초자연적 교사, 미래에 관해 특별한 지식이 있다고 주장하는 사람들을 조심하라고 말씀하고 계신다. 직설적으로 말하자면, 이것은 거짓 사도나 목회자들에 대해 경고하는 것보다는 교회의 초자연적 영역과 관련이 있다. 당당하게 초자연적 존재가 되려 한다면, 분별력은 선택이 아니라 필수다.

성령의 능력의 은사와 훈련을 통해 그리스도의 몸에 사역하고 가르치며 본을 보이고 능력을 부여하고 이들은 반드시 책임감 있는 리더십을 감당해야 한다. 은밀한 지식, 계시적 비밀 그리고 초자연적 요령들은 항상 상처받아 도움이 필요한 사람들을 강하게 끌어들이게 되어 있다. 그러므로 초자연적 해결책을 제공하는 환경에는 언제나 이리들도 몰려들기 마련이다.

이리는 그 마음이 악한 사상의 권세에 사로잡힌 사람들이다. 이리는 구원의 투구를 어느 순간 자기애적이고 해로운 양식을 부추기는 부패의 투구로 변질시켜 그들을 지배한다. 그들의 양심은 원망과 반역으로 화인 맞아서 이기적 욕망을 이루기 위해 다른 이들을 해치게 된다.

우리 중에 가장 연약한 이들이 누구인지 파악하여 이리를 분별하는 데 필요한 기술들을 가르치는 법을 배워야 한다.

진심으로 치유 사역을 하고자 하는 사람이 누구이고, 자신의 목표를 달성하기 위해 해를 끼치는 것을 개의치 않는 사람은 누구인가? 그것을 분별해야 한다.

중요한 건 정확한 예언이 아니다

크리스 밸러턴(Kris Vallotton)은 거짓 선지자는 예언이 틀린 사람이 아니라 마음이 악한 사람이라고 가르쳤다. 안타깝게도 조작된 2020년 미국 대통령 선거 후 예언자들이 비난을 받는 모습을 보게 되었다. 도널드 트럼프가 재선되는 것이 하나님의 뜻이라고 말했던 사람들은 예언이 정확하지 않았다며 거짓 선지자라고 비난을 받았다.

밸러턴은 사도행전 21장 10절에서 아가보 선지자가 유대인들이 바울을 결박하여 이방인들에게 넘겨줄 것이라고 예언했지만, 실제로는 결박되어 먼저 유대인들에게 넘겨졌다는 점을 지적했다. 그러면 아가보는 "거짓 선지자"였을까? 그렇지 않다. 거짓 선지자는 정확하지 않아서가 아니라, 그 뜻과 계획이 악마같이 사악하기 때문에 거짓 선지자인 것이다. 이들이 위험한 것은 매력적이고 양처럼 보이며 설득력 있고 능력이 있어 보이기 때문이다.[1]

무엇을 살펴봐야 하는지 그리고 거짓 선지자들이 원하는 결과가 무엇인지 알면, 영적으로 예리한 분별의 은사가 있든 없든, 거짓 선지자를 알아차릴 수 있다. 거짓 선지자들의 책략을 간파할 수 있도록 그들의 여섯 가지 특징을 알려 주겠다.

거짓 선지자의 여섯 가지 특징

1. 지나치게 감각적인 이야기

"칼스배드 푸바(Carlsbad Poobah)에 관해 들어보셨어요?" 짙은 화장을 한 여성이 성도 앞에 쭈그리고 앉아 눈을 동그랗게 뜨고 말한다. 그녀에게서는 케이티 페리의 향수 "미아우"와 유향 에센셜 오일, 나프탈렌이 뒤섞인 듯한 냄새가 난다. 그녀가 계속해서 말한다. "푸바는 계시의 은사를 사용하여 우크라이나 정부가 잃어버린 핵 탱크를 찾게 도

---

1) 크리스 밸러턴, "What a False Prophet Is, and How Not to Become One(거짓 선지자는 무엇이며 거짓 선지자가 되지 않으려면 어떻게 해야 하는가)," November 21, 2020, https://www.krisvallotton.com/what-a-false-prophet-is-and-how-not-to-become-one.

왔어요. 그는 대머리독수리로 변신하여 그 지역 상공으로 날아 올라가서 탱크를 발견했어요. 그리고 그 위에 앉아 다시 인간의 모습으로 돌아와서 네피림 적들의 목을 꺾고 그 탱크를 압수했어요."

사실이 아니다. 칼스배드 푸바는 그런 일들을 하지 않았다. 우크라이나나 다른 어떤 나라에도 핵 탱크는 없다. 그러나 이 여성은 그 사실을 모른다. 그녀는 이제 다른 이들을 속이기 위해 아무 말이나 지어내는 일주일짜리 인기 거짓 선지자의 전도자가 되어버렸다.

초자연적 운동에는 예수님의 발 앞에 불가능은 없다는 놀랍고도 극적인 이야기들이 넘쳐난다. 우리는 그런 이야기들을 좋아하고 환호한다. 그것들은 우리를 자극하여 영적인 것들을 계속 갈망하고 추구하게 만든다. 그것이 사실이라면, 영광의 이야기 자체는 문제가 되지 않는다. 다만 중대한 의미를 지닐 수 있는 주장들이 근거 없이 퍼지고 있다는 소문이 들리기 시작할 때 문제가 발생한다. 그 결과들이 기록되고 검증되었다면, 하나님 나라에 엄청난 유익이 될 수도 있었다. 하지만 사실 세부적인 내용이 확실하지 않고 그 결과도 실제보다 과장되어 있다.

남아프리카공화국에서 어떤 하나님의 사람이 군용 차량을 타고 가다가 지뢰를 밟았다는 이야기를 들었다. 차가 폭파되어 온통 불길에 휩싸였는데 하나님이 그를 구해내셔서 폭발이 미치지 않는 곳으로 들어 올리셨다는 것이었다. 차에 탄 사람들은 모두 죽었지만, 하나님이 그를 다시 조심스럽게 땅에 내려놓으셨다. 이 이야기는 실화이고, 하이디 베이커(Heidi Baker), 랜디 클락(Randy Clark), 빌 존슨(Bill Johnson)이 이 사람에 대해 보증한다. 그의 이야기들은 우리의 마음을 부풀어 오르게 할만하다. 그의 자녀들은 예수님을 사랑하고, 그는 젊을 시절 결혼한 아내와 여전히 함께하고 있으며 겸손하다. 그의 삶의 열매는 큰 기쁨과 예배 그리고 많은 이들이 예수님을 사랑하게 되는 것이다.

> 거짓 선지자들을 삼가라 양의 옷을 입고 너희에게 나아오나 속에는 노략질하는 이리라 그들의 열매로 그들을 알지니 가시나무에서 포도를, 또는 엉겅퀴에서 무화과를 따겠느냐 이와 같이 좋은 나무마다 아름다운 열매를 맺고 못된 나무가 나쁜 열매를 맺나니 좋은 나무가 나쁜 열매를 맺을 수 없고 못된 나무가 아름다운 열매를 맺을 수 없느니라 아름다운 열매를 맺지 아니하는 나무마다 찍혀 불에 던져지느니라 이러므로 그들의 열매로 그들을 알리라 _마 7:15-20

거짓 선지자는 놀랍고도 자극적인 이야기들을 들려주면서 자신을 숭배하게 만든다. 자신을 높이지 말라고는 하지만, 어쨌든 그렇게 하도록 내버려 둔다. 그들의 이야기는 하나님 나라의 복음이 아니라 자기 자신에게 초점을 맞춘다. 그 이야기들을 자기 권위를 높이는 데 사용한다. 듣는 이들은 일반적으로 어떤 사람의 체험이 강력했다면, 마찬가지로 그들의 계시도 강력할 거라고 믿는다.

과장이 심해서 믿기 힘든 이야기를 들으면, 맹목적으로 받아들이지 말고 조심하고 신중하게 접근하라.

2. 영지주의적 관점

인터넷을 자세히 살펴보면, 잘못된 생활 방식을 바꾸지 않아도 치유할 수 있다는 기적의 만병통치약들을 발견하게 된다. 문제는 이러한 만병통치약은 대체로 효과가 없거나 심각한 부작용을 동반한다는 점이다.

이와 동일한 역학이 교회 안에도 존재한다. 충분히 깊이 파고들어가 보면, 거의 모든 것을 치유할 수 있는 초자연적 방법을 가지고 있다는 사역자들을 발견하게 된다. 하지만 그러한 돌파를 잘 관리하고 유지할 수 있는 자연적 단계가 수반되지 않으면, 보통은 그것이 또 하나의 영지주의적 유행에 불과했음을 깨닫게 된다.

영지주의는 신비와 감춰진 영적 비밀을 추구하는 이단으로 교회사에 등장한다. 이들은 영적인 것은 숭상하고 자연적인 것은 축소, 폄하, 악마화한다. 그리고 이 땅의 것은 부패하고 악한 반면 하늘과 영계의 것은 선하고 영광스럽다고 본다. 심지어 예수님의 육신적인 몸을 부인하는데, 그분은 인간이 아닌 영이셨기에 거룩하셨다고 하면서 그 육신이 십자가에서 죽으시고 부활하신 것을 부인한다. 2세기까지 이러한 영지주의 집단이 지속적으로 성장하면서 정통 그리스도인들을 괴롭혔다. 영지주의가 성행하자 초대 교부 중 하나인 이레네우스(Irenaeus)는 《소위 영지주의의 탐지와 타도에 관하여(On the Detection and Overthrow of the So-called Gnosis)》라는 다섯 권짜리 책을 썼는데, 흔히 《이단 논박(Against Heresies)》이라고 한다.

이 땅의 고통이나 고난, 슬픔, 외로움, 절망에서 벗어나 아무 대가 없이 백지 수표 하나만으로 천상의 연합과 기쁨, 황홀함을 누릴 수 있게 해주겠다고 약속하는 비밀한 지식이나 계시를 조심하라. 영지주의는 영의 세계에 들어가서 모든 것을 치유하고 해결할 수 있다고 주장하지만, 사실 우리 고통의 원인은 영의 세계가 아닌 경우가 많다. 성령님이 우리의 혼을 완전히 뒤집어 주셔야 하는데, 로마서 12장 2절에서 바울이 말한 바와 같이 우리 마음을 새롭게 함으로 변화를 받을 수 있기 때문이다.

예를 들어 보겠다. 만일 컴퓨터의 하드 드라이브를 수리하고 소프트웨어를 업데이트해야 한다면, 인터넷 속도를 높인다고 문제가 해결되지 않는다. 문제가 있을 때에는 합당한 원인을 찾아야 쓸데없이 돈이나 시간, 에너지를 낭비하지 않는다. 건강하지 않은 사람에게 건강에 대한 조언을 구하거나 아이가 없는 사람에게 육아에 대해 묻지 말라. 또 결혼하지 않은 사람에게 연애 조언을 받지 말라. 인터넷 속도가 문제가 아니다. 소프트웨어와 하드 드라이브에 관심과 보살핌이 필요할 뿐이다.

3. 공동체에 속하지 않고 동영상만 보는 경우

수년간 "당신이 항상 꿈꿔 왔던 바로 그 사람"이 되는 법을 가르쳐 주겠다고 장담하는 카리스마 있는 미디어 강사들이 끊임없이 등장했다. 과거에는 비디오테이프나 카세트테이프를 샀고, 그다음에는 CD와 DVD가 나왔으며, 지금은 유튜브나 웹사이트를 통해 수많은 계시적

콘텐츠들을 접할 수 있다.

성령의 감동을 받은 가르침은 그리스도의 몸에 주어진 놀라운 선물이자 우리의 마음을 새롭게 하는 가장 빠른 방법 중 하나이다. 사도 바울은 내가 가장 좋아하는 교사 중 한 명이다. 그의 시대에는 카메라나 마이크가 없었다. 바울이 사용한 미디어는 그가 쓴 편지였다. 그러나 만일 바울이 오늘날 살아 있다면, 아마도 교육 과정을 개설하거나 오디오북을 제작하고 컨퍼런스에서 강연했을 것이다.

우리 모두 계시적 가르침이 그리스도의 몸에 대단히 중요하다는 것에 동의하지만, 동시에 우리가 구독하고 있는 콘텐츠들을 분별할 필요가 있다. 야고보는 교사가 되고 싶어 하는 이들에게 엄중하게 경고한다. "내 형제들아 너희는 선생 된 우리가 더 큰 심판을 받을 줄 알고 선생이 많이 되지 말라"(약 3:1). 어째서 선생, 곧 교사들이 더 큰 심판을 받게 될까?

이 경고는 수세기에 걸쳐 교사들이 항상 따르는 자들을 만들어 왔다는 사실을 이해할 때 의미가 통한다. 따라서 교사는 자신을 따르는 자들을 책임지게 된다. 랍비도 마찬가지이다. 어떤 랍비를 따르고 있다면, 그의 규칙, 방식, 가르침을 따르게 될 것이다. 이러한 일련의 가치들과 가르침들을 "멍에"라고 불렀다. 따라서 예수님이 마태복음 11장 29-30절에서 "나의 멍에를 메고 내게 배우라... 이는 내 멍에는 쉽고 내 짐은 가벼움이라"라고 말씀하신 것은 "잘 들어라, 나는 다른 모든 랍비들과는 다르다. 나는 무거운 종교적 짐으로 너희를 짓누르고 싶지 않다. 나의 가르침은 너희를 짓누르려는 것이 아니라 일으켜 세우려는 것이다"라는 의미였다.

랍비들은 교육을 마칠 나이인 14~15세의 청소년을 모집하는 것이 관례였고, 장래가 촉망되는 청소년을 보면 "나를 따르라"고 말했다. 그러면 그는 자신이 알던 모든 것을 버려 두고 랍비를 본받았는데, 스승의 멍에를 짐으로써 거의 그와 똑같은 사람이 되었다. 젊은 제자가 랍비의 멍에 아래서 변화되기 위해 모든 것을 버리면, 유대인들은 "랍비의 (발자국) 흙먼지가 네게 덮이기를"이라고 축복했다. 이것은 랍비의 발에서 떨어지는 흙먼지가 그 제자에게 덮이도록 밀착하여 따르라고 격려하는 말이었다.

오늘날의 제자 훈련의 문제는 흙먼지는커녕 모든 것이 디지털이라는 데 있다. 우리는 스승을 따라 흙먼지 나는 길을 걷는 게 아니라 인스타그램이나 트위터로 팔로우한다. 이러한 미디어의 유사 랍비들의 문제는 그들을 따르라는 초대 자체가 거짓이라는 것이다. 그것은 SNS를 클릭하는 것에 불과하다. 흙먼지를 뒤집어쓸 만큼 가까이 가지 않는다. 우리는 동떨어진 미디어 랍비들의 시대를 살아가고 있다. 말 그대로 유대의 랍비들을 이야기하는 것이 아니다. 실제적인 삶의 교류도 없고 책임도 지지 않는 메타 공동체 안에서 계시를 풀어 설명하고 있는 사도, 교사, 목사, 전도자, 선지자들을 말하는 것이다.

나는 그리스도의 몸 된 공동체 가운데 많은 이들이 실제 삶의 공동체라는 환경 밖에서 온라인 구루(힌두교의 종교적 스승, 지도자)들이 내세우는 기존 틀을 벗어난 사상들을 따르다가 믿음을 해체하고 잃어버리는 모습을 보았다.

여기서 지역 교회의 모델이 큰 도움이 될 수 있다. 물론 교회 안에는 많은 문제들이 있을 수 있다. 나도 무수한 문제가 있다는 걸 잘 안다. 그렇다. 교회가 엉망이다. 게다가 가정도 마찬가지이다. 하지만 믿기 어렵겠지만 엉망처럼 보이는 공동체에도 건강한 부분이 있다. 예수님과 제자들의 관계도 엉망이었다. 그들은 혼란스러운 상황 가운데 있었다. 그렇게 엉망진창인 가운데 메시지로 연단을 받게 된다. 우리의 신학은 불로 연단 받은 후에야 가치가 있는 것이 된다. 그리고 불로 연단 받을 때, 당신을 지지하고 후원해 줄 가족, 우리의 갑옷에 구멍이 있다면 그것을 헤쳐 나가게 도와줄 가족이 있어야 한다.

4. 다른 모든 사람은 종교의 영(또는 악한 영)이 있다는 태도

자아도취와 은밀하게 감춰진 지식 사이에서 아슬아슬하게 줄타기를 하는 것은 언제나 교리적인 문제를 일으키게 되어 있다. 이러한 신비주의적 요령을 퍼뜨리는 매혹적인 선동가들은 이단이라는 비난에 익숙해서 분노와 비난이 섞인 자기 방어적인 말을 한다. 자기와 뜻을 같이하지 않는 자들은 누구든 종교의 영이 있다고 공격한다. 교사가 청중을 실제로 세워주고 격려하기보다는 공격하는 말을 들으면, 그것은 언제나 심각한 경고의 신호이다. 방어적인 교사들은 때로 감정적으로 반응하는데, 그들의 가르침이 끊임없이 도전을 받기 때문이다. 그들은 자기 믿음이나 가르침에 대해 일관되게 논증하고 변호하기보다는 영적인 비방을 퍼부으며 청중과 다른 사역자들을 헐뜯는다. 이것은 하나님 나라의 복음을 지키기보다는 자기 체면을 살리려는 태도이다. 그들의 가르침은 예수님의 성품과 인격을 선명히 드러내기보다는 자신을 신비롭게 보이게 하려고 존재하는 것이다.

이처럼 미성숙하고 어쩌면 부정확한 가르침에서는 혼란스럽거나 동의하지 않는 사람은 모두 종교의 영에 사로잡힌 것이라고 전제한다. 다른 말로 하면 "어리석은 영이 있다"는 것이다. 종교의 영이 아니라면, 또 다른 영이나 귀신을 탓한다. 혼란스러워하는 청중을 사로잡힌 자라고 비난하는 자들의 문제는 바로 그 영 혹은 귀신의 영역에 대한 권세를 거의 입증하지 못한다는 것이다. 전에 내가 알던 한 사역자는 늘 사람들이 귀신 들렸다고 비난하면서도 정작 단 한 번도 누구에게서 귀신을 쫓아낸 적이 없었다. 한번은 나에게도 귀신이 들렸다고 비난하기에 겸손하게 부탁했다. "그렇다면 귀신이 떠나가도록 저를 위해 기도해 주세요." 그러자 그 친구는 그대로 떠나버렸다.

물론 사람들이 귀신 들릴 수도 있고 악한 영들이 혼란을 줄 수도 있다. 하지만 청중이 악한 영의 방해로 자신들의 계시를 이해하지 못하다고 너무나도 쉽게 비난하는 사역자들을 경계해야 한다. 만일 당신이 그런 사역자라면, 분명히 말해 두겠다. 사람들이 당신의 가르침을 이해하지 못하는 것은 그들 모두가 귀신 들려서가 아니다. 우리가 당신을 이해하지 못하는 이유는 당신이 준비되지 않은 음식을 내놓고 있기 때문이다.

이런 교사들 대다수가 형제들을 참소하는 자와 동역하고 있는 것이다. 이는 예수님이 마태복음 12장 26절에서 말씀하신 바와 같다. "만일 사탄이 사탄을 쫓아내면 스스로 분쟁하는 것이니 그리하고야 어떻게 그의 나라가 서겠느냐." 마귀가 마귀를 쫓아내는 모습은 볼 수 없지만, 다른 사람들 안에 마귀가 있다고 비난하는 마귀는 볼 수 있다.

5. 그리스도의 신부 공격하기

거짓 예언 운동에서 흔히 볼 수 있는 또 다른 적신호는 신부인 교회를 공격하는 것이다. 이것은 단순히 교회를 향해 즉흥적으로 혹은 어쩌다가 가끔 터져 나오는 불평 수준이 아니라, 오히려 문화적 기준이나 무언의 가치관, 심지어 잘못되고 거짓된 운동을 지탱하는 기둥이 되었다.

카리스마 넘치고 이따금 재미있기는 하지만, 보통은 엄청나게 슬프고 안타까운 일이다. 지극히 카리스마 있고 재능 있는 사람이 청중 앞에서 상처 받고 피 흘리며 나타나기 때문이다. 하나님이 주신 은사와 기름부음을 사용하여 예수 그리스도의 교회를 멸시하고 깎아내리는 것은 거짓 선지자의 전형적인 수법을 그대로 따라 하는 것이다.

그들은 교만과 질투와 거절감 때문에 분열의 씨앗을 심으며 사람들의 마음이 교회를 대적하게 만든다. 그러면서도 하나님과 가까이 있으려면 그런 마음의 태도가 필요하다고 거의 강요하듯이 말한다. 정말 말도 안 되는 속임수다! 물론 교회 문화 안에는 우리가 어리석게 말하고 행동한 일들 때문에 가볍게 웃을 일이 많다. 우리의 문제와 일관성 없는 모습에 웃을 수도 있다. 그러나 이 모든 것은 교회를 비방하거나 깎아내리거나 분열시키지 않아도 얼마든지 가능하다. 이것은 추운 날씨에 꽁꽁 얼어붙은 호수처럼 마음의 상처가 굳어버린 사람들에게서 비롯된 행위이다. 그래서 그런 사역자에게서 나오는 말도 모두 원망이 짙게 배어 있다.

6. 엘리트주의

엘리트주의는 죄다. 야고보는 믿음의 사람들에게 절대로 사람을 차별하지 말라고 명령한다.

> 내 형제들아 영광의 주 곧 우리 주 예수 그리스도에 대한 믿음을 너희가 가졌으니 사람을 차별하여 대하지 말라 _약 2:1

《웹스터 사전(Webster's Dictionary)》은 '차별'을 "한쪽으로 치우침, 한쪽을 다른 쪽보다 편애하는 경향"이라고 정의한다. 본문을 다른 관점으로 보려면 윌리엄 바클레이(William Barclay) 번역의 야고보서 2장 1절을 참고하면 된다. "내 형제들아, 너희가 우리의 영광스러운 주 예수 그리스도를 믿으면서 동시에 속물이 될 수는 없다." 엘리트주의는 교만과 속물근성의 죄이다. 자신의 계시와 초자연적 사역 접근법이 정확하다고 믿는 건 자신을 높이는 것이다. 그 외의 다른 사람은 모두 시대에 뒤처지고 종교적이라고 보는 것이다.

엘리트주의는 거짓 선지자의 적신호이다. 따라서 최대한 멀리하는 게 좋다. 엘리트주의는 뭘 좀 아는 무리에 속할 기회를 약속하기에 유혹적이지만, 사실은 언제 터질지 모르는 시한폭탄과 같다.

교만은 패망의 선봉이요 거만한 마음은 넘어짐의 앞잡이니라 _잠 16:18

회개하고 겸손을 받아들이지 않으면, 이러한 공동체들은 곧 논쟁에 휩싸여 분열되고 또 계속해서 분열하게 된다.

교회 안에 있는 사탄의 가짜 은사

고린도전서 12장은 성령의 은사 개념을 소개하고, 에베소서 4장에 따르면 예수님이 이 은사들을 교회에 주신다고 한다. 갈라디아서 5장 22절은 성령님과의 친밀한 삶 가운데 길러지는 초자연적 성품에 대해 소개한다.

하지만 역사 전반에 걸쳐서 우리가 보게 되는 한 가지 패턴이 있는데, 사탄은 하나님이 창조하신 모든 좋은 것을 모방하고 왜곡하려 한다는 점이다. 그중 많은 믿는 자들이 한번도 생각해 보지 않은 영역은 사탄이 성령의 은사들을 어떻게 모방하려 하는가이다. 놀랍게도, 성령의 은사마다 왜곡되고 뒤틀린 가짜가 있다. 가짜는 다음과 같다. 그것은 항상 진짜처럼 보이지만, 진짜도 아니고 가치도 없다. 적그리스도의 영이 교회 안에서 활동하고 있으며, 내가 가장 자주 목격한 왜곡되고 오용되고 뒤틀린 은사는 바로 분별의 은사이다.

나는 목회한 지 14년이 되었는데 흥미로운 게 있다. 항상 미국 전역에서 꿈과 예언적 경고들을 받고 있다는 것이다. 때로는 이런 꿈들을 서류 봉투에 담아 (추적 가능한 1등급) 등기로 보내는 경우가 있다. 대부분은 이런 것들을 보내 주는 사람들이 누구인지도 모른다. 추천서나 경력 사항 같은 것도 동봉되지 않는다. 하지만 뭉치가 많고 내용이 방대해서 스테이플러로 묶을 수 없을 만큼 분량이 많다.

이 모든 꿈들에는 공통된 흐름이 있다. 읽어 보면 십중팔구 경고와 비난이 많다. 그 대상은 나나 우리 교회나 미국 정부나 그리스도의 몸 된 교회 안의 다른 지도자일 수도 있다. 만일 내게 분별의 은사가 없고 예수님과의 건강한 관계가 없었다면, 이 경고들을 믿을지도 모른다. 만일 내가 그런 것을 받아들이기로 선택한다면, 반역의 씨가 내 마음에 들어오도록 허락하는 셈이 된다.

그렇다, 당신이 거짓 선지자를 존중한다면, 거짓 선지자에게서 임파테이션을 받게 된다. 만일 내가 그렇게 했다면, 갑자기 거짓된 분별의 은사, 즉 의심의 영을 임파테이션 받았을 것이다. 그러면 나 자신과 우리 팀, 우리 교회 그리고 다른 리더들을 다르게 바라보게 되어 나와 연결된 리더들을 신뢰하지 못하게 될 수도 있다. 이러한 "분별하는 꿈" 혹은 경고하는 꿈은 더 풍성히 열매를 맺고 하나님 나라를 힘 있게 확장시키는 것이 아니라 오히려 내 마음과 생각을 닳아버린다.

거짓된 분별은 의심하는 귀신의 영이고 교회 안에서 활동하는 사탄의 대표적인 가짜 은사이다.

그러므로 우리가 이제부터는 어떤 사람도 육신을 따라 알지 아니하노라

비록 우리가 그리스도도 육신을 따라 알았으나 이제부터는 그같이 알지
아니하노라 _고후 5:16

바울은 고린도 교회에 세속적인 색안경을 끼고 서로 의심하거나 판단하지 말고 아버지의 관점으로 서로를 보라고 말하고 있다. 옛것은 죽었기에 이제 우리는 새로운 피조물이다. 화목을 이룬 새로운 존재가 되었다.

참된 분별의 영은 예수님의 보혈이라는 필터로 진리를 볼 수 있다. 아무도 분별하지 못할 때 선을 분별해낸다. 어둠이 다른 모든 사람의 눈을 가릴 때 빛의 씨앗을 발견한다. 바나바는 참된 분별의 예를 보여준다. 그는 교회가 바울을 사기꾼으로 여기고 배척하려 할 때 그가 진심으로 회심한 것을 알아보고 보증해 주었다.

영으로 보고 주의 음성을 듣는 것을 많이 강조하지만, 영적인 후각에 더 많은 관심을 기울여야 한다. 교회 안에 냄새 맡는 영적 은사가 회복되어야 한다. 요즘 은사주의 교회에서 무엇을 먹어야 하고 무엇을 버려야 할지 분별하지 못한 채 계속 잘못된 것을 먹고 있기 때문이다.

사도 요한은 밧모섬에 있을 때, 나팔소리 같은 큰 음성을 들었다.

내가 또 들으니 하늘에 큰 음성이 있어 이르되 이제 우리 하나님의 구원과 능력과 나라(통치, 다스림)와 또 그의 그리스도의 권세가 나타났으니 우리 [믿는] 형제들을 참소하던 자 곧 우리 하나님 앞에서 [죄악된 행실을] 밤낮 참소하던 자가 [마침내] 쫓겨났고 _계 12:10, 확대역

여기서 사탄은 둘째 하늘의 인기 블로거와 같다. 그는 주님이 사랑하시는 모든 이들을 공격하는 글을 밤낮으로 써댄다. 실화를 소재로 삼고, 과거의 스캔들을 들추고, 하나님이 사랑하시는 자들의 육신적 본성을 자세히 다룬다. 사탄은 이러한 거짓 분별이 마지막 때의 교회를 지켜 줄 것이라고 속인다. 원수는 "너의 두려움이 너를 보호해 줄 거야"라고 거짓말을 한다.

사실 이 원수 마귀는 거짓말쟁이이다. 두려워한다고 해서 더 안전하지는 않다. 두려움은 우리를 지혜롭게 하지 않는다. 오히려 어리석게 만든다. 요셉은 마태복음 1장 19절에서 임신한 "처녀"와 결혼했다는 스캔들이 감당할 수 없을 정도로 커지자 걱정이 되었다. 원수는 온갖 수를 써서 요셉에게 마리아에 대해 비난했을 것이다.

이에 요셉은 두려워져서 어리석은 결정을 내릴 뻔했지만, 하나님이 꿈으로 요셉의 두려움을 잠재우셨다. 그 꿈은 그의 두려움을 정당하게 판단하여 요셉이 마리아에게 필요한 남편이자 예수님께 필요한 아버지가 될 수 있게 평강과 용기를 주었다.

두려움은 당신이 보는 것을 왜곡시켜서 그림자가 괴물로 보이고 작은 언덕이 태산처럼 보이게 만든다. 두려워하는 것이 지혜이며 그것이 당신을 돕고 보호하며 지탱해 준다고 단언한다. 두려움은 생존이 곧 승리라고 설득하려 하지만, 단순히 살아남은 것과 서서히 죽어가는 것은 조금도 다르지 않다.

예수님은 간교한 원수에게 속지 않으셨고 오히려 생명으로 그것에 반격하셨다. "도둑이 오는 것은 도둑질하고 죽이고 멸망시키려는 것뿐이요 내가 온 것은 양으로 생명을 얻게 하고 더 풍성히 얻게 하려는 것이라"(요 10:10).

예수님은 두려움 없는 삶을 살아가시며 풍성한 삶의 본을 보여 주셨다. 단 한 번도 원수를 두려워하며 살지 않으셨고 생명을 잃는 걸 두려워하지도 않으셨다. 예수님은 단순히 살아남는 데 관심이 없으셨고 누구에게 생명을 빼앗길까 봐 두려워하지도 않으셨다. 이미 자신의 생명을 내어놓으셨기 때문에 아무도 그분의 생명을 빼앗아갈 수 없었다.

예수님은 결코 의심 가운데 행하지 않으셨다. 그분의 마음은 불의와 타협한 자, 죄인 그리고 거짓말쟁이에게도 열려 있었다. 사마리아의 우물가 여인 이야기에 나타난 바와 같이 여인은 신학적 이야기로 예수님의 분별력을 피해 보려고 했지만, 그분은 여인의 삶에 무슨 일이 일어나고 있는지 정확히 짚어내셨다. 그분의 분별은 여인에 대한 거절로 이어지지 않았고, 오히려 그녀의 방어 기제를 뚫고 반복되는 삶의 패턴을 중단시키는 도구가 되었다. 여인이 예수님께 마음을 연 것이다. 뿐만 아니라 예수님은 사실 여인의 마음속에 있는 비밀이나 불의와 타협한 부분도 아셨지만, 그녀를 사랑하셔서 깨어지고 죄를 지었음에도 받아 주셨다. 우리는 그분으로부터 배울 것이 너무나도 많다.

의심은 분별이 아니다. 그것은 마귀적이고 악하여 거절과 고립을 초래하고, 이것은 두려움에 근거하여 우리의 꿈과 예언적 말씀, 결정들을 오염시킨다.

리더가 늘 사람들의 마음에 의심과 두려움을 일으킨다면 분명 좋지 않은 신호이다. 우리는 미혹이나 악한 영 또는 거짓 선지자들을 두려워할 필요가 없다. 참된 분별은 모든 두려움을 내쫓고 사랑과 은혜로 다른 사람들과 연결될 수 있게 용기를 준다.

> 사랑 안에 두려움이 없고 온전한 사랑이 두려움을 내쫓나니 두려움에는 형벌이 있음이라 두려워하는 자는 사랑 안에서 온전히 이루지 못하였느니라 _요일 4:18

참된 분별은 두려움과 관계가 없고 선하고 신실한 목자이신 하나님의 성품이나 본질과 관련이 있다. 우리는 이리를, 영적 통치자들과 권세들을 두려워하지 않고, 사람을 두려워하지 않는다. 우리는 하나님을 두려워한다!

거짓된 주인의 권세 파쇄하기

과거에 알던 "영적 조언자"에게 시달리고 있는 여인이 교회로 전화를 걸어 왔다. 밤이 되면 그 사람이 방에 나타나서 자신의 몸을 지배하고 했다고 말했다. 여인은 자기에게는 그 사람을 이길 권세가 없다고 여겨져서 그리스도의 몸 안에서 탁월한 사역자들에게 축사 사역을 받으려 한 적도 있었다.

그녀가 도움을 요청했을 때, 그렇게 심각한 상황을 해결할 만한 역량이 되지 않는다고 여겨져서 우리 지역에서 이 분야에 훨씬 경험이 많은 사역자 사도 톰 코넬(Tom Cornell)에게 연락을 했다. 그러자 그는 그 여인을 통제하는 거짓된 주인의 권세를 파쇄할 방법을 한 시간 동안 나에게 알려 주었다.

그녀에게 축사 사역을 시작하는데 먼저 그녀 안에서 악한 영들을 쫓아내야 했다. 우리가 기도할 때 성령님께서 그 영들이 무엇인지 그녀에게 계시해 주셨다. 여인이 자기 죄를 자백하고 문을 닫자(악한 영들에게 열려 있는 문을 닫는 것에 대해서는 내 책 《패턴 깨기(Pattern Interrupt)》를 보라), 과거에 그녀에게 영적 조언을 해 준 사람과의 혼의 묶임(soul tie)이 있음을 주님이 내게 계시해 주셨다.

혼의 묶임이란 우리의 혼이 다른 사람과 연합하게 허락할 때 형성되는 유대이다. 이것은 보통 성적 관계를 통해 혼이 하나로 연합하는 것을 가리킨다. 고린도전서 6장 16절에서 바울은 "창녀와 합하는 자는 그와 한 몸인 줄을 알지 못하느냐"고 말한다. 성 관계가 몸과 혼과 영을 결속시켜 하나로 만든다고 가르치는 것이다.

주술(오컬트)에서 성 관계는 혼과 영을 결합하거나 통합하는 기술로 사용된다. 그러나 그것은 본래 하나님이 만드신 방법을 왜곡하고 조작하는 것이다. 하나님은 언약적 결혼의 관계 속에서 남녀를 연결하고 하나 되게 하시기 위해 성을 창조하셨다. 이러한 사랑의 행위는 예배 행위이며 초자연적이고 거룩하다. 구약 전반에 걸쳐 성 관계를 "안다"라고 표현하는 것은 참된 친밀함의 순간에 두 사람이 서로의 의지, 감정, 느낌, 상상 그리고 몸을 상대에게 맡기기 때문이다.

하지만 꼭 성 관계로만 혼의 묶임이 형성되는 것은 아니다. 성적 관계가 없어도 사람이나 심지어 조직, 단체 혹은 사상에도 자신을 내어 줄 수 있다. 그리고 그렇게 함으로써 보통은 성 관계를 통해 채워지던 친밀함의 자리를 그 대상이 차지할 수 있게 된다.

원수는 이 친밀함의 자리를 채우려고 어떤 것이든, 누구든 이용하려 한다. 악한 영을 통해 유혹하고 속이는 기술을 배운 자들은 사람들의 공허함을 교묘하게 이용하여 그 자리를 차지하려 한다. 그 사람의 혼이 성적인 대상이든 교회나 이단 혹은 사업체(어떤 사업체는 이런 원리를 이용해 직원과 고객을 착취한다)와 연결되는 경우, 나는 그것을 혼의 묶임보다는 혼의 결속(soul attachment)이라고 부른다.

이런 결속은 신속하게 합법적으로 끊어낼 수 있다. 그래서 한번 파쇄하면 끝이지만, 당신의 자유를 지키려면 건강한 경계를 세워 두고 과거의 기억이나 그 대상 자체에 단 한순간이라도 다시 접근해서는 안 된다.

기억하라. 예수님은 선한 목자이시며 신뢰할 수 있는 좋은 주인이시다. 그 외에 우리의 주인이 되려 하는 것들은 모두 거짓 목자이며 파멸을 이끈다. 이러한 혼의 결속을 파쇄하려면, 우선 우상숭배를 회개해야 한다. 우상숭배란 자신을 우상에게 내어주는 죄다. 그리고 우상이란 우리가 예수님보다 더 두려워하거나 경배하는 모든 것이다.

자 이제 실제로 해 보자. 우리 삶의 모든 거짓 주인의 힘을 파쇄하고 예수님께 온전히 자신을 내어 드림으로 우리가 그분 안에 그분이 우리 안에 거하시게 하자. 그러면 의와 평강과 희락이 다스리는 분위기, 곧 예수님의 나라 안에서 활동하게 될 것이다.

혼의 결속/묶임을 파쇄하는 기도문

1단계: 자백과 선포

- 먼저 예수님이 당신의 죄를 위해 십자가에서 죽으셨다는 사실을 입으로 고백하고 마음에 믿은 다음, 예수님이 당신의 삶의 주인되심을 선포하라.
- 예수님이 당신의 삶에 대한 불법, 죄, 중독, 연약함, 아픔 그리고 질병의 권세를 파쇄하신 것에 감사하라.
- 예수님의 보혈이 당신의 머리부터 발까지 안팎으로 온전히 덮고 있음을 선포하라.
- 예수님께 조상들의 기록이 담긴 책을 열어 달라고 요청하고 아담까지 이어진 모든 세대의 저주를 파쇄한다고 선포하라.
- 당신이 그분 앞에 사랑받고 용서받고 자유로운 자로 서 있음을 선포하라.

2단계: 경건하지 않은 혼의 묶임 파쇄하기

- 사람이나 이단, 교회, 사업체 혹은 종교 집단과의 경건하지 않은 혼의 묶임과 결속을 파쇄해 달라고 예수님께 구하라. 대상이 되는 사람의 이름이나 단체의 이름을 빈칸에 쓰라.

1. _____
2. _____
3. _____

당신이 어떤 사람이나 이단, 교회, 사업체 혹은 종교 집단에 내어 준 혼의 일부가 돌아오도록 구하고, 또한 당신에게 있는 그들의 혼의 일부분이 그들에게 돌아가도록 선포하라.

- 당신이 그 사람에게 속한 것이 아니라 예수님께만 속한 존재임을 그리고 이제부터 그들이 당신의 삶에 아무런 권세도 없음을 선포하라.
- 당신의 혼 안에서 그 사람이 차지하고 있던 자리를 예수님의 사랑과 용납으로 채워 주시고 당신의 혼이 사랑하는 분이 되어 달라고 구하라.
- 믿음으로 예수님이 당신을 사랑하시고 받아들이시며 소중하게 여기고 존중하신다고 선포하라.

3단계: 마침 기도

- "예수님의 이름으로 기도합니다, 아멘"으로 기도를 마치라.

추가사항: 혼의 묶임에서 완전히 자유로워질 때까지 이 기도를 여러 번 반복하라. 신뢰 받는 목회자나 영적 멘토, 상담자에게 추가적인 도움이나 지원을 받는 것도 좋다.

활성화 기도

의심과 두려움의 영에서 자유하라

사랑하는 예수님,

감사하는 마음으로 주님의 보좌 앞에 나아가서 주님이 모든 생명의 근원이시고 제 구원자의 창시자이심을 고백합니다. 제가 두려움과 의심과 비난의 영에 동조했음을 자백합니다. 이 영들은 예수님께 속한 것이 아니었음을 압니다. 그러므로 이제 예수님의 능력의 이름으로 그 영들과의 관계를 끊습니다.

주님, 이 영들에게 제 삶에 들어올 발판을 내어준 저의 행동과 태도를 회개합니다. 주님은 회개하는 마음으로 나아오는 모든 이들에게 한없는 은혜와 자비를 베푸시는 분임을 알기에 용서를 구합니다.

제가 용서받았음을 믿음으로 선포합니다. 그리고 제 삶의 모든 영역마다 예수님의 치유와 회복을 받아들입니다.

예수님, 저를 대신해 두려움과 의심, 비난의 영을 심판해 주시길, 이 영들을 결박하여 제 삶에서 쫓아내시고 그들이 속한 구덩이로 보내 주시길 구합니다.

저는 두려움과 의심과 비난의 영으로부터 자유로움을 선포합니다. 저는 예수님의 보혈로 덮였고 성령의 능력 안에서 행합니다.

예수님, 저를 자유롭게 해 주셔서 감사합니다. 모든 영광과 존귀를 이제와 영원히 예수님께 돌립니다. 예수님의 이름으로 기도합니다. 아멘.

두세 사람이 내 이름으로 모인 곳에는 나도 그들 중에 있느니라

_마태복음 18:20

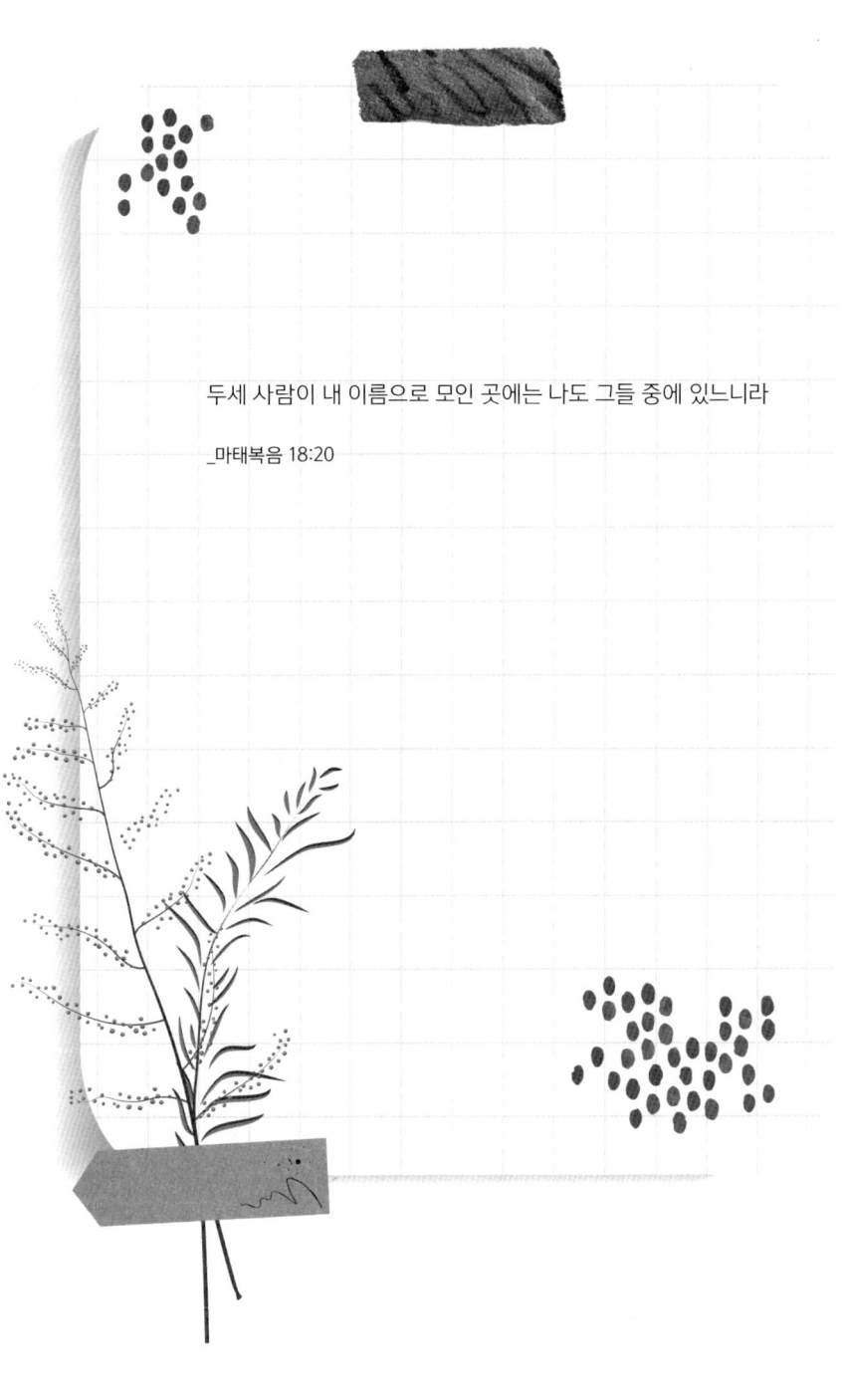

5장

초자연적 정체성과
소명의 기초

| 5장 |

기초를 놓는 것부터 시작하라

초자연적인 존재인 우리는 하나님의 구속과 회복 계획을 세상에 나타냄으로써 하나님을 영화롭게 하도록 창조 받았다. 우리에게 갈망이 있고 하나님 아버지의 축복과 은혜를 받아도 조금 더 초자연적인 요소들이 필요할 수 있다.

튼튼한 기초를 놓는 것이 얼마나 중요한지 집을 짓는 것에 비교하여 보여 주겠다. 안드레아와 나는 최근에 우리 가족이 살 집을 짓기 시작했는데, 코로나19 때문에 건축에 필요한 허가를 받는 데 2년이나 걸렸다. 건축 허가를 받은 후 트랙터가 와서 땅을 정리하고 집이 세워질 곳에 구덩이를 팠다. 기초를 놓을 위치였다. 콘크리트를 부어 기초를 놓은 후, 그 위에 다른 모든 것이 세워지면서 건축이 빨리 진행되었다.

사실 기초가 없으면 건설도, 성장도, 추진력도 있을 수 없다. 기초 없이는 꿈과 계획만 있는 것에 불과하다. 헨리 데이비드 소로(Henry David Thoreau)는 다음과 같이 말했다. "만일 공중에 성을 쌓았다면, 그

건 그냥 놔두고 이제 그 밑에 기초를 놓아라."

애석하게도 많은 믿는 자들이 무언가를 세우려고만 할 뿐 먼저 올바른 기초부터 쌓는 것이 중요하다는 사실을 아직 깨닫지 못하고 있다. 그들은 언젠가 무엇을 세우겠다고, 어떤 책을 쓰겠다, 어떤 사람들에게 사역하겠다 등의 말만 하고 있다. 만일 하나님 나라에 대한 큰 꿈과 예언적 말씀을 받았지만 아무런 진척도 이뤄지지 않고 있다면, 그럴 만한 이유가 있을 것이다. 의미 있는 것을 세우기 위해서는 튼튼한 기초가 반드시 필요하다.

튼튼한 기초를 쌓는 것은 대단히 중요하며 시간과 노력이 필요하다. 먼저 튼튼한 기초를 다지는 것부터 건설하기 시작하라. 하나님의 인도를 구하며 말씀의 반석 위에 세우는 데 시간을 투자하라. 기초가 튼튼하면 자신 있게 건축할 수 있고 그것이 세월의 단련을 견뎌낼 것임을 알 수 있다.

오순절의 기초

사도행전 2장에서 예수님의 명령에 순종하여 성령의 은사를 받을 때까지 한곳에 모여 있던 120명의 모습을 보게 된다. 그들은 예수님께 순종하여 모이고 연합하고 기다렸는데, 이것이 성령의 부어짐을 경험하는 기초가 되었다. 마음과 뜻이 하나 된 이 공동체로 인해 성령님이 하늘로부터 급하고 강한 바람처럼 임할 수 있는 완벽한 환경이 조성되었다.

이번 장은 참되게 살아 있는 초자연적 형태의 기독교 공동체의 중요성을 강조한다. 두세 사람이 함께 모인다는 원칙은 단순한 하나님 나라의 이상이 아니라 그것을 발견하는 이들의 삶에 성장과 열매를 풀어놓는 법칙이다. 이 열쇠를 이해하게 되면, 그 사람의 삶에 전례 없는 계시와 능력이 열리고 다시는 자신을 고립시키지 않겠다는 결단으로 이어질 수 있다.

이 여정을 시작하기 위해 오늘날의 오순절 운동을 탄생시킨 100년 전 아주사 거리 부흥으로 거슬러 올라가 보자. 이 부흥의 기초, 토대는 연합, 모임, 기다림이라는 원칙 위에 세워졌고, 이것은 나라 전체를 변화시키는 운동으로 이어졌다.

1906년, 세상은 사도행전 이후 가장 의미심장한 하나님의 운행하심을 목도하기 직전이었다. 애꾸눈의 흑인 사역자인 윌리엄 시모어(William Seymour)는 로스앤젤레스 전역에서 논란이 되는 메시지를 전했다. 그는 표적, 기사, 이적이 이 시대에도 많이 일어나며 방언을 말하는 것이 성령 충만의 증거라고 가르쳤다. 아이러니하게도 그는 아직 방언을 못했다.

시모어는 처음에 그의 급진적인 메시지가 받아들여지지 않아서 말씀을 전하거나 잠을 잘 곳을 찾느라 어려움을 겪었다. 그러나 그해 2월에 애즈베리(Asbery) 가족이 노스 보니 브레이 거리 214번지에 있는 집을 장소로 제공해 주었고, 거기에서 사도행전 2장처럼 성령님이 임하시기를 간절히 기도하며 오랜 시간하는 집회를 열었다. 그러자 성령님께서 임하셨다! 사람들이 이 소박한 장소에 모였을 때 주님이 그들 가운데 함께하셨다. 그 집은 곧 사람들로 붐볐고, 그들은 그것을 "오순절 회복"이라고 불렀다. 아주사는 사도행전 2장에서 사도들이 경험한 일이 다시 일어난 곳으로 유명해졌고 성령의 세례가 임하며 방언을 말하는 것이 그 특징이었다.

사람들은 성령 충만해져서 무릎을 꿇고 방언을 했다. 여러 시간 예배하는 가운데 환상을 보고 들어 올려짐을 경험했다. 성령 충만하여 예언하고 말씀을 전하기 시작했다. 날마다 사람들이 구원받고 자유함을 얻고 치유되었다. 애즈베리 가족의 집 앞 현관이 설교단이 되었고 사람들은 거리에 서서 시모어가 복음을 전하는 것을 들었다. 어느 날 모여든 무리의 무게를 견디지 못하고 현관이 무너지면서 더 많은 인원을 수용할 수 있는 큰 장소로 옮기게 되었는데, 이곳이 바로 아주사 거리 312번지였다.

공동체는
하나님 나라의 토대이다

이 땅에서 성령의 강력한 운행하심이 있을 때마다 하나님의 역사는 항상 두세 사람이 함께 모인 토대 위에 세워진다. 부흥의 역사 전반에 걸쳐 하나님은 사람들의 공동체를 사용하셔서 이 땅 위에 하나님 나라의 운동을 셀 수 없이 탄생시키셨다. 성경도 공동체의 힘을 통해 하나님의 사명을 이루어 가는 예들을 많이 보여 준다. 에덴 동산에서 함께 살아간 아담과 하와에서 광야를 통과하며 하나님의 임재를 경험한 이스라엘 백성들, 열두 제자와 동행하며 함께 일하시다가 복음을 전파하라고 그들을 파송하신 예수님에 이르기까지 공동체는 천국이 세워지는 전제 조건이다.

공동체가 하나님의 나라를 전진시키는 데 대단히 중요함에도 불구하고, 이 땅에 어둠을 조성하고 유지시키는 원수의 도구로도 사용될 수 있다. 원수는 조종과 통제 그리고 분열에 기초한 거짓 공동체를 만들어냄으로써 초자연적 공동체의 능력을 모방한다. 이러한 공동체들은 하나님의 사명에 헌신하기보다는 이기적인 야망이나 권력에 대한 욕구에 좌우된다.

그러나 믿는 자들은 참된 공동체의 능력을 활용하여 서로 영적으로 지지하고 샬롬과 정의의 도구가 될 수 있다. 함께함으로써 하늘이 땅에 임하게 할 수 있고 불가능했을 것을 함께 이룰 수 있다. 우리는 그리스도를 따르는 자들로서 공동체의 중요성을 인식하고 이 땅 위에 하나님의 나라를 이루기 위해 협력해야 한다.

불가능이 없던 곳

창세기 11장의 바벨탑 이야기는 연합된 공동체에서 나오는 엄청난 힘과 능력에 대해 강력하게 경고하는 교훈을 준다. 바벨탑은 인간이

신들의 영역에 접근하고 신들이 인간의 영역에 들어오는 통로의 역할을 하도록 만들어진 것이었다. 하지만 그 결과는 엄청난 재난이 되어 대홍수 이전보다 끔찍한 상태가 될 수도 있었다. 그러므로 하나님이 개입하셔야만 했다.

창세기 11장 5-6절은 이것을 다음과 같이 묘사한다.

> 여호와께서 사람들이 건설하는 그 성읍과 탑을 보려고 내려오셨더라 여호와께서 이르시되 이 무리가 한 족속이요 언어도 하나이므로 이같이 시작하였으니 이 후로는 그 하고자 하는 일을 막을 수 없으리로다

사람들이 연합하면 큰일들을 이룰 수 있지만, 하나님이 삼위일체적 본성으로 이 견고한 공동체에 개입하여 혼란을 일으키셨다. 그분의 공동체를 개입시키심으로써 사람의 공동체를 무너뜨리신 것이다. 하나님은 7절에서 다음과 같이 말씀하셨다. "자, 우리가 내려가서 거기서 그들의 언어를 혼잡하게 하여 그들이 서로 알아듣지 못하게 하자."

저주에 대한 그들의 오해로 시작된 연결과 연합을 해체하기 위해, 하나님께서 그들의 언어를 다양하게 만드셨고 인류를 전 세계로 흩으셨다. 이것은 오늘날 우리에게 대단히 중요한 교훈이다. 우리가 공통된 사명을 중심으로 함께 모일 때 가능성은 무한하다. 우리가 연합될 때, 한계란 없다. 사람들이 재정적으로나 사회적으로나 예술적으로 힘을 합하면, 혼자 힘으로는 불가능한 진보와 발전, 성장을 이룩할 수 있는 놀라운 기회들이 생긴다. 하나님 나라를 위해 힘을 모을 때, 하나님이

축복하신다!

바벨탑 사건은 공동체에 대한 보편적 법칙을 보여 준다. 동기가 선하든 나쁘든 사람들이 뜻을 모을 때 무한한 가능성이 열린다.

초자연적 여정은 외로울 수 있다

초자연적인 세계를 탐구할 때 공동체에 가치를 세우고 탁월한 사도적 교회에 통합되는 것이 왜 소중한지 설명하고 싶다. 이러한 기초 없이는 여정 가운데 쉽게 고립되고 외로워지게 된다. 진실로 하나님의 능력 안에 걷고 급진적인 초자연적 경험을 하려면, 은밀한 곳의 중요성을 반드시 이해해야 한다.

시애틀에 있는 우리 교회에서는 최근 기독교 신비주의와 광야 교부들에 대해 장기적인 연구를 수행했다. 우리는 이 운동이 원래의 사도적 교회가 제도적 기계로 변질되고 바뀐 것에 반응하여 일어났다는 사실을 깨달았다. 예수님을 사랑하는 이들 중에는 이런 변화에 반항하지 않았지만, 보여 주기식 문화에 동참하는 것을 원하지 않는 이들도 있었다. 그래서 그들은 광야와 동굴, 숲속에 고립되고 은둔하려 했다. 수백 년 동안 그리스도를 추구하는 사람들이 외적 과시 문화를 떠나 하나님께 헌신하고 교제하는 삶을 추구하면서 전례 없는 초자연적 체험을 하게 되었다.

이러한 은둔이 하나님과의 친밀함을 발전시키는 전략이었고, 예수님도 자주 무리를 떠나 홀로 아버지와 단 둘이 함께하심으로써 이러한 원칙을 보여 주셨다. 그분은 마태복음 6장 5-8절에서 제자들에게 골방으로 들어가서 문을 닫고 은밀히 계신 아버지께 기도하라고 가르치셨다.

그러나 이러한 은둔자(또는 수행자)들은 완전히 고립되어 있지는 않았다. 그들은 사교적이고 손님을 잘 대접하며 수도원에 자주 방문해서 계시를 나누고 임파테이션을 해 주었다. 당시 기계적인 로마 가톨릭의 종교 체계에 맞서 자신을 지키기 위해 은밀한 곳에서 하나님과의 친밀함을 훈련하면서 오는 세대에 영향을 미친 문화를 형성하였다.

교회를 공격하는 것이 해결책이 아니라는 사실을 기억해야 한다. 우리의 마음을 지키고 주님을 사랑하며 그분의 백성을 사랑해야 한다. 다른 이들에게 상처주지 않고, 고린도전서 13장의 은사의 가방을 가지고 이 여정을 걸어가는 방법은 우리의 자녀됨과 유산에 대해 더욱 각성하여 제자리에 위치하는 것이다.

뜻을 함께함, 접근함, 관계

영적 세계와 교류할 때, 주술의 여러 방법들은 두세 명 이상의 참여를 요구한다. 예를 들어 위자 보드(Ouija board, 심령 대화용 점술판)는 참가자들이 플랑셰트1)를 사용하여 영들이나 다른 차원의 초자연적 존재들과 소통한다. 여러 사람이 함께 모여 죽은 자들의 영과 함께 소통하는 강신술 모임에서도 마찬가지이다. 강신술 모임에서는 중개자, 곧 영매가 산 자와 죽은 자를 연결하는 통로가 되어 영의 메시지를 전달하기도 한다.

주목할 만한 괴이한 역사적 사실이 있다. 아브라함 링컨의 아내인 메리 토드 링컨은 백악관에서 최소 8번의 강신술을 열었다고 한다. '정직한 에이브(링컨 대통령의 별명)'도 몇 번 참석했다는 소문이 있다. 이러한 강신술 모임 중에 메리는 죽은 두 아들의 영이라고 하는 존재들과 소통했다고 주장했다. 이 영들은 밤중에 계속 메리를 찾아왔고, 결국 백악관을 떠돌게 되었다고 전해진다. 아브라함 링컨이 사망한 후, 메리는 집단 강신술 모임을 통해 그와 접촉하려 했고, 나중에 링컨의 영이 사진에 찍혔다는 주장도 있었다. 많은 이들이 링컨 가족을 비롯한 여러 영들이 여전히 백악관을 떠돌고 있다고 믿는다.

초자연적 영의 세계에서 어떤 것들은 두세 사람 이상이 모여야만 이루어진다. 예수님도 두세 사람이 그분의 이름으로 모이는 것에 대해 말씀하셨다. 우리가 예수님의 이름으로 모일 때 그분이 우리와 함께하신다. 이것이 중요한 열쇠다! 예수 그리스도의 권세 안에서 함께하면 우리 자신보다 훨씬 더 큰 것에 접속할 수 있게 된다. 우리가 그리스도 예수의 영에 함께 참여하면, 물리적 한계를 초월한 하늘의 영역에 들

---

1) 2개의 작은 고리와 연필이 하나 달린 심장 모양의 판, 손가락을 얹어 생긴 모양이나 글자로 잠재의식·심령 현상 등을 읽어 내는 데 쓰임

어가게 된다. 그리스도와 함께하는 연합된 공동체가 역동적인 기류를 일으켜서 그 자리에 있는 모든 이들에게 영향을 끼친다.

그리스도를 중심으로 한 연합의 능력은 도시들과 나라들을 변화시킨다. 두세 사람이 뜻을 같이하여 모이면, 하나님 나라의 에너지가 작동하여 이 땅에 하늘나라가 임하게 된다. 이러한 예가 요한복음 17장에 나타난다. 여기서 예수님은 제자들과 모든 믿는 자들의 연합과 보호를 위해 기도하신다. 그분은 자신을 따르는 자들 사이의 연합이 얼마나 중요한지 강조하시면서 그분과 아버지가 하나이듯 그들도 하나 되게 해달라고 기도하신다.

기독교 공동체와 타 종교 공동체의 차이는 예수님과 아버지가 본을 보이신 친밀하고 밀접한 관계에서 비롯된다. 예수님은 자신을 따르는 자들도 단순히 연합된 공동체가 아니라 하나 된 가족으로서 그러한 친밀함의 본이 되기를 기도하셨다.

진정한 하나님 나라의 공동체에는 진실한 관계가 필수적이다. 요한복음 17장에서 예수님은 우리 모두를 향한 사랑과 그분의 갈망을, 곧 우리가 기쁨을 누리고 악한 마귀로부터 보호 받으며 진리로 구별되기를 간절히 원하심을 나타내신다.

초자연적인 여정을 시작하려면, 주님과의 친밀한 관계와 서로에 대한 진실된 관계에 가치를 두는 법을 배워야 한다. 그리스도의 몸에서 분리된 고립 상태에서는 하나님 나라를 전진시킬 수 없으며, 오직 예수 그리스도의 권세로 함께할 때 그 사명을 감당할 수 있다.

시작하기

초자연적인 것을 온전히 받아들이려면, 동일한 것을 추구하는 공동체를 찾아야 한다. 그래서 교회가 필요한 것이다. 신약성경에 따르면 교회는 그리스도께서 그분의 사명을 이루어 가시는 중심체이다. 사도행전 2장을 보면 교회는 믿는 자들을 군사로 온전하게 하여 능력을 부여하고 제자를 삼아 하나님의 능력을 나타내게 되어 있다.

예루살렘 교회와 안디옥 교회는 사회적 사역의 본으로서 하나님의 사람들을 온전하게 하고 능력을 부여하여 하나님 나라의 복음을 선포하며 능력을 나타냄으로써 열방을 제자 삼는 공동체의 모습을 보여 준다. 사도행전 2장은 우리의 은사와 사명을 활성화시켜 줄 올바른 포도주 부대를 발견하기 위한 청사진이 될 수 있다.

사도행전 2장은 먼저 믿는 자들의 깊은 언약 공동체를 비춰 주시며 교회의 목적과 활동을 보여 준다. 42-47절은 초대교회 그리스도인들은 함께 살아가며 자신들이 가진 것을 공유했다. 그들은 사도들의 가르침과 교제 그리고 떡을 떼는 것과 기도에 전념했다. 예수님을 향한 사랑 때문에 연합했고 그것이 서로를 향한 사랑과 실제적인 지지의 원동력이 되었다.

둘째로, 교회는 예배처였다. 초대교회 그리스도인들은 날마다 성전 뜰과 각자의 집에 모여 하나님을 찬양하며 춤추고 주 안에서 즐거워했다. 기뻐하며 진실한 마음으로 그렇게 했다. 오늘날에도 교회는 여전히 예배처로 존재하며 그리스도인들이 함께 모여서 하나님을 찬양하고 예배하며 감사하고 그분의 말씀을 연구한다. 그리고 성찬에 참여함으로써 십자가에서 완수하신 사역을 기념한다.

찬양을 부르는 것뿐만 아니라 이 모든 것이 예배이다. 당당하게 초자연적인 삶을 살아간다고 하면서 예배자가 되지 않는 것은 불가능하다.

셋째로, 교회는 복음을 전하는 도구이다. 사도행전 2장 38-41절에서 베드로가 예루살렘에 모인 무리에게 복음을 전하자 많은 이들이 세례를 받고 그 수가 늘어났다. 오늘날에도 교회는 여전히 예수 그리스도의 복음을 전하는 플랫폼 역할을 하고 있다. 선교학에서는 교회 개척이 제자를 만드는 가장 효과적인 방법 중 하나라고 말한다. 교회가 말씀을 전하고 가르치고 전도하는 전략을 통해 복음을 듣지 못한 사람들에게 다가가서 믿는 자들의 초자연적 공동체에 참여하도록 초청하는 것이다.

마지막으로 교회는 섬기는 곳이다. 사도행전 2장 44-45절에서 초대교회 그리스도인들은 자기 소유를 팔아 필요로 하는 이들에게 주었다. 그들은 가난한 자들, 병든 자들, 소외된 이들을 돌보았다.

오늘날에도 교회는 여전히 섬김의 역할을 감당하고 있다. 그리스도인들은 이웃을 자기 몸처럼 사랑하라는 부름을 받았고, 교회는 이러한 사랑을 실행에 옮길 기회를 제공한다. 베풂과 다른 사역과의 협력, 선교 그리고 실제적인 봉사를 통해 도움이 필요한 자들에게 다가가서 세상에 그리스도의 사랑을 드러내는 것이다.

이것이 바로 그리스도의 몸 된 교회가 드러내야 할 모습이다. 말 그대로 하나님을 사랑하고 타인을 사랑하는 한마음 한뜻을 가진 사람들이 교제하는 곳이다. 이들은 자신들의 믿음과 하나님께 대한 순종을 통해 하나님의 사랑을 실천한다. 이것은 유튜브로 예배를 시청하는 것으로는 이루어질 수 없는 일이다.

초자연적인 사역의 디지털 회원으로 등록된 것으로는 교회의 성경적 목적을 이룰 수 없다. 성도들을 사역의 일꾼으로 무장시키고 준비시키는 것은 교회의 목적이 아니다. 그것은 5중 사역의 목적이다. 참된 교회가 되려면 실제 사람들이 직접 연결되어야 한다. 두세 사람이 모인다는 것은 지난주나 5년 전 재방송을 시청하는 것이 아니다.

성경적인 교회 활동

진정으로 사랑하려면, 우리가 먼저 사랑을 받아야 한다. 타인을 잘 받아들이기 위해서는 우리가 먼저 받아들여진다는 것이 어떤 의미인지 경험해 봐야 한다. 다른 사람들을 회복시키기 전에 먼저 우리 자신이 회복되어야 한다. 우리가 먼저 받은 것만 남에게 줄 수 있다.

많은 이들에 물에 빠져 있고 그들을 구조해야 한다고 생각해 보자. 배가 있기는 하지만 사용법을 모르거나 배를 가지고 있는 사람은 알지만 너무 바빠서 구조에 나설 시간이 없다면, 그들을 효과적으로 구해낼 수 없을 것이다.

마찬가지로 우리도 어느 교회와 함께하며 헌신하기 전에 그곳의 부르심을 이해해야 한다. 예수 그리스도의 지상 명령을 따르는 당당한 초자연적 교회를 발견했다면, 다른 이들을 받아들이기 위해 동역할 수 있다.

예수님과 초대교회의 사역은 잃어버린 자들을 찾고 구원하고 발전시키고 온전하게 하고 능력을 부여하는 일에 중점을 두었다. 잃어버린 자들이 되돌아오게 되면, 그들은 또 다른 잃어버린 자들을 찾아내는 자들이 되었다. 하나님 나라가 외부 지향적이며 우리도 또한 구원이 필요한 자들을 적극적으로 찾아 나서도록 부름 받았기 때문이다.

초자연적 깨달음은 절대로 교회의 목표가 아니었다. 하지만 그것은 항상 하나님과의 관계에서 나오는 열매, 곧 부산물이었다. 하나님 나라의 차원을 경험하는 것이 교회의 주된 목적은 아니다. 우리의 역할은 하나님 아버지를 만난 후 가능한 많은 이들에게 복음을 선포하고 왕 되신 예수님의 능력을 초자연적으로 나타냄으로써 자녀 됨의 기쁜 소식으로 이끄는 것이다.

긴장의 원칙을 사용하여 교회 찾기

긴장, 곧 최대한 팽팽하게 당겨진 상태는 견고한 사도적 기반을 찾아내어 예수 그리스도 안에서 자신의 정체성과 소명을 발견할 수 있게 돕는 원리가 될 수 있다. 긴장은 두 개 이상의 상반되는 요소나 개념들을 통제하거나 조정해야 할 때 발생한다. 하지만 대다수의 그리스도인들이 긴장을 견디지 못하고 그것을 평안이 없는 상태로 여긴다. "마음이 편하지 않다"는 말은 자신을 불편하게 만드는 긴장감을 인식하고 있다는 것이다. 긴장은 거북한 경우가 많지만, 하나님 나라에서는 교회의 건강과 거룩을 위해 반드시 필요한 것이다.

주님이 교회 안에 긴장감을 심어 놓으셨다. 그분은 교회에 다섯 가지 역할을 주셔서 이러한 긴장을 조성하실 뿐만 아니라 지속시키신다. 이 역할들을 5중사역으로 불리며, 에베소서 4장 11-13절에 묘사되어 있다. 이는 사도, 선지자, 전도자, 목사, 교사로 구분된다. 이들 직분들은 성도를 온전하게 하여 사역의 일을 감당하게 하고 그리스도의 몸을 세우기 위해 존재한다.

그렇다면 5중 사역은 어떻게 교회 안에서 건강한 긴장감이 유지되도록 돕는 것일까?

1. 다양성과 연합을 증진시킴

5중 사역의 핵심적인 측면 중 하나는 교회 안에 있는 다양한 은사와 부르심을 인정하고 소중히 여긴다는 것이다. 사역마다 각각의 고유한 관점과 역량이 다른데, 이는 교회가 효과적으로 기능하기 위해 반드시 필요하다.

그러나 성령의 능력 밖에서 나타나는 다양성은 분열로 이어질 수 있다. 교회는 이 다섯 가지 기능을 모두 인정하고 소중히 여김으로써 다양한 가치와 방식들을 포용하면서도 연합을 향해 나아갈 수 있다.

이것은 교회 안에 건강한 긴장감을 조성하여 다양한 관점과 접근법이 인정과 존중을 받음으로써 역사를 일으킨다.

2. 책임감을 격려함

5중 사역의 또 다른 핵심적인 측면은 교회 안에 책임 의식을 고취시킨다는 것이다. 이들 다섯 가지는 각각 고유한 역할을 하면서도 서로 간에 책임을 진다. 이것은 어느 한 가지가 다른 사역들을 압도하거나 장악해 버리지 않도록 돕는다. 함께 협력하고 상호 책임을 짐으로써 교회는 초자연적 사명을 완수할 수 있게 된다. 이러한 책임 아래 교회 안에 건강한 긴장감이 조성되어 사역마다 자기 뜻과 계획대로 하는 게 아니라 하나님과 사람들을 섬기는 데 초점을 맞추게 된다.

3. 성장과 성숙을 촉진함

5중 사역은 성도들을 온전하게 하며 그리스도의 몸 된 교회를 세우기 위한 것이다. 이것은 각각이 자기 역할을 충실히 감당할 때 교회가 지속적으로 성장하고 성숙한다는 의미이다. 교회 안에서 침체와 안일함을 방지하려면 성장과 성숙이 필요하다. 교회의 건강 상태를 평가하는 한 가지 방법은 성장하고 있는지 살펴보는 것이다.

건강한 것은 성장한다. 교회가 5중 사역 각각을 소중히 여기고 적절히 활용할 때 하나님과 다른 사람들을 섬기는 사명 안에서 지속적으로 성장하고 발전할 수 있다. 이것은 교회 안에 건강한 긴장감을 조성하여 성장과 성숙을 향해 지속적으로 나아가게한다.

4. 균형 잡힌 관점을 제공함

5중 사역의 각 직임은 교회에 고유한 관점을 제공한다. 사도는 교회에 비전을 제시하고, 선지자는 하나님의 메시지를 전하며, 전도자는 잃어버린 자들을 향한 마음을 품고, 목회자는 돌보고 양육하며, 교사는 지혜와 깨달음을 준다.

이러한 관점들이 모여 사역에 균형 잡힌 접근 방식을 제공한다. 이것은 어떤 관점 하나가 과도하게 지배적이거나 극단적이 되지 않도록 막아 주며, 교회가 하나님과 사람들을 원만하게 섬길 수 있게 해 준다. 교회 안에 건강한 긴장감을 조성하여 다양한 관점들이 인정과 존중을 받게 된다.

5중 사역이 실패하는 경우

영적 각성과 부흥이 임할 때 성령님이 사람들의 마음속에 깊은 깨달음을 주셔서 자신의 영적 은사, 소명, 임무를 깨닫게 하신다. 각 사람이 하나님이 주신 목적을 성취할 때, 은혜가 그들을 연합시키셔서 교회가 능력과 가능성이 충만한 강력한 강물로 변화된다.

그러나 인간의 개입으로 성령님의 운행하심을 방해하게 되면, 교회의 역동성이 변질되고 한때 강력하던 흐르던 강물이 느려지면서 여러 갈래의 작은 개울들로 갈라져 하나님 나라의 생명력과 다양성을 상실하고 분파가 되어 버린다. 그로 인해 분열을 야기하고 교파를 형성시킴으로써 사도적 교회, 예언적 교회, 공동체 중심 교회, 전도 중심 교회, 성경 중심 교회로 나뉘게 된다.

하나의 사역에 집중하는 교회가 잘못된 것은 아니지만, 각자가 받은 부르심과 일치하는지 확인해야 한다. 일치한다면, 그 교회에서 만족과 충만함을 누리게 될 것이다. 그러나 그렇지 않은 경우, 그 교회의 방향을 바꾸어 자기 믿음이나 신념에 맞추려 하는 것은 오히려 비생산적이고 해로울 수 있다.

믿는 자들이 초자연적인 것을 믿지 않는 목회자를 변화시키기 위해 지속적으로 초자연적인 내용의 유튜브 영상을 보내거나 리더들을 조종하려 하는 경우가 많다. 하지만 그러한 행동은 오히려 해로울 수 있고 교회에 대한 하나님의 주권적 계획을 신뢰하지 않음을 보여 주는 것이다. 자기 취향에 맞게 교회를 바꾸려 하는 것은 자신의 DNA를 바꾸려는 것과 마찬가지로 불가능한 일이다.

만일 자신의 부르심과 맞지 않는 교회에 다니고 있다는 사실을 깨닫게 된다면, 하나님의 인도와 방향을 구하며 자신의 부르심에 맞는 공동체를 찾으라. 교회를 변화시키려 하지 말고 자신의 부르심으로 나아가 하나님이 주신 목적을 성취하라.

좋은 교회를 찾는 방법

그 교회의 신조를 확인하라

어떤 교회를 방문하기 전에 온라인으로 그 교회의 신조를 확인해 보라. 다음의 기준들을 사용하여 교회를 평가해 볼 수 있다.

1. 성령 세례

구원과 별개의 경험으로 성령 세례를 믿는 교회를 찾으라. 이로 인해 믿는 자는 성령 충만을 받아 방언을 말하는 영적 은사를 받게 된다.

2. 영적 은사들

예언, 치유, 방언, 방언 통변 등 신약성경에 기록된 영적 은사들이 오늘날에도 계속된다고 믿는 교회를 찾으라.

3. 예배

앞서 살펴본 것처럼, 함께 예수님을 경배하는 것이 믿는 자의 성장과 번영에 필수적이다. 살아 있는 공동체 예배에 참여하지 않는 이들은 약 88%의 확률로 대부분 영적으로 시들어간다. 찬양하며 손뼉 치고 춤을 추거나 깃발을 흔드는 등 적극적으로 표현하고 참여하는 예배를 강조하는 교회를 찾으라.

4. 능력 전도

복음의 능력을 교회 밖에서도 나타내는 것이 중요하다고 믿으면서 하나님 나라의 복음을 온 세상에 전하는 능력의 전도에 열정적인 교회를 찾으라.

5. 성경의 권위

하나님의 감동으로 된 말씀으로서 성경의 권위를 믿으며 자신의 믿음과 실천의 기초로 삼는 교회를 찾으라. 어떤 목회자가 설교를 시작하고 처음 20분 안에 성경을 인용하지 않는 경우가 세 번이라면 아웃이다. 그 사람이 아무리 유명해도 상관없다. 설교가 인스타그램 좋아요 수가 아니라 하나님의 말씀의 권위 위에 세워져 있는 교회를 찾으라.

6. 치유

예수님은 죄 용서와 치유를 위해 죽으셨다. 따라서 그분은 치유를 대단히 중요하게 여기신다. 기도와 믿음을 통해 하나님의 능력으로 육체적, 정신적 질병을 치유할 수 있다고 믿는 교회를 찾으라.

7. 성령님과의 만남

우리는 예수 그리스도를 믿는 믿음을 통해 은혜로 구원받는다. 그래서 믿음이 중요하다. 또한 신약 전체를 보면 성령님과의 만남도 마찬가지로 중요하다. 성령님과의 만남을 소중히 여기는 교회를 찾으라.

물론 이 외에도 언급할 수 있는 중요한 요소들이 많이 있지만, 이것으로도 좋은 출발점이 될 것이다.

예배 스타일

이것은 사실 말할 필요도 없지만, 짚고 넘어가야 할 문제이다. 어떤 교회에 다닐지 고려할 때 그곳의 예배가 자신의 초자연적 핵심 가치와 일치하는지 확인하라. 오늘날 예배의 형식과 표현은 매우 다양하며 비범하고도 경이롭다. 지나치게 까다로울 필요는 없지만, 분별력이 필요하다. 경배할 때 성령님의 임재를 느낄 수 있는가? 하나님이 가까이 계심이 느껴지는가? 기타나 드럼 연주가 아무리 훌륭해도 하나님의 임재가 가장 중요하다. 그분의 임재가 언제나 가장 우선되어야 한다.

공동체

공동체 의식이 강한 교회를 찾으라. 그곳에는 소그룹 모임이 있는가? 집에서 가까운 곳에서 그런 모임이 있는가? 성경 공부나 다른 교인들과 교제할 수 있는 기회들이 있는가? 예배 후에 사람들이 머무르며 대화를 나누는지 주의 깊게 살펴보라. 그들은 서로 즐겁게 대화하는가? 명심하라. 우리에게는 단순히 제도적인 행사가 추가로 필요한 게 아니다. 집같이 느껴지는 교회, 교인들이 가족처럼 느껴지는 교회를 찾으라. 그런 유대감이 없다고 그 교회를 판단하지 말고 축복하라. 단순히 그 교회에 연결될 은혜가 없다는 사실을 분별하고 있을 뿐이다.

또한 결론을 내리기 전까지 그 교회에 몇 번 더 기회를 주는 것도 필요하다.

리더십(지도층)

교회의 리더십을 평가해 보라. 목회자나 다른 리더들에게 말씀에 대한 지식이 있고 다가가기 편하며 그 믿음이 진실한지 살펴보라.

섬김의 기회

그 교회에 자원 봉사나 공동체를 섬길 기회가 있는지 확인해 보라. 교회와 연결되는 방법은 두 가지다.

1. 소그룹에 참여하기
2. 봉사하기

   대부분의 교회에 누구든 섬길 수 있는 방법이 있다. 그 자리를 찾아내어 거기서 시작하라. 탁월함과 신실함으로 섬기라. 그 일을 하찮게 여기지 말라. 그런 마음이 드는 것은 위험신호이므로 포스트잇에 적어두고 가능한 빨리 누군가와 논의하라. 마태복음 20장 26절은 크고자 하는 자는 종이 되는 법을 먼저 배워야 한다고 말씀한다.

무엇을 잃게 될까?

나는 성경 공부를 마무리한 후 항상 스스로에게 다음과 같은 질문을 던진다. "만일 우리가 초자연적인 공동체 안으로 들어가지 않기로 했다면 무엇을 잃게 될까?" 우리가 그런 환경에 있어야만 치유, 회복, 잠재된 은사들, 이루어야 할 과업, 가능성들을 발견할 수 있다.

나도 교회에서 상처받고 떠난 적이 있다. 하나님을 향한 믿음을 한 번도 의심한 적은 없지만, 그분의 신부인 교회에 등을 돌린 것은 사실이다. 그때의 내 삶에는 의미 있는 결실이 없었다. 그러나 하나님이 나를 찾아오셔서 그분의 자비로 나의 상한 마음을 고쳐 주시고 부드러운 마음으로 바꿔 주셨다. 놀라운 점은 내가 상처받은 바로 그 교회에서 그 일이 일어났다는 것이다. 상처받은 곳에서 치유를 구하라고 권하는 것은 아니지만, 하나님이 우리를 사랑하는 교회 가족을 사용하셔서 다시 생명으로 돌이키실 수 있다는 사실을 알려 주고 싶다. 내가 회복된 후, 하나님은 내 삶의 중요한 과업 중 하나가 뭔지 알려 주셨다.

나는 우리 모두가 이렇게 되기를 바란다! 그러나 우리가 이 기회를 놓친다면 과연 무엇을 잃게 될까? 공동체 밖에서는 발견할 수 없는 초자연적 통로를 잃을 수 있다. 일생일대의 모험을 할 기회를 놓칠 수 있다. 사람들은 이상하고 이랬다저랬다 하고 속상하게 할 수 있다. 하지만 하나님은 이 모든 기행과 변덕에도 불구하고 모두를 사랑하신다. 우리의 초자연적 여정은 신뢰와 친밀함의 여정이다. 당신을 실망시킨 사람을 용서하겠는가? 교회를 용서하겠는가? 자기 자신을 용서하겠는가? 그게 아니라면, 모든 것이 위험해진다.

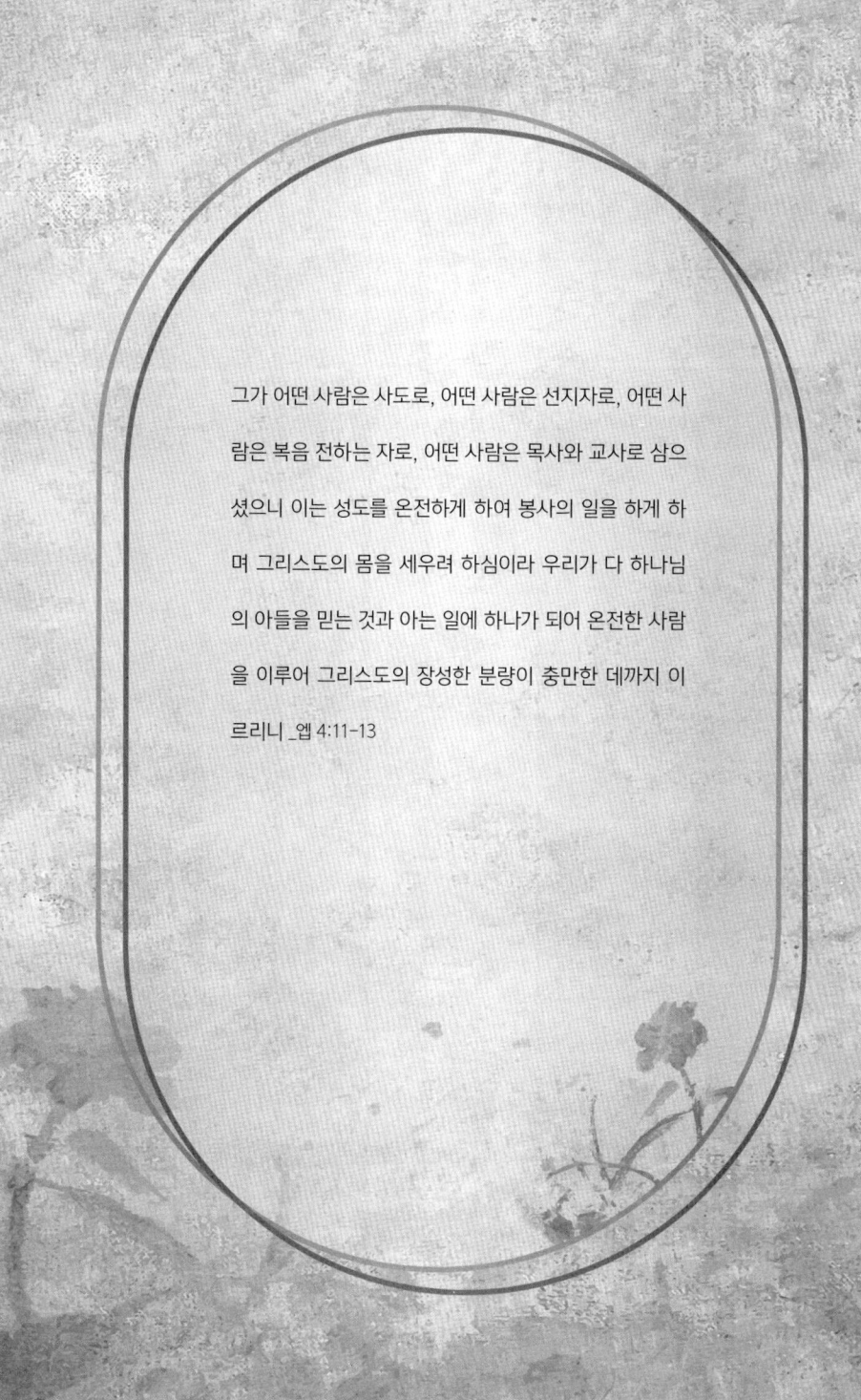

그가 어떤 사람은 사도로, 어떤 사람은 선지자로, 어떤 사람은 복음 전하는 자로, 어떤 사람은 목사와 교사로 삼으셨으니 이는 성도를 온전하게 하여 봉사의 일을 하게 하며 그리스도의 몸을 세우려 하심이라 우리가 다 하나님의 아들을 믿는 것과 아는 일에 하나가 되어 온전한 사람을 이루어 그리스도의 장성한 분량이 충만한 데까지 이르리니 _엡 4:11-13

하나님의 치유 능력은 믿는 모든 사람에게 열려 있다.
당신이 누구든 무엇을 했든 상관없이 하나님의 사랑과 치유는
바로 당신을 위한 것이다.

_A. A. 앨런

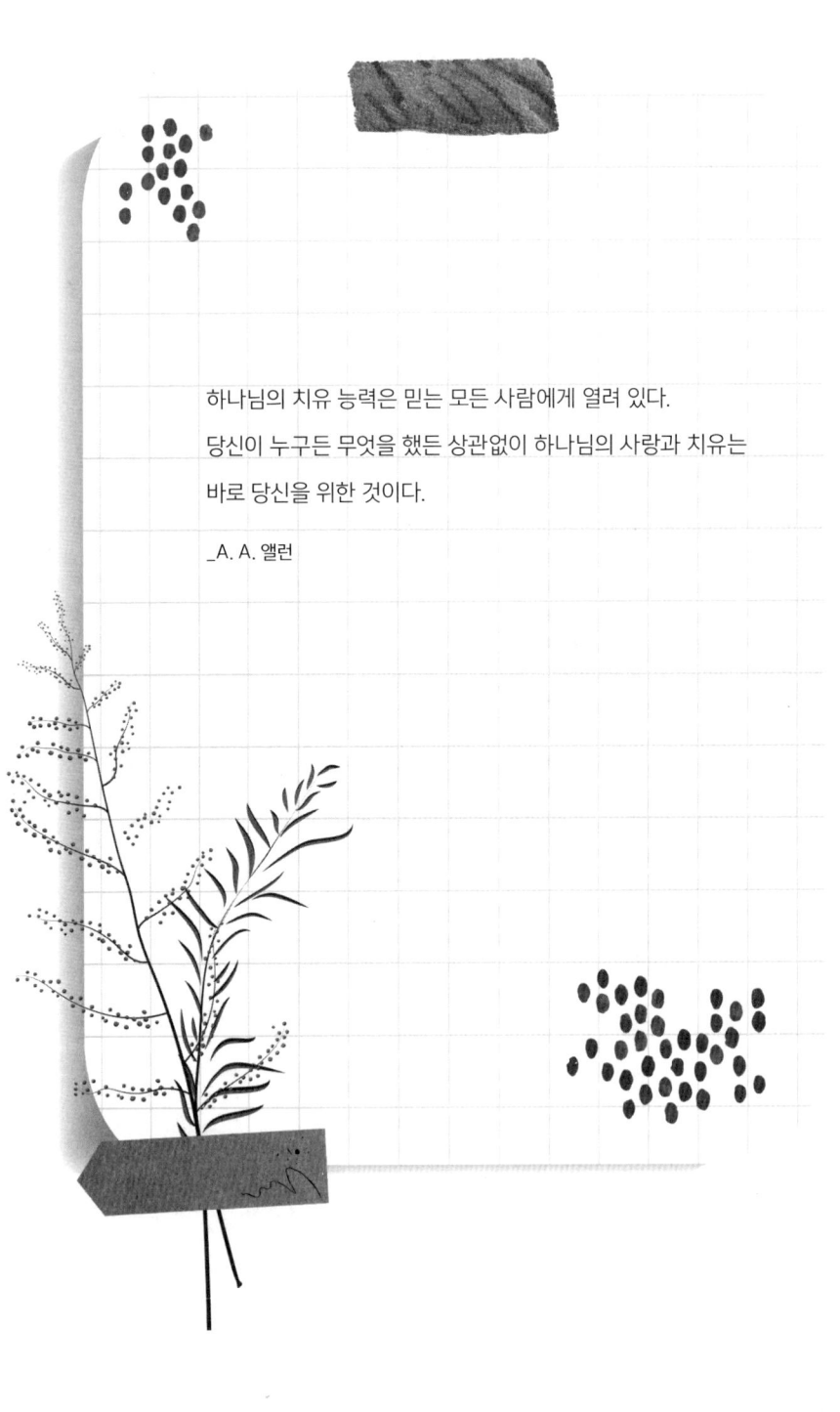

6장

하늘 영역의 기적 활성화하기

| 6장 |

　당신이 지난 12년간 본 것보다 더 많은 기적을 앞으로 12개월 동안 목격하게 될 것이며, 이런 일들은 단지 교회 안에만 제한되지 않을 것이다. 당신의 손에서 흘러나온 하나님의 능력을 통해 수많은 기적이 나타나는 모습을 목격하게 될 것인데, 그 모든 것을 일일이 다 기억하기도 어려울 것이다. 사람들이 당신에게 기도와 심방을 요청하고 전화할 것이며, 심지어 집으로 찾아오기까지 할 것이다. 기적을 일으키는 능력에 대한 소문이 퍼지기 시작하면, 도움을 구하는 사람들이 몰려들 것에 대비해야 할 것이다.

　이번 장에서는 대부분의 믿는 자들이 자신들을 통해 표적과 기사와 이적이 나타나는 모습을 보지 못하는 가장 큰 이유가 무엇인지 설명해 주겠다. 믿는 자가 아픔과 질병을 마주할 때 어떻게 믿음을 잃어버리기 쉬운지 자세히 살펴볼 것이다. 그런 다음 포로 된 자들의 해방을 목격할 수 있도록 구체적이고 실제적이며 실천 가능한 단계들을 제시할 것이다.

원래 이렇게 되도록 계획되지 않았다

어떤 뉴스 채널을 보든 전쟁과 기근, 부정부패, 빈곤, 불의 등 수많은 문제들이 쉽게 눈에 들어온다. 잠깐만 봐도 인류가 수천 년간 세대에 걸쳐 내려온 죄악이나 질병의 결과들과 치열하게 싸우고 있다는 것을 깨닫게 된다. 다음에 그런 뉴스를 보게 되면, 다음과 같이 큰 소리로 선포하라. "원래 이렇게 되도록 계획된 것이 아니다." 태초에 하나님이 만물을 창조하셨고, 그것은 선하고 온전했다. '좋다'에 해당하는 히브리어 '토브(towb, טוֹב)'는 "기능적으로 완전하고 심미적으로 아름답다"는 의미이다(스트롱 사전 H2896). 모든 게 토브였다! 그러나 창세기 3장에서 사람이 타락한 후, 모든 것의 아름다움과 구조가 깨어졌다. 피조물은 하나님의 복에서 저주로 바뀌었는데, 이는 어떤 대가를 치르더라도 살아남아야 한다는 뜻이다.

흥미롭게도 찰스 다윈은 모든 피조물이 생존을 위해 어떻게 투쟁해야 하는지 살펴본 후에 진화론을 이끌어냈다. 그런 경우 피조물이 환경적 조건과 포식자들에 맞서 살아남기 위해 적응하고 진화하고 투쟁하거나 아니면 멸종할 것이라고 믿은 것이다. 다윈이 처음에 관찰한 내용은 정확했다. 하지만 창세기 3장을 통해 그것을 보았다면 더 온전하게 해석할 수도 있었을 것이다.

피조물의 타락 및 부패와 함께 죽음에 대한 예상이 내재되면서 자연스럽게 그것에 대한 두려움도 따라 들어왔다. 이러한 두려움은 인류의 지혜롭지 못한 선택을 통해 드러난다. 사람들이 하나님의 존재와 돌보심을 부인하면, 그들의 이기심과 생존 본능 때문에 온갖 악을 저지르게 된다. 성경은 그것을 죄악(iniquity)이라 부르면서 잘못을 저지르려는 인간 내면의 성향으로 정의한다. 그리고 질병은 정신적, 육체적 연약함을 모두 포함하는 개념이다.

활성화의 시작은 정직함이다

대대로 내려온 죄악과 질병은 우리 모두에게 영향을 미쳤다. 우리는 삶의 실망스러운 부분보다는 다른 것에 집중하고 싶어 하지만, 바로 거기서부터 기적을 활성화하는 여정이 시작되어야 한다. 기적의 영역에서 참된 능력을 얻으려면 정직이 반드시 필요하다. 아픔과 병은 모두에게 영향을 미치고 있기 때문이다. 사람들은 자신이 상실한 것을 해결하는 데 필요한 도구들을 반드시 갖추어야 한다.

몇 가지 질문을 하고 싶다. 잠시 시간을 내어 정직하게 대답해 주길 바란다. 노트에 따로 응답을 적어도 좋다. 치유나 기적을 위해 고군분투하고 있거나 아직 이러한 영적 은사를 삶 가운데 경험하지 못하고 있다면, 이 질문들이 당신의 전진을 가로막고 있는 장애물들을 극복하는 데 큰 도움이 되는 통찰을 줄 수 있다. 이 질문들에 진정성 있는 솔직함으로 답하라. 이것은 당신과 주님 사이의 개인적 성찰의 시간이며, 그분은 우리가 아무리 처참하게 깨지고 상했더라도 능히 감당하실 수 있다.

1. 아픔과 질병은 당신의 삶에 어떤 영향을 미쳤는가?
2. 아픔과 질병이 당신의 정체성과 자아상에 어떤 식으로 영향을 미쳤는가? 혹시 질병과 관련하여 "나는 당뇨 환자야"라거나 "나는 암 환자였어" 등과 같이 정체성을 선언하는 말을 받아들인 적이 있는가?
3. 죄악이 당신의 정체성과 자아상에 어떤 영향을 미쳤는가? "나는 알코올 중독자야" 또는 "나는 게임 중독이야" 등과 같이 정체성을 선언하는 말을 받아들인 적이 있는가?
4. 죽음과 상실은 당신의 삶에 어떤 영향을 미쳤는가?
5. 죽음과 상실은 하나님을 믿는 당신의 믿음에 어떤 영향을 미쳤는가?
6. 치유를 믿었다가 실망한 적이 있는가? 그렇다면, 그러한 실망감이 치유에 대한 당신의 믿음에 어떤 영향을 미쳤는가?
7. 누군가의 부활을 위해 기도했다가 실망한 적이 있는가? 그렇다면, 그러한 실망감은 하나님의 성품과 본질이 선하시고 신실하시다는 것에 대한 당신의 믿음에 어떤 영향을 미쳤는가?
8. 자살은 당신의 삶에 어떤 영향을 미쳤는가? 죄책감과 정죄감이 당신에게 영향을 미쳤는가?
9. 앞서 언급된 문제들 가운데 아직도 씨름하고 있는 부분이 있는가?

마음이 상한 자에게

지금 현재 고통스러운 상실의 시기를 경험하면서 하나님은 어디에 계신지 이해하기 위해 씨름하고 있다면, 브라이언 시몬즈(Brian Simmons)의 《패션 성경》 시편 51편 17절을 통해 위로 받기를 바란다. "주 앞에 나의 산산이 부서진 마음을 드렸기 때문이라 주는 나의 연약함을 멸시치 않으시리니 내가 주의 발아래 엎드렸음이라."

이 구절은 마음이 상한 자들에게 가까이 다가가기 원하시는 하나님의 성품과 마음을 보여 준다. 고통의 시기에 외롭고 버림받은 것 같고 무방비한 상태처럼 느껴지는 경우가 많다. 하지만 하나님이 우리의 고통을 싫어하시거나 두려워하지 않으신다는 사실을 기억하라. 그분은 우리가 깨졌을 때 자신의 사랑과 돌보심을 나타내기를 간절히 바라신다.

상처받았을 때 우리는 사람들을 밀어낼 수도 있고 그 연약함을 통해 치유받고 성장할 수 있는 자리로 나아갈 수도 있다. 원수는 우리의 상한 마음을 이용하려 하지만, 주님께 우리 마음을 부드럽게 해달라고 기도함으로써 우리의 혼을 판단으로부터 지키고 보호할 수 있다.

바울은 고린도후서 12장 9-10절에서 하나님의 은혜가 우리에게 족하다고, 우리가 약할 때 그분의 능력이 완전해진다는 사실을 깨우쳐 준다. 그분께 나아갈 때 모든 것을 다 갖출 필요는 없다. 우리에게 부족한 것에 대한 정직함이 하나님의 능력을 끌어들이는 초자연적 자석이 된다.

마음이 상한 이들에게 열린 마음과 깨어진 심령으로 하나님께 달려가라고 격려하고 싶다. 그분은 상하고 깨어졌다고 해서 절대로 우리를 거절하거나 멸시하지 않으시겠다고 약속하신다. 기억하라, 우리를 향한 하나님의 사랑은 영원하다. 그리고 그분은 고통 가운데 우리와 함께하신다고 약속하신다.

고통과 상실의 시기에 있다면 나와 함께 다음과 같이 기도하자.

하늘 아버지, 지금 아버지 앞으로 나아갑니다. 담대함과 겸손함으로 그리고 상하고 깨어진 마음으로 주님께 다가갑니다. 지금 이전보다 더 주님이 필요합니다. 저에게는 주님의 사랑과 애정이 필요합니다. 그것은 참되시고 완전하신 하나님 아버지만 주실 수 있습니다. 믿음으로 아버지의 강력하고 선명하고 변함없는 임재가 저와 함께하심을 선포합니다. 저는 혼자가 아님을 압니다. 아버지께서 항상 제 곁에 계십니다. 지금과 영원히 아버지를 사랑합니다. 아멘.

믿는 자 대다수가 기적을 보지 못하는 가장 큰 이유

어쩌면 이렇게 생각할지도 모르겠다. '와, 기적의 영역을 활성화시키는 장이 이렇게 강렬하게 시작하다니.' 당신의 생각이 맞다. 기적의 삶을 살아가도록 사람들을 준비시킬 때, 수많은 치유 사례를 상기시킴으로써 그들의 믿음을 세워 준다. 강력한 간증들을 통해 의심의 영이 설 자리를 잃고 말라 죽을 수밖에 없게 만들려는 것이다.

그러나 대부분의 사람들이 기적의 삶을 살아가지 못하는 주된 원인에 의심만 있는 것은 아니다. 물론 의심이 문제가 되기는 하지만, 항상 근본적인 원인은 것은 아니다. 그래서 이번 장을 이런 식으로 시작한 것이다. 우리는 지속적으로 남아 있는 실망감이 만들어낸 영향들과 그로 인해 형성된 무의식적인 신학의 틀을 해결할 필요가 있다.

팔이 부러졌는데도 뼈를 제대로 맞추기 위해 의료적인 관심을 기울이지 않았다고 상상해 보자. 그러면 뼈가 제대로 붙지 않아서 팔이 영구적으로 변형될 수밖에 없게 된다. 팔이 회복되더라도 계획한 대로 낫지는 않을 것이다. 그 기능을 잃어버려서 본래의 목적을 수행할 수 없게 된다.

동일한 원리가 진리 없이 감정을 치료하려고 할 때도 적용된다. 우리는 과거에서 벗어나 앞으로 나아갈 수도 있지만, 하나님의 말씀과 일치되게 행할 수 있는 초자연적 능력을 잃어버리게 될 수도 있다. 하지만 불의와 죄, 아픔과 질병에 직면할 때 다시 상처받지 않으려는 태도를 취하게 될 것이며, 단순히 살아남을 수 있는 방식으로 우리의 신학을 조정해 버리게 된다.

실망감이 믿는 자들 대부분이 기적을 경험하지 못하는 근본적인 원인인 경우가 많다. 우리의 혼이 하나님의 말씀의 진리와 일치하지 않으면, 생각과 의지 그리고 감정이 왜곡된 상태로 치유되어 초자연적으로는 기능하지 못하게 방해한다.

그러나 좋은 소식이 있다. 당신이 겸손하고 정직하게 실망을 직면하고 그것이 당신의 믿음에 어떤 영향을 주었는지 인정할 수 있다면,

하나님이 그것을 이겨낼 수 있는 은혜와 능력을 풍성하게 공급해 주실 것이다. 치유가 나타나지 않아서 실망했든 깨어진 관계나 놓쳐버린 기회, 혹은 이루어지지 않은 기대 때문에 상실을 경험했든 원수는 항상 실망감, 상처 그리고 미래에 대한 불안감으로 당신을 사로잡으려 할 것이다.

이러한 감정들이 그냥 느낌일 뿐 진리에 근거한 것이 아니라는 사실을 깨닫는 것은 마치 하나님이 불을 켜 주시는 것과 같다. 우리는 이러한 감정들을 가볍게 여김으로써 전환시킬 수 있다. 이 책의 목표는 실망의 영향력을 최소화함으로써 하나님의 은혜로 당신을 굳게 세우고 권세를 되찾도록 돕는 것이다.

실망을 가볍게 하는 방법

실망을 경험할 때 자신의 감정을 인정하라. 그것을 솔직하게 받아들이면서 억누르지 않는 것이 중요하다. 많은 이들이 자기 감정을 무시하거나 부인하면서 종교적인 반응으로 기계적이고 인위적인 태도를 취하려 한다. 그러나 성경에서 가장 짧은 구절인 요한복음 11장 35절을 보면 예수님도 우셨다. 예수님은 슬픔을 느끼고 표현해도 괜찮다는 것을 보여주신다. 그분은 친구인 나사로의 죽음 때문에 우시면서(잠시 후 그를 죽음에서 부활시키실 것임에도) 온전히 마음 아파하시며 부정적인 감정을 인정하는 것을 허용하는 모습을 보여주셨다.

성경은 우리에게 감정을 느끼고 주님께 표현하라고 말씀한다. 시편 62편 8절은 다음과 같다. "백성들아 시시로 그를 의지하고 그의 앞에 마음을 토하라 하나님은 우리의 피난처시로다." 그러므로 기도 가운데 하나님께 우리의 실망감을 가져가서 위로와 힘을 달라고 간구할 수 있다.

실망한 자들의 선포

마음이 아프지만, 소망 없는 사람들처럼 슬퍼하지 않기로 선택합니다. 내 모든 느낌과 감정들에게 진리와 일치될 것을 명령합니다.

하나님의 계획을 신뢰하라

우리가 계획해서 비극이 일어나는 게 아니며, 하나님이 불의의 원천도 아니시다. 하지만 하나님은 원수가 악한 의도로 한 일을 결국 그분의 영광을 드러내도록 바꾸시는 분이다.

잠언 16장 9절은 "사람이 마음으로 자기의 길을 계획할지라도 그의 걸음을 인도하시는 이는 여호와시니라"고 말씀한다. 상황이 우리의 계획대로 흘러가지 않더라도 하나님이 주관하시며 우리 삶을 향한 목적을 가지고 계심을 신뢰할 수 있다.

로마서 8장 28절은 "우리가 알거니와 하나님을 사랑하는 자 곧 그의 뜻대로 부르심을 입은 자들에게는 모든 것이 합력하여 선을 이루느니라"고 말씀한다. 이것은 어떤 비극이 있을지라도 우리가 하나님을 신뢰하기만 하면 우리 삶을 향한 하나님의 뜻을 꺾을 수 없다는 의미이다. 우리 삶에 대한 하나님의 계획에 비극이 얼마나 영향을 미치느냐는 오로지 우리가 그분을 얼마나 신뢰하느냐로 결정된다.

자기 소명에 대해 선포하라

이러한 흔들림이 나의 삶을 향한 하나님의 계획을 변화시키지 않는다.

감사 드리면서 다시 초점을 맞추라

실망이 홍수처럼 몰려올 때 부정적인 것들에 우리의 마음과 생각을 쉽게 빼앗기게 된다. 그러나 성경은 우리의 혼의 자세를 바로 하고 감사를 삶의 태도로 삼으면서 감사의 영역을 개척해 나갈 때 시선을 바로잡을 수 있다고 말씀한다.

데살로니가전서 5장 18절은 다음과 같이 말씀한다. "범사에 감사하라 이것이 그리스도 예수 안에서 너희를 향하신 하나님의 뜻이니라." 하나님의 신실하심에 시선을 고정하고 하나님이 주신 축복에 감사함으로써 실망 가운데서도 자신의 관점을 바꾸어 소망과 기쁨을 발견할 수 있다.

감사의 선포

모든 지각에 뛰어난 하나님의 평강이 그리스도 예수 안에서 내 마음과 생각을 지키실 것입니다(빌 4:7).

주님, 감사합니다. 이 시련은 저에 대한 벌이 아닙니다. 저에 대한 벌은 이미 예수님이 대신 받으셨습니다. 저는 이 시련을 주님이 신실하신 아버지로 나타나시고 얼마나 가까이 계신지 계시해 주실 기회로 여깁니다. 주님의 신실하심과 이 어려운 시간 가운데 함께해 주시는 것에 감사 드립니다.

하나님이 문제가 아니다!

목회의 여정을 시작한 첫해는 마치 불 시험을 통과하는 것 같았다. 불과 12개월 동안 8번의 장례식을 집례했다. 어느 교인의 집에 심방을 가던 순간이 지금도 어제 일처럼 생생하게 기억난다. 네 자녀를 둔 어머니가 4기 암 진단을 받았다는 소식을 막 접하고 운전하면서 그 남편과 자녀들에게 무슨 말을 해야 할지 머릿속으로 연습했다. 공감하고 격려하면서 최선을 다해 위로해야겠다고 생각했다.

그러다 불현듯 내면에서 분노가 일어나기 시작했다. 스스로 '내가 무엇을 하고 있는 거지?'라는 의문이 들었다. 이 가족은 그들의 사랑하는 어머니이자 아내의 암이 완전히 치유되기를 바라며 기도를 요청한 것이었다. 하지만 나에게는 그녀가 회복할 거란 믿음이 없었다. 그러한 상황 가운데 할 수 있는 일은 한 가지뿐이라는 생각이 들었다.

나는 하나님께 외쳤다. "지금 무슨 일이 벌어지고 있는 거죠? 저는 하나님이 전능하신 분이며 이 여인을 치유하실 수 있다는 것을 알고 있지만, 하나님이 그것을 원하신다 사실을 제가 믿는 걸까요?"

갑작스럽게 나의 분노가 불합리하다는 생각이 들었다. 나는 하나님께 화난 게 아니라 나 자신에게 화가 난 것이었다. 나에게 치유에 대한 뚜렷한 믿음이 없다는 사실을 깨달았다. 하나님의 능력이 문제가 아니었다. 내게 그분이 치유를 원하신다는 확신이 없는 게 문제였다.

문제는 바로 나라는 사실을 깨달은 것이다. 나는 그 문제가 누군가 치유를 받아들이지 못하게 방해하는 것을 바라지 않았기에 회개하며 이렇게 선포했다. "하나님, 저는 치유가 주님의 뜻이라는 것을 믿습니다."

내 안에 뭔가 변화가 일어났다. 나는 이미 화가 나 있었지만, 이제는 합당한 대상에 분노한 것이었다. 다시 차를 몰고 길을 나서서 그 가족의 집에 도착했다. 나는 위로할 말을 미리 준비한 대런 목사가 아니라 어둠의 일들을 무너뜨릴 계획을 가진 치유자 대런으로 간 것이었다. 참고로 말하자면, 그 여성은 치유를 경험하지는 못했지만, 하나님의 족한 은혜가 그 가정에 임했다. 그들은 지금도 내 삶의 일부이며, 나는 그 남편의 성숙함과 그리스도의 몸 된 교회에 대한 섬김에 큰 존경심을 가지고 있다. 그의 아내가 이 땅을 떠나 낙원으로 들어간 것은 내 믿음을 흔들지 않았다.

나는 하나님을 신뢰하고 확신하는 새로운 여정을 시작했다. 곧바로 치유에 관한 모든 가르침에 귀 기울기 시작했다. 우선 빌 존슨의 《치유: 우리가 소홀히 한 권리(Healing: Our Neglected Birthright)》 시리즈와 랜디 클락의 치유 학교 강의를 들었는데, 들어 보기를 강력하게 추천한다. 나중에 찰리 샴프를 만나게 되었는데, 그는 날것 같은 믿음의 삶을 살아가는 사람이었다. 하나님에 대한 확신이 너무나도 강해서 부담스러울 정도였다. 나는 믿음으로 받은 가장 강력한 임파테이션 중 하나를 찰리에게서 받았다. 우리 가족은 지난 14년간 사역하면서 수많은 기적을 목격했다. 하나님은 신실하시고 능하시며 언제나 역사하기 원하신다.

만일 표적과 기사와 이적 때문에 씨름하고 있다면, 문제는 하나님이 아니라는 사실을 알아야 한다. 진짜 문제가 뭔지 깨달으면, 실제적인 해결책을 향해 나아갈 수 있다.

하나님은 원하신다

앞서 언급한 대로, 나의 경우 진짜 문제는 하나님의 능력이 아니라 그분의 능력에 대한 확신이 내게 부족하다는 것이었다. 마태복음 8장에서 어떤 나병환자가 예수님께 와서 "주여 원하시면 저를 깨끗하게 하실 수 있나이다"라고 말한다. 예수님은 "내가 원하노니 깨끗함을 받으라" 하셨고, 그는 즉시 치유 받았다.

이 예가 흥미로운 것은 나병환자의 질문이 나의 의심을 보여 주기 때문이다. 나는 한 번도 하나님의 능력을 의심하지는 않았지만, 그분이 나를 통해 치유하기 원하시는지 궁금했다. 나는 우리를 돕기 원하신다는 예수님의 선언에 힘을 얻는다. 우리는 이 진리를 우리의 삶 위에 선포해야 한다. "하나님은 역사하실 수 있고 역사하기 원하신다!"

평생 수많은 믿는 자들이 "하나님, 주님의 뜻이라면 치료해 주시옵소서"라고 기도하는 소리를 들었다. 그러나 신약에서 예수님은 한 번도 치유를 원하지 않으신다고 말씀하신 적이 없다. 그분은 이사야 53장 4절에 언급된 대로 "그는 실로 우리의 질고를 지고 우리의 슬픔을 당하였다"는 말씀을 성취하시기 위해 이 땅에 오셨다

오늘날 우리가 수많은 표적과 기사와 이적을 보지 못하는 이유는 성령님이 계시지 않거나 부흥이 없어서가 아니다. 오히려 우리가 하나님을 실질적으로 신뢰하지 못하기 때문이다. 불신의 뿌리가 뭔지 파악하고 나면, 그것을 무너뜨리고 하나님의 신실하심이라는 기초 위에 우리의 믿음을 세울 수 있다.

원수 마귀를 알라

에베소서 6장 12절은 우리의 씨름이 혈과 육, 곧 다른 사람을 상대하는 것이 아니라 통치자들과 권세들과 이 어둠의 세상 주관자들과 하늘에 있는 악의 영들을 상대하는 것이라고 말씀한다. 이 구절은 더 큰 문맥 속에서 영적 전쟁과 우리의 참된 원수인 마귀의 공격에 맞서 "하나님의 전신 갑주"를 입는 것의 중요성에 대해 논한다.

우리가 죄와 아픔, 질병과 같은 도전에 직면할 때, 그것은 육신과 맞서 싸우는 것이 아니라 마귀와의 전쟁이라는 사실을 기억해야 한다. 편두통, 암, 만성 우울증은 물론 유혹, 거짓말, 산만함, 낙심, 속임수도 모두 원수의 공격이다.

씨름의 근원을 알아야 다른 사람을 탓하는 대신 악한 영적 세력

과의 싸움에 집중할 수 있다. 안타깝게도 많은 이들이 기도 가운데 하나님의 초자연적인 능력을 경험하지 못하고 있는데, 효과적으로 기도하는 방법을 알지 못하기 때문이다. 이것은 영적 전쟁을 잘못 진단한 결과인 경우가 많다.

바울은 하나님의 전신 갑주를 입음으로써 영적 전쟁에 대비하라고 권면한다. 이 전신 갑주에는 진리와 의, 믿음 그리고 하나님의 말씀이 포함된다. 이러한 도구들로 무장하면 믿음으로 굳게 서서 마귀의 모든 공격을 능히 막아낼 수 있다.

우리에게 권세가 주어졌다

누가복음 9장 1절은 예수님이 열두 제자를 불러 모으시고 그들에게 병을 고치고 귀신을 쫓아내는 능력과 권세를 주셨다고 말씀한다. 이 사건이 사도행전 2장과 성령 세례 전에 일어났다는 사실에 주목하라. 예수님은 단순히 제자들에게 기름을 부으시거나 무장시키신 것이 아니라 그들을 대리자로 임명하신 것이었다. 대리자로 임명되었다는 것은 미국에서 일반인에게 필요시에 체포 권한을 부여하는 것과 유사하다. 예수님은 이런 방식으로 자신의 능력과 권세를 위임하여 그분 대신 사역하게 하신 것이다.

예수님은 이 세상의 악의 존재를 인식하시고 제자들을 부르셔서 어둠의 세력에 맞서 하늘나라의 치유와 소망을 필요로 하는 이들에게 전하게 하셨다.

제자들에게 능력과 권세가 부여된 것과 마찬가지로 우리에게도 치유하고 귀신을 쫓아낼 수 있는 능력이 주어졌다. 하나님은 흔들리지 않는 믿음을 통해 우리와 주변 사람들의 삶 가운데 기적을 일으키신다. 그분의 도우심으로 우리는 장애물을 극복하고 그분의 영광스러운 나라를 위해 위대한 일들을 이루어낼 수 있다.

초자연적 권세를 맛보다

한 번은 동네 쇼핑몰의 푸드 코트에 있는 꿈을 꿨다. 그런데 바깥 주차장에서 소동이 일어났다. 궁금해서 나가 보니 두 명의 경찰관이 귀신 들린 것으로 보이는 여성을 진정시키려 애쓰고 있었다. 그녀는 으르렁거리며 큰 소란을 일으키고 있었다. 경찰관들이 아무리 애쓰고 노력해도 그녀는 여전히 통제가 되지 않았고 심지어 그들이 타고 온 오토바이 한 대를 그들을 향해 집어 던지기까지 했다. 나는 개입하고 싶은 마음이 굴뚝 같았고 누군가 나서야 한다고 생각했다.

갑자기 하나님의 능력이 내 몸을 관통하는 걸 느꼈고 의분으로 가득 찼다. 마치 내 근육이 부풀어 오르면서 (헐크처럼) 거구가 된 것 같았다. 나는 귀신 들린 여성을 손가락으로 가리키며 "너!"라고 외쳤다. 그녀가 나를 올려다보는 순간 나는 꿈에서 깼다. 잠에서 깬 후에도 동일한 초자연적 권세가 그대로 느껴졌다. 마치 주님이 내가 곧 소유하게 될 초자연적 권세를 미리 맛보게 해 주신 것 같았다.

샬롬과 초자연적인 역사의 목적

우리는 치유와 기적이라는 주제를 살펴보면서 초자연적인 역사의 목적을 이해하기 위해 조직 신학과 철학의 틀을 세울 것이다. 현재 이 세상의 상태는 원래 하나님이 의도하신 모습이 아니다. 하지만 우리는 하나님의 회복이 이루어지는 순간들, 곧 모든 것이 제자리를 찾아가는 장면들 속에서 그분이 원래 의도하신 세상의 모습을 잠시 엿볼 수 있다. 그것은 죄의 영향이 자리 잡기 전 주님의 동산의 모습을 반영한다. 이렇게 선하고 온전한 상태를 히브리어로 "샬롬(shalom)"이라고 한다.

샬롬의 개념에는 하나님과 인간, 그리고 모든 피조물이 공평과 충만함, 기쁨 안에서 조화롭게 얽혀 있는 상태가 포함된다. 성경에서 샬롬은 단순히 마음의 평안이나 적들 간의 일시적 중단을 뜻하는 것이 아니다. 이것은 우주적인 번영, 온전함, 기쁨을 의미하며 자연스러운 필요들이 충족되고 타고난 은사들이 하나님의 사랑 안에서 풍성하게 열매 맺으며 쓰임 받는다. 샬롬은 세상이 마땅히 되어야 할 모습이다.

고대인들은 이러한 번영과 기쁨의 상태가 무너질 때마다 정의가 파괴된 것으로 여겼다. 샬롬은 영, 혼, 육이 모두 온전하게 누리는 안녕과 번영의 상태를 의미한다. 몸과 마음이 모두 건강하다면, 샬롬을 누리고 있는 것이다. 그러나 만일 심리적 혹은 육체적 고통을 겪고 있다면, 샬롬을 상실한 상태, 곧 불의가 작동하고 있는 것으로 보았다.

이러한 관점에서 예수님이 침으로 진흙을 만들어 맹인의 눈에 바르셔서 치유하셨을 때 그 사람이 육체적 샬롬을 잃어버린 상태였음을 알게 된다. 하나님이 눈을 창조하신 것은 보게 하시려는 것이다. 그런데 그 눈이 본래의 기능을 수행하지 못하고 있었다. 이렇게 샬롬을 잃어버리는 것이 불의이며, 예수님이 맹인을 치유하신 것은 자연의 질서를 중단시키신 것이 아니라 회복시키신 것이다. 그분은 샬롬을 되돌려 주심으로써 정의를 실현하신 것이다.

오늘날의 문화에서는 힘없는 이들을 위해 정의를 실현하는 자들을 슈퍼히어로라고 칭송하곤 한다.

슈퍼히어로

슈퍼히어로는 오늘날의 문화에 강력한 영향을 끼치고 있는데, 인류를 향한 하나님의 마음이나 의로운 자의 역할을 잘 보여 주기 때문이다. 확실히 세상은 슈퍼히어로 영화를 좋아하며, 엔터테인먼트 산업에서 가장 높은 수익을 올리고 있다.

예를 들어 〈어벤져스: 엔드게임〉(2019)은 현재 역대 최고 흥행 영화로 전 세계에서 27억 9천 달러 이상의 수익을 올렸다. 이 외에도 〈어벤

져스: 인피니티 워〉(2018), 〈어벤져스〉(2012), 〈블랙 팬서〉(2018) 등도 흥행 수익 상위 20위 안에 들어간다.[1]

"정의를 행하는 것이 의인에게는 즐거움이요 죄인에게는 패망이 니라"는 말씀이 있다(잠 21:15). 여기서 '행하다'에 해당하는 말은 '집행하다'라고도 번역될 수 있는데, 의인의 역할은 정의를 집행하고 샬롬을 회복하는 것이다. 이것이 우리가 할 일이며 우리의 기쁨이다.

그렇다면 우리는 어떻게 정의를 실행할까? 마태복음 10장 8절은 "병든 자를 고치며 죽은 자를 살리며 나병환자를 깨끗하게 하며 귀신을 쫓아내되 너희가 거저 받았으니 거저 주라"고 말씀한다. 표적과 기사와 이적의 사역이 바로 정의를 실천하는 것이고, 이것을 통해 샬롬과 인간의 번영이 이루어진다. 이것은 에덴 동산이 본래 어떤 모습이었는지 엿볼 수 있는 창을 열어 주며 왕이신 예수님이 재림하실 때 이루어질 만물의 회복을 미리 보여 준다.

당당하게 초자연적인 삶을 살아가는 세대는 어떤 모습일까? 그들은 오늘날 실제로 존재하는 저스티스 리그(정의의 팀)로, 악을 두려워하지 않고 그리스도의 권세의 계시를 받아 자신의 삶을 통해 악한 자의 모든 일들을 무너뜨리는 이들이다.

---

[1] 로이터, "Top 10 Highest-Grossing Movies(역대 흥행 10위 영화 순위)," July 21, 2019. https://www.reuters.com/graphics/USA-FILM AVENGERS/0100B09V0ME/index.html.

적들

이제 우리는 정의를 실행하고 샬롬을 다시 세우기 위해 부름 받은 당당한 초자연적 슈퍼히어로가 되기로 결단하였기에 알아야 할 사실이 있다. 모든 슈퍼히어로에게는 적들이 있다. 지금 이 시대에 초자연적 교회가 직면한 세 가지 주요 적은 바로 무관심, 영지주의 그리고 물질주의이다.

1. 무관심

무관심은 초자연적인 그리스도인에게 매우 강력한 적이기에 그 위험성을 과소평가해서는 안 된다. 속임수의 대가인 무관심은 믿는 자들을 거짓된 안정감에 빠뜨려 관심이나 열정도 없고 염려도 없는 상태로 만들어 버린다. 이처럼 믿음을 파괴하고 하나님에 대한 열정을 빼앗아 가려는 힘이 바로 무관심이다.

무관심이 가진 가장 교묘한 무기 중 하나로 영적 성장을 방해하는 능력이다. 안주하며 노력하지 않게 함으로써 하나님과의 더 깊은 관계를 발전시키지 못하게 방해하려는 것이다. 그 목표는 우리를 정체되게 하고 영적으로 게으르게 하며 단절시키고 무관심한 상태에 머물게 하여 우리의 잠재력에 온전히 이르지 못하게 가로막는 것이다.

무관심은 또한 책임을 등한시하게 만든다. 무관심이라는 적은 우리에게 아무 힘도 없기에 절망한 이들에게 소망을 줄 수 없다고 믿도록 한다. 우리에게 맡겨진 사명을 소홀히 하게 함으로써 자신과 주변 사람들에게 해를 끼칠 수도 있다는 사실을 알고 있다.

그뿐만 아니라 유혹의 대가인 무관심은 우리를 죄와 영적 쇠퇴의 내리막길로 끌어 내리려 한다. 죄에 무감각해지게 하여 유혹에 대한 경계심을 무너뜨리고 그 공격에 취약한 상태로 만들어 버리려 한다. 무관심의 목표는 우리의 믿음을 무너뜨려서 하나님으로부터 멀어지게 만드는 것이다.

결국 무관심은 당신의 삶을 향한 하나님의 목적을 성취하지 못하도록 방해하려 할 것이다. 무관심에 빠지면 하나님이 삶 가운데 나타나셔서 영광을 드러내시려는 기회를 보고 붙잡지 못하게 만드는데, 우리의 소명을 이루지 못하게 방해하는 것이 궁극적인 목표이다.

2. 영지주의

영지주의는 구세주를 믿어서가 아니라 비밀스러운 지식을 가짐으로써 구원을 얻을 수 있다고 주장하는 고대의 믿음 체계이다. 이것은 우리의 구원이 오직 예수 그리스도를 믿는 믿음을 통해 은혜로 임한다는 참된 복음에서 벗어나게 할 수 있는 위험한 사상이다.

슈퍼히어로인 우리에게는 정의와 긍휼, 겸손의 가치를 지켜야 할 막중한 책임이 있다. 반면 영지주의는 교만, 엘리트주의, 배타주의 그리고 예수님이 구원하기 위해 죽으신 세상을 외면하는 길로 우리를 이끌려 한다. 진리를 왜곡하여 우리를 온갖 신비주의 요소와 공식에 빠지게 만든다. 영지주의는 구원과 치유, 축사, 내적 치유 등 모든 것을 복잡하고 까다롭게 만들어서 오직 대가를 지불한 전문가들만 그것을 감당할 수 있게 한다.

예수님은 마태복음 18장 3절에서 말씀하셨다. "진실로 너희에게 이르노니 너희가 돌이켜 어린아이들과 같이 되지 아니하면 결단코 천국에 들어가지 못하리라." 만일 우리의 신학을 초등학교 3학년이 이해할 수 없다면, 영지주의의 영향을 받았을 위험성이 있다.

그러니 제발 영지주의를 조심하고 경계하기 바란다. 예수 그리스도의 초자연적인 복음, 그 직설적이고 중심이 되는 메시지 위에 굳게 서서 슈퍼히어로로서의 부르심에 충실하라. 우리의 가장 큰 능력은 비밀스러운 지식이 아니라 구세주에 대한 흔들리지 않는 믿음 그리고 모든 이들의 샬롬에 대한 헌신에 있음을 기억하라.

3. 분주함

오늘날 빠르게 돌아가는 세상 속에서 바쁘다는 것은 지위의 상징이 되었지만, 당신의 참된 부르심에서 눈을 돌리게 만드는 덫이 될 수도 있다. 너무 바쁘면 당당하게 초자연적 삶을 살아갈 기회를 놓치게 될 수도 있다.

이것은 하늘에서 임하는 신성한 기회를 파악하고 관리하고 최대한 활용할 수 있게 돕는 포털즈 대학교(Portals University, 저자가 운영중인 온라인 교육 프로그램 - 편집자 주)의 멘토링 프로그램에서 다루는 가장 큰 적이다. 자신의 시간을 관리할 때는 신중하고 분별력이 있어야 한다. 기억하라. 사람들은 늘 너무나도 바쁘고 벅차다 보니 자기들의 부르심과 매일의 임무를 등한시한다. 주님께 대한 우리의 순종은 쉼, 성찰, 자기 돌봄의 시간을 마련하면서 시간과 책임을 얼마나 지혜롭게 우선순위에 따라 조율하느냐에 달려 있다.

분주함의 위험성을 인식하고 자신의 부르심에 늘 충실하라. 당신의 가장 큰 능력은 항상 바쁜 것이 아니라 주님의 음성에 귀 기울이고 다른 사람들의 필요에 민감하며 성령의 인도하심에 주의 깊게 반응하는 삶에서 나오는 것이다.

아픔과 질병에 맞서라

우리는 지금 슈퍼히어로와 빌런, 곧 적에 대해 이야기하고 있는데, 기억해야 할 것이 하나 있다. 바로 새로운 적은 없다는 사실이다. 그러므로 우리는 악한 세력을 성공적으로 물리친 이전 세대의 슈퍼 히어로들에게서 많은 것을 배울 수 있다. 그중 한 명이 미국의 복음 전도자, 부흥사, 치유 사역자인 A. A. 앨런(Allen)으로, 그는 아픔과 질병을 독특하게 다루었다. 질병이 귀신 들리거나 귀신에 눌림으로 발생된다면서 믿음과 기도로 쫓아낼 수 있다고 믿었다.

그의 치유 사역은 1950~60년대 미국에서 가장 크고 영향력 있는 사역 중 하나가 되었다. 그는 암, 실명, 마비 등 수많은 치유의 기적을 목격했다. 축사를 통한 치유라는 그의 접근법은 오늘날 우리가 병자를 고치는 방식에 지대한 영향을 미쳤다. 앨런은 예수님의 사역에서 가장 큰 영감을 받았는데, 주님도 질병을 하나님의 완전한 계획과는 상관없는 악한 것으로 여기셨다. 예수 그리스도의 치유 사역에 나타나는 바와 같이 앨런도 아픔과 질병에 하늘의 권세로 강력히 맞서는 방식을 따랐다. 누가복음 4장 38-41절은 다음과 같이 말씀한다.

> 예수께서 일어나 회당에서 나가사 시몬의 집에 들어가시니 시몬의 장모가 중한 열병을 앓고 있는지라 사람들이 그를 위하여 예수께 구하니 예수께서 가까이 서서 열병을 꾸짖으신대 병이 떠나고 여자가 곧 일어나 그들에게 수종드니라 해 질 무렵에 사람들이 온갖 병자들을 데리고 나아오매 예수께서 일일이 그 위에 손을 얹으사 고치시니 여러 사람에게서 귀신들이 나가며 소리 질러 이르되 당신은 하나님의 아들이니이다 예수께서 꾸짖으사 그들이 말함을 허락하지 아니하시니 이는 자기를 그리스도인 줄 앎이러라

또 다른 예를 마태복음 8장 16-17절에서 찾아볼 수 있다.

> 저물매 사람들이 귀신 들린 자를 많이 데리고 예수께 오거늘 예수께서 말씀으로 귀신들을 쫓아내시고 병든 자들을 다 고치시니 이는 선지자 이사야를 통하여 하신 말씀에 우리의 연약한 것을 친히 담당하시고 병을 짊어지셨도다 함을 이루려 하심이더라

우리도 예수님과 A. A. 앨런의 발자취를 따라 그들처럼 아픔과 질병에 맞서야 한다. 그것을 속임이나 귀신으로 여기고 꾸짖을 뿐만 아

니라 그것이 하나님의 완전한 계획이 아니라는 사실을 인식해야 한다. 그리스도의 권세 가운데 서는 법을 배우면, 점점 더 담대해져서 귀신을 쫓아낼 수 있고 수많은 기적과 치유를 목격하게 될 것이다.

병자를 치유하는 방법

예수님이 사역 전반에 걸쳐 보여 주셨듯이 병자를 치유하는 데는 여러 가지 방법이 있다. 그분은 안수하시거나 치유의 말씀을 선포하기, 또는 그냥 병이 낫기를 원하시는 등 다양한 방법을 사용하셨다. 또한 경우에 따라 진흙이나 침, 기름과 같은 물질적 요소들을 사용하기도 하셨다. 사도행전을 보면 사람들이 베드로가 지나갈 때 그의 그림자라도 덮이면 나을까 하여 병자를 거리에 두기도 했다. 비슷하게 바울이 만진 손수건이나 앞치마도 병자를 치유하고 악한 영들을 쫓아내는 데 사용되었다.

이 내용과 관련된 짧고 재미있는 이야기가 있다. 한번은 청년들에게 초자연적 전도법을 훈련시키는 영광을 누린 적이 있었다. 우리는 근처의 동네에서 나이가 지긋한 여성에게 다가가 예수님의 메시지를 전했다. 그리고 허락을 받아 그녀를 축복한 후, 내 그림자가 있는 곳에 서라고 말했다. 주님께 감사드리는데, 그녀는 뭔가 느껴진다고 깜짝 놀라면서 "온몸에 소름이 돋았어요!"라고 외쳤다. 무슨 경험이 있었는지 물었더니 하나님의 임재를 느꼈다고 분명하게 말했다. 내가 그 경험의 의미를 설명해 주었더니 그녀는 예수님을 자신의 구주로 영접했다.

우리는 종종 방법론이나 도구에 대해 확실히 할 필요가 있는데, 바로 이 지점에서 영지주의의 함정에 빠지기 쉽다. 중요한 것은 내 그림자나 바울의 손수건에 마법 같은 능력이 있는 게 아니라는 점이다. 하지만 하나님의 능력은 어린아이 같은 순종이나 믿는 자의 겸손한 믿음을 통해 활성화된다. 내 그림자 뒤에 선 여성은 그러한 겸손한 믿음을 보여 주었고, 하나님은 강력한 임재로 그녀를 높여 주셨다.

시작하기

누군가를 치유하는 건 마치 자기 힘으로 버스를 들어 올리려 것처럼 느껴질 수 있다. 그것은 하나님의 도움 없이는 불가능한 일이다. 그래서 자기의 힘만 의지하지 않는 것이 중요하다. 카리스마나 스타일이 깊은 인상을 줄 수는 있지만 치유를 가져오지는 않는다. 오직 주의 임재만이 치유를 일으킨다.

주의 임재를 초청하는 것부터 시작하라. 이것은 하나님을 하늘에서 땅으로 불러내는 게 아니다. 그분은 이미 이곳에 계신다. 중요한 것은 그분과 동역하며 그분의 능력을 인정하는 것이다. 서두르지 말고 충분히 시간을 들여야 한다. 마친 오랜 친구를 맞이하듯 성령님을 환영하라. 그분과의 시간을 즐거워하며 그분의 임재에 깊이 잠기라.

누군가의 치유를 위해 기도할 때, 그 사람을 빈 컵이라고 상상해 보라. 이제 그 상황에 성령님을 초대하면서 강력한 폭포같이 쏟아지는 그분의 임재를 그려 보라. 그 폭포수가 떨어져 빈 컵을 가득 채우고 흘러넘치며 깨끗이 씻어내는 모습을 마음속으로 생생하게 그려 보는 것이다. "성령님, 더, 더 임하소서!" 점점 더 강하게 임하시는 성령님을 환영하라. 이번에는 성령님을 불의 폭포라고 상상해 보자. 이것은 한곳에 모여 있던 120명 위에 나타난 불기둥을 연상시킨다. 그 사람에게 임하시는 하나님의 불을 환영하며 성령님께 속하지 않은 모든 것이 드러나도록 명령하라. 그러면 그렇게 될 것이다!

시간적 여유를 가지고 인내하며 당신의 권세를 사용하여 성령님께 속하지 않은 모든 영을 향해 예수님의 이름으로 떠나 무저갱의 구덩이로 들어갈 것을 명령하라. 인내하며 견디라. 당신의 권세를 사용하라. 그러면 왕이신 예수님께서 우리를 위해 버스를 들어 올리시는 모습을 보게 될 것이다.

기억하라. 이 모든 과정을 즐기면서 성령님의 고요하고 세미한 음성에 순종해야 한다. 남아프리카공화국 넬스프루이트의 서프라이즈 목사(Pastor Surprise)는 많은 사람을 죽음에서 다시 일으켰는데, 자신이 부활을 목격하게 된 것은 오직 단순히 주님께 순종했기 때문이라고 말했다. 어떤 방법에 중독되지 말라. 그 대신 그분의 임재에 깊이 빠지고 그분의 음성에 순종하라. 그러면 그분이 우리를 통해 불가능한 일을 이루실 것이다.

안수를 통한 치유

직접 손을 대지 않아도 영광의 영역에서 치유가 나타날 수도 있다. 그러나 신약 전반에 걸쳐 안수는 널리 사용된 대표적인 치유 방법이었다는 사실에 주목할 필요가 있다. 예를 들어 사도행전은 사도들이 병든 자에게 손을 얹어 치유했다고 여러 차례 언급한다(행 8:17, 19:6). 사역하면서 사람들이 치유를 경험하는 가장 흔한 방법이 바로 이것이라는 사실을 깨달았다.

코로나 팬데믹 기간에 NPR 라디오 방송과 인터뷰를 하는데 기자가 이렇게 말했다. "당신의 교회를 살펴보았는데, 사람들에게 손을 대는 걸 좋아한다는 인상을 받았습니다."

나는 "그 표현은 좀 아닌 것 같은데요"라고 대답했다.

보통 기자들이 그렇듯이 그녀는 의도적으로 나를 자극해서 강한 반응을 유도하려는 것 같았다. 그녀는 특히 주지사가 질병 확산을 막기 위해 사회적 거리 두기를 시행하여 최소 2m 거리를 유지해야 함에도 우리 교인들이 신체적 거리가 상당히 가까운 것 같다고 주장했다.

나는 안수가 수천 년의 역사를 지닌 오랜 관습으로 예수님과 그분의 제자들도 행하셨다고 알려 주었다. 이것은 누군가에게 축복과 치유를 임파테이션하고 하나님의 능력을 풀어놓기 위해 신체적으로 접촉하거나 손을 얹는 행위이다. 나는 신체적 접촉이 초자연적인 것을 활성화하도록 교회에 주신 명령일 뿐만 아니라 사랑을 표현하고 전달하는 강력한 방법이라고 강조했다.

나는 그녀에게 코로나 팬데믹 기간에 급증한 충격적인 십 대 자살률에 대해 나누었다. 정부의 부적절한 격리 조치와 언론의 끊임없는 공포 조장이 초래한 스트레스로 전례 없는 수준에 이른 상태였다. 나는 정부의 코로나19 격리 조치로 인한 우울과 스트레스가 실제로 사람들을 죽음에 이르게 했다면서 그리스도인들은 하나님의 말씀에 순종함으로써 백신보다 더 많은 생명을 구할 것이라고 설명했다.

업그레이드가 가능하다!

마지막으로 덧붙이고 싶은 것은 업그레이드가 가능하다는 점이다. 기름부음은 전달될 수 있다. 하나님 나라의 많은 것들을 가르치고 배울 수 있지만, 직접 받거나 임파테이션 받아야 하는 것들도 있다.

예언자 스테이시 캠벨(Stacey Campbell)은 흥미로운 이야기를 들려준다. 그녀는 사역 초기에 치유나 기적이 한 번도 일어나지 않았다고 한다. 결국 임파테이션 기도를 받고서 치유의 영역이 열렸다. 나는 수년간 이와 같은 이야기들을 많이 들었다. 1900년대 초부터 1980년대까지 치유 사역의 거장들의 이야기를 살펴보면, 거의 대부분이 안수로 연결되어 있다. 치유의 기름부음은 전이될 수 있다.

임파테이션 기도는 단순히 성령의 기름부음으로, 안수를 통해 능력이 다른 사람에게 전달되는 것이다. 예언, 치유, 방언과 같은 성령의 은사들이 안수를 통해 전수될 수 있다.

그러므로 내가 나의 안수함으로 네 속에 있는 하나님의 은사를 다시 불일 듯하게 하기 위하여 너로 생각하게 하노니 하나님이 우리에게 주신 것은 두려워하는 마음이 아니요 오직 능력과 사랑과 절제하는 마음이니 그러므로 너는 내가 우리 주를 증언함과 또는 주를 위하여 갇힌 자 된 나를 부끄러워하지 말고 오직 하나님의 능력을 따라 복음과 함께 고난을 받으라 _딤후 1:6-8

활성화 기도

저는 열정적이고 뜨거운 신자입니다!

저는 하나님이 지금도 병든 자를 치유하심을 믿습니다. 또한 제가 믿음으로 치유하며 죽은 자를 살리고 귀신을 쫓아내는 자이며 성령의 능력을 힘입어 정의를 실행하고 어둠을 몰아내며 하나님의 평안이 회복되는 모습을 볼 수 있다고 믿습니다. 저는 눈먼 자가 눈을 뜨는 모습을 볼 것입니다. 말 못 하던 자가 기뻐 노래하는 모습과 다리 저는 자가 사슴처럼 뛰는 모습을 보게 될 것입니다.

저는 죽은 자가 깨어나는 모습을 볼 것입니다. 제 삶 가운데 주님의 영광이 사라지지 않을 것입니다. 영광에서 영광으로 더 큰 영광이 임할 것입니다. 주님의 임재를 끊임없이 훈련하겠습니다. 저는 당당한 초자연적 존재로 창조되었습니다. 저는 그런 존재입니다. 제 생각은 분명합니다. 저는 하나님의 것이기 때문입니다! 예수님의 이름으로 기도합니다. 아멘.

가면서 전파하여 말하되 천국이 가까이 왔다 하고 병든 자를 고치며 죽은 자를 살리며 나병환자를 깨끗하게 하며 귀신을 쫓아내되 너희가 거저 받았으니 거저 주라

_마10:7-8

표적과 기사와 이적의 사역이 바로 정의를 실천하는 것이고, 이것을 통해 샬롬과 인간의 번영이 이루어진다. 이것은 에덴 동산이 본래 어떤 모습이었는지 엿볼 수 있는 창을 열어 주며 왕이신 예수님이 재림하실 때 이루어질 만물의 회복을 미리 보여 준다.

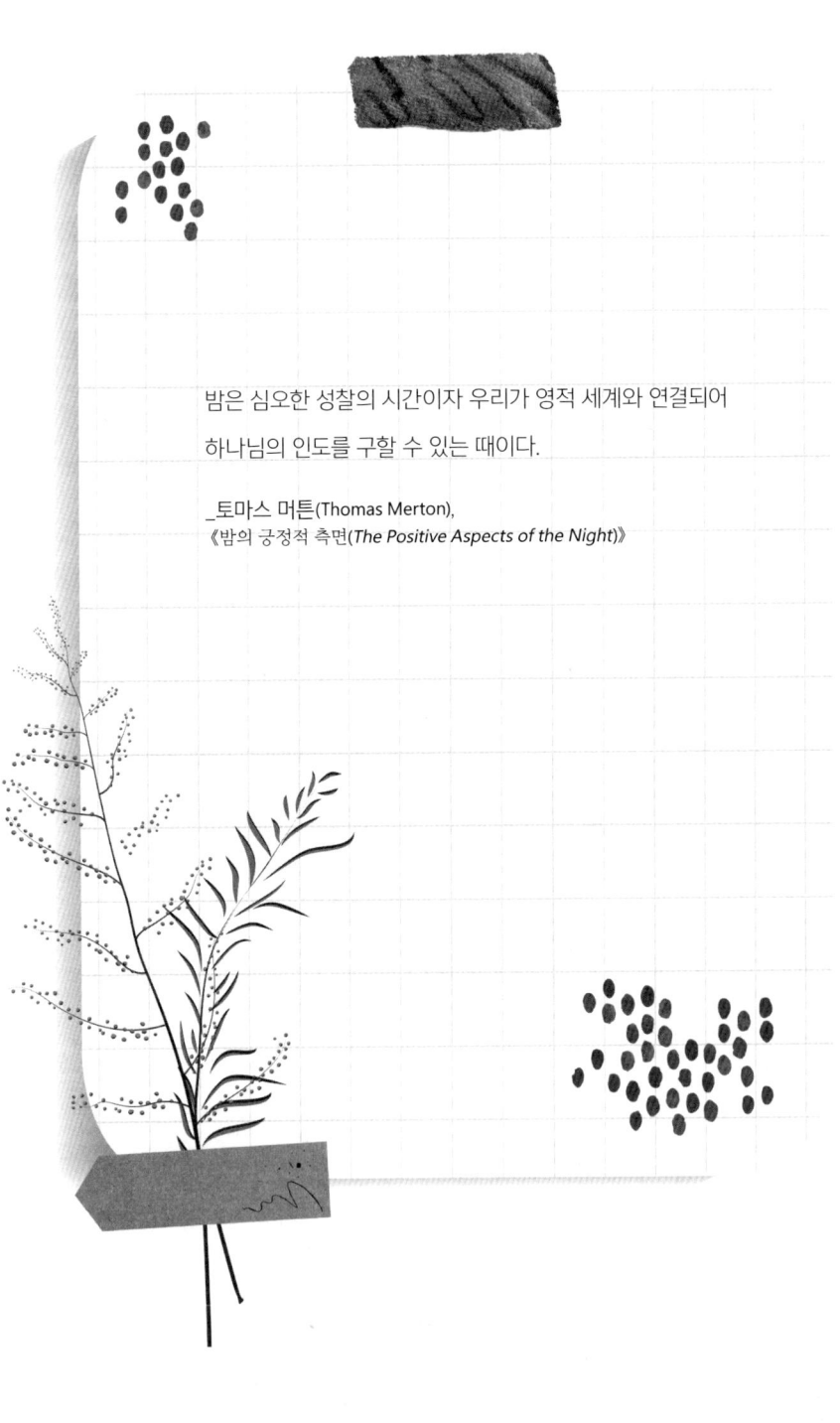

밤은 심오한 성찰의 시간이자 우리가 영적 세계와 연결되어
하나님의 인도를 구할 수 있는 때이다.

_토마스 머튼(Thomas Merton),
《밤의 긍정적 측면(*The Positive Aspects of the Night*)》

7장

밤은 초자연적 역사가 일어나는 시간이다
– 꿈 매뉴얼

UN
APOLOGE
TICALLY
SUPER
NATURAL

| 7장 |

하나님이 밤을 창조하셨다. 밤을 창조하시는 것은 그분의 생각이었고 이 놀라운 피조물에는 하나님의 아들딸들을 향한 놀라운 의미와 기회가 담겨 있었다. 아름다운 밤하늘과 별, 달은 우리를 겸허하게 하고 경외감마저 느끼게 만든다. 그리고 전능하신 하나님의 존재와 위대하심 그리고 능력을 항상 기억나게 한다.

> 하나님이 이르시되 빛이 있으라 하시니 빛이 있었고 빛이 하나님이 보시기에 좋았더라 하나님이 빛과 어둠을 나누사 하나님이 빛을 낮이라 부르시고 어둠을 밤이라 부르시니라 저녁이 되고 아침이 되니 이는 첫째 날이니라 _창 1:3-5

하나님이 창조 나흘째 되던 날에 별과 달을 창조하셨다. 창세기 1장 14절은 다음과 같이 말씀한다.

하나님이 이르시되 하늘의 궁창에 광명체들이 있어 낮과 밤을 나뉘게

하고 그것들로 징조와 계절과 날과 해를 이루게 하라

밤중에 이러한 별과 달이 어둠 속에서 빛의 원천이 된다. 인공조명이 발명되기 전에는 달과 별만이 밤에 빛의 원천이 되어 주었다. 이것은 길을 찾거나 여러 가지 작업을 할 수 있게 함으로써 고대인들에게는 특히 중요했을 것이다. 달과 별은 시간을 측정하는 방법이었다. 달의 주기로 음력이 만들어졌는데, 이것은 세계 일부 지역에서 여전히 사용되고 있다. 별은 또한 바다를 항해하고 시기를 구분하였다. 만일 여행하다가 길을 잃으면, 하늘의 지도가 펼쳐지는 밤이 되길 기다렸다.

다윗에게도 달과 별은 주님을 향한 경외심을 불러일으키는 찬양과 경배의 원천이었다. 아람어 성경을 쉽게 번역한 《Plain English Translation》 시편 136편 9절에 의하면, 다윗은 다음과 같이 선포했다. "밤을 다스리는 달과 별들, 이는 그분의 자비가 영원하시기 때문이다." 별과 달이 세대를 거쳐 밤마다 계속 있는 것처럼 하나님의 자비도 영원토록 지속된다.

하나님의 말씀 전반에 걸쳐 밤은 기도와 쉼, 성찰을 상징하는 경우가 많다. 다윗은 시편 63편 6절(GW 번역)에서 "내가 침대에 누워 주님을 기억합니다. 긴 밤 내내 주님을 생각합니다"라고 했다. 밤은 우리가 하나님과의 관계에 집중하며 그분께 다가갈 수 있는 평화롭고 조용한 시간이다.

밤의 부정적인 면

그러나 많은 이들, 밤을 하나님이 창조하신 존재로 보지 않는다. 딸아이가 낮은 하나님이 창조하셨지만, 밤은 사탄이 창조했다고 말한 적이 있었다. 내가 잘못을 바로잡아 줬더니 그것이 친구 중 한 명의 생각이라고 말했다. 그 후 그녀에게는 새로운 친구들이 생겼다.

이처럼 밤이 어둠이나 악과 관련이 있다고 생각하는 사람이 드물지 않다. 많은 이들에게 밤은 이 세상뿐만 아니라 초자연적 영역의 어둠을 연상시킨다. 이것은 하나님의 말씀에서도 나타난다. 요한복음 3장 19-20절은 다음과 같이 말씀한다.

> 그 정죄는 이것이니 곧 빛이 세상에 왔으되 사람들이 자기 행위가 악하므로 빛보다 어둠을 더 사랑한 것이니라 악을 행하는 자마다 빛을 미워하여 빛으로 오지 아니하나니 이는 그 행위가 드러날까 함이요

밤은 어둠과 연관되어 죄와 악의 상징으로 사용되는 경우가 많으며, 낮에는 저지를 수 없는 행위들을 들키지 않고 범할 수 있다고 생각하는 시간이다.

시편 91편 5-6절에는 다음과 같이 암시한다.

> 너는 밤에 찾아오는 공포와 낮에 날아드는 화살과 어두울 때 퍼지는 전염병과 밝을 때 닥쳐오는 재앙을 두려워하지 아니하리로다

본문에는 밤과 관련된 위험이 언급되어 있다. 전기가 발명되기 전까지 밤은 특히 여행자나 노약자에게 위험한 시간이었다.

스바냐 1장 12절에서 밤은 심판이나 벌과 관련이 있다.

> 그때에 내가 예루살렘에서 찌꺼기같이 가라앉아서 마음속에 스스로 이르기를 여호와께서는 복도 내리지 아니하시며 화도 내리지 아니하시리라 하는 자를 등불로 두루 찾아 벌하리니

또한 밤은 영적 전쟁과 관련이 있는데, 어둠이 마귀와 그 영향력으로 상징되는 경우가 많기 때문이다. 에베소서 6장 12절은 다음과 같이 선포한다.

> 우리의 씨름은 혈과 육을 상대하는 것이 아니요 통치자들과 권세들과 이 어둠의 세상 주관자들과 하늘에 있는 악의 영들을 상대함이라

우리에게는 밤이 필요하다

수면은 우리의 건강과 웰빙에 필수적인 생리 과정이다. 최근 몇 년 사이에 과학적인 연구를 통해 수면 기저의 메커니즘과 그것이 신체와 정신 건강에 미치는 영향을 이해하는 데 상당한 진정을 이루었다. 믿는 자로서 우리는 (끊임없이 잊어버리기 때문에) 우리 몸이 성령의 전이기에

육신적 건강을 돌보는 것도 하나님이 우리에게 맡기신 청지기의 임무 중 하나라는 것을 기억해야 한다. 성경은 우리에게 밤이 필요하다고 분명히 말씀한다. 시편 127편 2절은 다음과 같다.

> 너희가 일찍이 일어나고 늦게 누우며 수고의 떡을 먹음이 헛되도다 그러므로 여호와께서 그의 사랑하시는 자에게는 잠을 주시는도다

하나님은 우리를 쉼이 필요한 존재로 지으셨고, 그 과정의 필수적인 요소로 회복과 충전을 선물로 주셨다.

최근의 과학적 발견들은 수면이 우리의 신체와 정신 건강에 대단히 중요한 역할을 한다는 점을 강조한다. 예를 들어 수면은 기억력 강화에 결정적인 역할을 하여 우리의 뇌가 깨어 있는 동안 배운 정보를 처리하고 통합할 수 있게 한다. 이것은 기억 회상과 수행 능력의 향상으로 이어진다.

서파수면(徐波睡眠, SWS, slow-wave sleep)이라고도 하는 깊은 수면은 신체 회복, 면역 기능, 기억과 학습 같은 인지 과정에 특히 중요하다. 이러나 깊은 수면 단계에서는 감염과 염증을 퇴치하는 데 도움이 되는 단백질의 일종인 사이토카인이 생성된다.

만성 수면 부족은 비만, 인슐린 저항성, 당뇨병 등의 다양한 대사 장애와 관련이 있다. 또한 수면 부족은 면역 기능을 억제하여 감염 위험을 높이는 것으로 나타났다. 우리는 믿는 자로서 자기 몸을 돌보고 신체 건강을 증진하며 질병을 예방하기 위해 휴식과 회복을 우선시하

도록 부름 받았다.

마태복음 11장 28-30절에도 쉼과 정신 건강의 관계가 나타난다. 예수님은 이렇게 말씀하신다.

> 수고하고 무거운 짐 진 자들아 다 내게로 오라 내가 너희를 쉬게 하리라 나는 마음이 온유하고 겸손하니 나의 멍에를 메고 내게 배우라 그리하면 너희 마음이 쉼을 얻으리니 이는 내 멍에는 쉽고 내 짐은 가벼움이라 하시니라

밤이 하나님의 초자연적인 아들딸들을 위해 창조되었다는 사실을 깨달으면, 이전에 무력하게 느끼던 밤이라는 영역에 대한 새로운 시각을 갖고 권세를 회복하게 될 것이다. 이 장은 이 책에서 가장 변화시키는 힘이 있는 부분 중 하나로 당신의 삶에 의미 있는 방식들로 영향을 줄 수 있다. 당신은 다양한 성경 말씀과 과정, 실천, 선포에 참여하면서 마음을 새롭게 함으로 변화를 받는 것을 경험할 수 있다. 밤이 초자연적 것을 위한 시간임을 깨닫게 되면, 이전까지 밤 시간에 대해 가졌던 불안과 스트레스에 작별을 고하게 될 것이다.

현대인들은 잠을 자지 않고 있다

오늘날처럼 빠르게 돌아가는 사회에서는 모든 사람이 장시간 일

하고 이미 꽉 찬 일정에 가능한 더 많은 것을 끼워 넣으려 하면서 끊임없이 분주하게 움직인다. 그로 인해 많은 현대인들이 바쁜 일상을 따라가기 위해 잠을 줄이고 있다. 이러한 만성적인 수면 부족은 우리의 건강과 웰빙에 중대한 영향을 미치고 있다.

연구에 따르면 최상의 기능을 발휘하기 위해 성인에게는 하루 평균 7~9시간의 수면이 필요하다고 한다. 하지만 많은 현대인들이 그보다 훨씬 적게 수면을 취하고 있다. 미국 질병통제예방센터(CDC)에 따르면, 미국 성인 3명 중 1명 이상이 권장 수면 기간을 계속 지키지 못하고 있다고 보고했다.

수면 부족의 영향은 광범위하다. 그래서 개인의 삶의 모든 영역에 영향을 미칠 수 있다. 수면 부족으로 인지 기능이 손상되면 집중과 문제 해결, 의사결정에 어려움을 경험할 수도 있다. 그것은 또한 기분에도 영향을 주어 짜증, 불안, 우울증이 증가할 수 있다. 실제로 수면 부족과 우울증 사이에는 뚜렷한 연관성이 있으며, 수면 장애는 《정신질환 진단 및 통계 매뉴얼 제5판(DSM-5)》에서 주요 우울 장애의 진단의 기준 중 하나이다.

연구에 따르면 수면 부족이 뇌의 구조를 변화시켜 만성 우울증으로 이어질 수 있다. 예를 들어 수면 부족은 기분과 감정을 통제하는 전전두엽의 기능을 변화시킬 수 있다. 또한 우리의 기분을 관장하는 세로토닌과 도파민 같은 뇌 속 신경전달물질의 균형을 무너뜨린다.

게다가 수면과 우울증은 양방향으로 작동한다. 이것은 수면 부족이 우울증을 유발할 수 있고 우울증이 수면 부족을 초래할 수 있다는 말이다. 우울증을 겪는 많은 이들이 불면증이나 수면과다증을 경험하는데, 이는 우울증을 악화시켜서 부정적 기분과 수면의 질 저하라는 악순환으로 이어진다.

새로운 증거들에 따르면 수면 부족을 치료하는 것이 우울증 증상을 개선시키는 효과적인 방법이 될 수 있다. 우울증을 앓는 사람의 불면증을 치료하면 기분과 전반적인 기능을 크게 향상시킬 수 있다는 연구 결과도 있다. 수면 부족은 비만, 당뇨, 심혈관계 질환 등의 만성 질환과도 관련이 있다.

아마도 가장 우려되는 것은 수면 부족이 안전에 미치는 영향일 것이다. 졸음운전은 교통사고의 주요 원인으로, 미국 도로교통안전국(NHTSA)에 따르면 매년 최대 6천 건의 치명적 교통사고가 졸음운전 때문에 발생하는 것으로 추산된다.

초자연적 민감성

수세기 동안, 사람들은 밤이 되면 우리 세계와 초자연적 세계 사이의 장막이 얇아진다는 생각에 흥미를 느껴 왔다. 많은 문화권에 밤이면 초자연적인 것에 민감해진다는 내용의 전설이나 믿음이 있다. 해가 지면 이러한 초자연적 존재들이나 세계를 접하기 쉬워진다는 것이다.

저녁에 하늘의 방문을 받고 예언적인 꿈을 꾸는 것은 성경 전반에 걸쳐 나타나는 중요한 주제이다. 이러한 사건들은 하나님이 사람들과 소통하시는 수단이 되어 인도하심과 위로, 경고의 말씀을 주신다. 저녁에 이루어진 초자연적 만남 중에서 내가 가장 좋아하는 이야기는 창세기 15장에서 아브람이 하나님을 만나는 장면이다. 이러한 만남 가운데 하나님은 아브람에게 환상 중에 나타나셔서 큰 상급을 주겠다고 약속하신다. 17장에 이르러 하나님이 그 이름을 바꿔 주시기 전으로 아직 아브람이라 불리는 그는 사래와의 사이에 자녀가 없었으므로 상속자가 있을 것이라는 말씀에 의문을 표한다. 이에 하나님은 아브람과 언약을 맺으시며 그의 자손이 하늘의 별과 같이 많아질 것이라고 약속하셨다. 이 언약은 아브람이 짐승을 제물로 바치고 하나님이 그 제물 사이를 지나가시는 의식으로 상징되는데, 이는 아브람에게 하신 약속을 성취하리라 엄숙히 맹세하시는 것이었다.

내가 좋아하는 또 하나의 초자연적 만남은 창세기 28장 10-22절의 야곱의 사다리 이야기이다. 야곱은 꿈속에서 땅에서 하늘까지 닿아 있는 사다리를 보았는데, 천사들이 그 위를 오르내리고 있었다. 하나님은 꿈속에서 야곱에게 말씀하시며 그와 자손에게 복을 주시겠다고 약속하신다.

창세기 37장에서 하나님은 요셉에게 두 가지 예언적 꿈을 주신다. 그는 꿈에서 형들이 자신에게 절하는 모습을 보았다. 요셉의 형들은 이 꿈을 탐탁지 않게 여겨서 결국 그를 애굽에 노예로 팔아버렸다. 하지만 이 불행한 사건으로 요셉은 결국 애굽에서 권세 있는 자리에 오르게 되었다.

다음은 초자연적 예민함에 대한 또 다른 측면으로 많은 사람이 공감할 것이다. 잠을 자는 동안 우리의 혼은 깨어 있을 때처럼 의식적 경계 안에서 활동하는 것은 아니다. 삶 전반에 걸쳐 경험하는 정보와 자료를 처리하고 관리하기 위해 우리가 사용하는 자기 검열 메커니즘이 꺼지고, 우리의 뇌는 과거의 경험을 재생하고 조종하며 통합하는 활동을 한다.

우리가 꿈을 꾸기 시작하는 단계인 렘(REM) 수면에 들어가면, 뇌의 활동이 활발해지고 근육은 마비되면서 호흡과 심장 박동이 불규칙해진다. 일반적으로 우리는 하룻밤에 3~5회의 렘 수면 주기를 경험하게 된다. 또 만일 우리가 평균 7~8시간의 수면을 취한다면, 매일 밤 최대 90분 동안 꿈을 꾸게 될 수도 있다!

이렇게 뇌가 활동하는 내내 몸이 깊은 쉼과 회복 상태에 들어가므로 렘수면이 대단히 중요한 단계인 것이다. 자는 동안 의식을 잃어도 우리의 영은 깨어 있으며 인식하고 있다. 잠재의식과 의식에 정보를 전달하고 재생하며, 필요하다면 심지어 우리를 깨울 수도 있다.

영의 사람이 주는 알람 시스템

안드레아와 나는 부부 데이트 날을 정하고 몇 주 전부터 시애틀에서 보낼 주말을 학수고대하고 있었다. 우리는 가볼 곳과 식사할 레스토랑에 이르기까지 모든 것을 세세하고 꼼꼼하게 계획했다. 우리가 묵을 호텔도 오래된 건물을 최신 스타일로 리모델링한 완벽한 곳이었다.

밤이 되어 짐을 풀었는데 뭔가 이상하다는 걸 감지했다. 공기 중에 기분 나쁜 느낌이 감돌았고, 방안에 우리만 있는 것이 아니라는 생각을 떨쳐버릴 수가 없었다. 몇 시간 뒤 무언가가 내 옆에 있는 조명을 건드리는 소리에 잠에서 깨어 영적 존재가 방안에 있다는 걸 감지했다. 나는 소리 내어 말을 하지는 않았지만, 내 영의 사람이 일어나서 앞으로 나아가 그곳에 있는 악한 영을 꾸짖는 걸 느꼈다.

놀랍게도 밝은 빛이 폭발하며 방안을 가득 채웠다. 그때 거대하고 끈적끈적한 문어 같이 생긴 악한 영이 촉수들로 공간을 가득 메우고 있는 모습이 보였다. 그 촉수 중 하나가 바로 내 얼굴 앞에까지 뻗어 있었다. 폭발이 사라진 후 방은 다시 어둡고 고요해졌다. 악한 영이 사라진 것이다.

몇 년 후 이 경험을 (영적으로 보는 은사가 있는) 한 선견자에게 나누었는데, 그는 호텔 방에서 그런 존재들을 자주 본다고 말했다. 그는 그것이 바로 정욕의 영이라고 설명하면서 믿는 자들에게 반드시 먼저 호텔 방을 예수님의 보혈로 깨끗이 한 뒤 투숙하라고 조언했다. 내가 이 사실을 안드레아에게 이야기했더니, 그녀 역시 우리 방에 뭔가 영적으로 문제가 있다는 걸 감지했었다면서 고마워했다.

준비하라—밤이 오고 있다

놀라울 것도 없는 사실이 있다. 많은 이들이 숙면을 취하는 데 어려움을 겪고 있다. 안타깝게도 학교나 교회에서는 잠이라는 주제에 대해, 곧 수면을 준비하는 법이나 꿈을 잘 관리하는 법, 또는 밤중에 주님이 계시해 주시려는 것을 받으려면 어떻게 준비해야 하는지 등에 대해 잘 다루지 않는다. 하지만 우리는 인생의 3분의 1을 침대에서 보내는 만큼, 그 시간을 초자연적인 것을 다운로드 받고 다음날 하나님 나라를 확장시키기 위해 거룩하게 무장하는 기회로 삼아야 한다.

우리는 이러한 밤에 대해 피해자처럼 느끼지 말고 사전에 준비하여 우리의 몸과 꿈 그리고 잠잘 수 있는 능력을 주도적으로 관리해야 한다. 그렇게 함으로써 우리의 권세 안에서 행하고 청지기로서 초자연적인 것을 잘 관리하는 것과 같은 중요한 삶의 교훈을 배울 수 있다. 낮에는 초자연적 삶을 살아가기 위해 우리의 영, 혼, 몸을 준비시키려면 잠이 반드시 필요하다는 것을 인식하는 것이 중요하다. 그러므로 우리는 낮 시간에 밤을 준비하는 것을 우선순위에 두면서 수면이 우리의 삶 가운데 성장하고 발전할 수 있는 능력에 심오한 영향을 미칠 수 있다는 사실을 알아야 한다.

꿈의 영역 닫기

어린 시절 어둠에 대한 두려움과 매일 밤 나를 괴롭히던 악몽 때문에 잠들기가 어려웠다. 나는 끔찍한 다른 현실로 넘어가버리는 순간을 두려워하며 깨어 있는 상태로 침대에 누워 있었다. 그 꿈들이 너무나도 생생하고 현실적이어서 실제인지 구분하기 어려운 경우가 많았다.

부모님은 나에게 기도의 능력과 예수님의 이름으로 악한 영을 꾸짖는 법을 가르쳐 주심으로 도와주려 하셨다. 또한 어둠을 다스리는 권세를 행사하는 법을 탁월하게 보여준 CCM 작곡가 카르멘(Carman)의 음악으로 무장했다.

하지만 특별한 꿈 하나가 나를 완전히 충격에 빠뜨렸다. 꿈속에서 귀신, 곧 악한 영과 마주보고 있었다. 나는 부모님의 조언대로 예수님의 이름으로 악한 영을 꾸짖으려 했다. 하지만 끔찍하게도 그 영이 비웃으며 이번에는 그렇게 애써도 소용없을 거라고 했다. 나는 겁에 질려 몸을 움직일 수 없었다. 그러나 "예수님의 이름으로"라는 말을 계속 외치다가 땀에 흠뻑 젖은 채 헐떡이며 잠에서 깼다.

그 경험 후, 나는 잠드는 게 더욱 무서워졌다. 내 꿈과 마음을 다시 통제할 수 있게 무언가 해야 한다는 것을 알았다. 그때 매일 밤 잠들기 전에 선포할 수 있는 기도문을 작성해야겠다는 생각이 들었다. 어둡고 무서운 꿈으로부터 내 마음을 보호하고 싶어서 밤마다 같은 기도를 드렸다. "사랑하는 예수님, 제가 꿈을 꾸지 않게 해주세요. 단 하나도요!"

놀랍게도 그 기도가 효과가 있었다. 나는 깊이 잠들어 활력 있고 상쾌한 기분으로 깨어났고 어떤 꿈도 기억나지 않았다. 그 후에도 여전히 꿈을 꾸고 있다는 것을 알았지만, 그 기도가 통제감과 안정감을 주어 수년간 평안히 잘 수 있었다.

그 기도가 응답된 이유!

우리가 하는 말에는 영의 세계를 열고 닫을 수 있는 능력이 있다. 그러나 많은 믿는 자들이 자신이 하는 말의 영향력을 인식하지 못하고 생각 없이 말하는 경우가 많다. 우리가 뜻을 가지고 꾸준하게 주님께 나아갈 때 우리의 삶에 중요한 변화가 일어날 수 있다. 매일 드리는 기도에는 우리 삶의 상황들을 바꿀 수 있는 능력이 있다. 이것은 우리에게 필요한 것을 주께 구하는 데 필수적이다. 매일 꾸준하게 기도하는 습관이 있는가? 주님께 무엇을 구하고 있는가?

꿈의 영역을 다시 열다!

우리 부부는 바비 코너, 폴 키스 데이비스(Paul Keith Davis)와 저녁 식사를 하며 꿈에 대해 논의했다. 폴 키스가 내게 꿈을 꾸는지 묻자, 전에는 꿨지만 그 영역을 닫아버렸다고 대답했다. 그는 내게 그 영역을 다시 열어보라고 권했다. 그래서 매일 밤 꾸준히 기도함으로써 그 영역이 닫혔던 만큼이나 쉽게 다시 열렸다.

이제는 아이들을 재울 때 그 기도를 조금 변형해서 함께 드린다. "사랑하는 예수님, 우리 아이들에게 좋은 꿈을 주세요. 천국 꿈, 천사 꿈, 예수님 꿈을 꾸게 해 주세요." 이것은 짧고 간단하지만, 효과적인 기도다. 하나님의 은혜로 우리 아이들은 의식이 있을 때나 꿈속에서도 생생하게 천사들을 만나는 경험을 하고 있다. 악한 영이나 악몽을 해결할 필요가 없었다.

밤에 대한 패배적 신념 해결하기

인간은 누구나 진리라고 착각하며 믿고 있는 거짓된 생각들과 씨름하게 된다. 그런 거짓말을 보통 "패배적 신념(defeater beliefs)"이라고 하는데, 이것이 우리 삶을 향한 하나님의 뜻대로 살아가지 못하게 방해하기 때문이다.

패배적 신념은 보통 두려움과 수치 또는 그 외 부정적 감정에 뿌리를 두고 있다. 어렸을 때부터 자리 잡은 신념이거나 부정적 경험이나 트라우마 때문에 생겨난 것일 수도 있다. 이런 거짓말을 믿으면, 그것이 우리 삶을 지배하게 되어 우리를 무너뜨릴 수도 있다. 그러면 답답함과 절망감 혹은 무가치함을 느끼고 우리 삶을 향한 하나님의 뜻대로 살아가는 데 어려움을 겪을 수 있다.

패배적 신념은 우리의 수면에 큰 영향을 줄 수 있다. 그것이 걱정과 스트레스를 유발하여 밤새 잠들거나 숙면을 취하기 어렵게 만들 수도 있기 때문이다. 하나님의 말씀과 일치하지 않는 거짓말을 믿으면, 두려움과 수치, 죄책감 같은 부정적 감정을 경험함으로써 수면을 방해하여 피곤하고 지친 상태가 될 수 있다.

수면을 방해하는 패배적 신념의 예는 다음과 같다.

1. "나는 절대로 잠들지 못할 거야."
2. "충분히 자지 못 자면, 제대로 활동하지 못할 거야."
3. "스트레스가 너무 심해서 잠을 잘 수 없어."
4. "나는 절대 불면증을 극복할 수 없을 거야."
5. "생각이 너무 많아서 잠을 잘 수가 없어."
6. "절대로 부족한 잠을 보충할 수 없을 거야."

이러한 신념이 걱정과 불면의 악순환을 초래할 수 있다. 충분히 자지 못한 것에 대해 걱정하느라 잠들기가 훨씬 더 어려워질 수도 있기 때문이다. 수면 부족으로 인해 이런 거짓말을 더욱 쉽게 선포하고 믿게 될 수도 있다.

이렇게 제한하는 신념을 극복하려면, 그것이 거짓말임을 인식하고 진리로 바꾸는 것이 중요하다. 당신이 밤에 경험한 것 가운데 "사실"이라고 여기는 것들을 돌아보는 시간을 가지라. 그것은 두려움이나 걱정처럼 당신 안에 자리 잡은 부정적인 생각이나 감정으로 당신이 숙면을 취하지 못하게 방해했을 수도 있다. 이러한 신념들을 가능한 한 많이 찾아내어 노트에 적어보라.

이러한 신념들을 파악했다면, 그 상황들에 대한 진리를 계시해 달라고 예수님께 구하라. 부정적인 생각들을 하나하나 지워버리고 예수님이 보여주신 진리로 대체하라. 그 진리를 뒷받침하는 성경 구절을 노트나 포스트잇에 적어 두고 하나님 말씀의 능력을 기억하라.

이러한 신념들을 스스로 파악하고 극복하는 것이 쉽지 않을 수도 있다. 따라서 목회자나 상담가 혹은 '기초 회복하기(Restoring the Foundations)'나 '소조(SOZO)' 같은 사역 단체의 도움을 받는 것도 이러한 과정에 큰 도움이 될 수 있다. 이들은 잘못된 신념을 무너뜨릴 수 있는 지침과 도움을 제공함으로써 당신의 삶 가운데 더 큰 자유와 쉼을 누리게 할 수 있다.

기도

매일 밤 잠들기 전에 기록해 둔 노트를 펴고 다음과 같이 기도하라.

예수님, ＿＿＿＿＿＿＿＿ 라는 거짓을 믿고 그것에 힘을 실어준 것을 용서해 주세요. 이제 제가 ＿＿＿＿＿＿＿＿ 라는 진리를 고백합니다. 이 성경 말씀을 나의 밤에 선포합니다. ＿＿＿＿＿＿＿＿ . 아멘!

진리를 받아들임으로써 우리는 패배적 신념을 극복하고 변화된 마음과 생각의 자유와 능력 안에서 살아갈 수 있다.

선포

나는 하나님의 자녀로서 잠이 아버지께서 주시는 귀한 선물임을 믿습니다.

그러므로 오늘 밤 평화롭고 평온한 잠을 잘 것을 선포합니다. 주님의 선하심이 내일 하나님 나라를 확장시키는 데 필요한 쉼을 주실 것을 신뢰합니다.

잠들기 위한 실제적 방법

잠을 잘 자기 위한 실제적인 방법이 몇 가지 있는데, 숫자를 세거나 계속 뒤척이거나 밤새 SNS를 스크롤 하는 건 여기에 포함되지 않는다. 가장 먼저 해야 할 일은 잠들기 전의 습관을 만드는 것이다. 거창한 스파 마사지를 받으라는 것이 아니다. 다만 가장 중요한 밤 시간을 준비해야 할 때라고 뇌에 신호를 보내는 단순한 활동이면 된다. 가급적 종이책으로 성경을 읽거나 따뜻한 물로 씻거나 좋아하는 찬양 연주곡을 들으며 몸과 마음을 가라앉히라. 중요한 것은 자극이나 스트레스가 없는 밤 시간을 갖는 것이다.

다음은 숙면을 준비하고 최고의 밤잠을 잘 수 있도록 돕는 몇 가지 실제적인 방법들이다.

1. 일관된 수면 습관 유지하라: 평일은 물론 주말까지 날마다 같은 시간에 잠자리에 들고 일어나도록 노력하라.
2. 수면에 적합한 환경을 만들라: 침실이 시원하고 조용하며 어두운지 확인하라. 암막 커튼이나 귀마개 또는 필요하다면 백색 소음을 사용하라.
3. 카페인, 알코올, 니코틴을 피하라: 이 물질들은 수면을 방해할 수 있다. 취침 몇 시간 전부터 섭취를 삼가라.
4. 스크린(화면)을 보는 시간을 제한하라: 전자기기에서 나오는 블루 라이트는

우리 몸의 자연스러운 수면-각성 주기를 방해할 수 있다. 잠자리에 들기 최소 한 시간 전부터 전자기기 사용을 자제하라.

5. 규칙적으로 운동하라: 규칙적인 운동은 수면의 질을 높이는 데 도움이 되지만, 잠자기 직전에는 하는 운동은 자극이 되어 오히려 방해가 될 수 있으니 피하라.

6. 잠자기 전에 과식하거나 물이나 음료를 과도하게 섭취하지 말라. 잠들기 3시간 이내에 과식하거나 물 종류를 많이 마시면 불편함을 유발하여 수면을 방해한다.

7. 더 좋은 새 매트리스와 베개에 투자하라: 침구가 편하면 숙면에 지대한 영향을 미친다.

8. 스트레스를 관리하라: 스트레스가 심하면 잠들고 숙면하기가 어려워질 수 있다.

9. 잠들면 최대한 빨리 꿈을 꾸기 시작하라.

꿈에 관해

초자연적인 꿈은 여러 시대에 걸쳐 하나님이 인류와 소통하시는 경이로운 방식 중 하나였으며 구약에서 신약에 이르기까지 성경 전반에 두드러지게 나타난다. 이러한 꿈은 하나님의 계획을 계시하고 그분의 지혜를 전하며 그분을 찾는 자들에게 초자연적 은사를 부어 주시는 강력한 도구로 사용되었다.

하나님이 주시는 꿈은 우리의 초자연적인 여정의 자연스럽고도 흥미로운 부분이 되어야 한다. 각각의 꿈에는 우리를 하나님과 더 가까워지게 하고 우리 자신이나 하나님과의 관계에 대한 새로운 통찰력을 계시해 주는 잠재력이 있다. 우리가 밤과 수면을 감사하게 여기고 꿈을 통한 하나님의 인도하심을 귀하게 여기는 법을 배울 때, 하나님의 존재와 본질에 대한 무한한 가능성의 세계가 열리기 시작한다.

사도 베드로는 사도행전 2장 17절에서 선지자 요엘의 말을 인용하였다. "하나님이 말씀하시기를 말세에 내가 내 영을 모든 육체에 부어 주리니 너희의 자녀들은 예언할 것이요 너희의 젊은이들은 환상을 보고 너희의 늙은이들은 꿈을 꾸리라." 우리는 성령의 충만함을 받아 초자연적인 꿈과 환상을 볼 수 있다!

성경에 나타난 7가지 꿈

1. 예언적 꿈

예언적 꿈은 사건에 대한 통찰과 세부적인 내용을 계시해 주며 미래의 사건을 예측할 수도 있다. 예를 들어 창세기 37장에서 요셉은 자신이 장차 형들을 다스리게 될 것을 꿈으로 보았고, 창세기 41장에서 바로는 야윈 소 일곱 마리가 살찐 소 일곱 마리를 잡아먹는 꿈을 꾸었다고 한다.

2. 상징적 꿈

이러한 꿈은 상징을 통해 메시지를 전달한다. 예를 들어 다니엘 2장에서 느부갓네살이 여러 금속으로 만들어진 신상에 관한 꿈을 꿨는데 다니엘은 그것이 여러 나라를 나타낸다고 해석했다.

3. 경고의 꿈

이 꿈은 임박한 위험이나 심판에 대해 경고해 준다. 예를 들어 마태복음 2장에서 요셉은 헤롯의 진노를 피해 마리아와 예수님을 데리고 애굽으로 도피하라고 경고하는 꿈을 꿨다.

4. 지시하는 꿈

이것은 인도하심이나 지시 사항을 제공하는 꿈이다. 예를 들어 창세기 28장에서 야곱은 꿈속에서 땅에서 하늘까지 닿아 있는 사다리를 보았고 그의 여정을 계속 가라고 지시하시는 하나님의 음성을 들었다.

5. 치유하는 꿈

이것은 치유와 회복을 주는 꿈이다. 예를 들어 창세기 20장에서 하나님은 꿈속에서 아비멜렉에게 사라를 아브라함에게 돌려보내라고 경고하셨고, 그 일 후에 아비멜렉 집안의 불임이 치유되었다.

6. 영적 전쟁의 꿈

또한 성경에서 꿈은 선과 악한 세력 간의 영적 전쟁을 묘사하기 위해 사용된다. 예를 들어 요한계시록에는 하나님과 사탄 사이에 벌어지는 전쟁을 보여 주는 꿈 같은 환상들이 다수 등장한다.

7. 환상

엄밀히 말해 꿈은 아니지만, 환상도 이와 비슷하며 성경에도 언급되어 있다. 이것은 하나님이 무언가를 계시해 주시는 초자연적 경험이다. 증강 현실처럼 초자연적인 동영상이 우리 눈앞에 펼쳐지는 것이다. 예를 들어 사도행전 9장에서 사울은 다메섹으로 가는 길에 예수님의 환상을 보고 회심하게 되었다.

꿈을 꾸는 법!

이미 언급했듯이 되는 대로 아무렇게 잠자리에 들지 말라. 밤이라는 시간을 구체적으로 준비하는 시간을 가져야 한다. 앞서 살펴본 것처럼 정성껏 작성하고 다듬은 기도문을 사용할 수도 있지만, 하루 중 가장 중요한 이 밤이라는 시간을 준비할 수 있는 다른 방법들도 있다.

1. 기대

히브리서 11장 6절은 믿음이 없이는 하나님을 기쁘시게 할 수 없다고 말씀한다. 잠자리에 들기 전에 믿음을 활성화하고 기대 수준을 높여야 한다. 하나님의 인도하심과 지시, 또는 영감과 지혜를 받을 것을 믿으라.

2. 어수선함을 정리하라

골로새서 3장 2절은 위의 것을 생각하고 땅의 것을 생각하지 말라고 말씀하신다. 잠자리에 들기 전에 걱정거리들을 살펴보고, 헛되고 무익하며 열매 없는 생각들을 사로잡으라(고후 10:5). 불을 끄기 전에 어수선함과 혼란을 제거하고 빌립보서 4장 8절 말씀을 기억하라.

> 끝으로 형제들아 무엇에든지 참되며 무엇에든지 경건하며 무엇에든지 옳으며 무엇에든지 정결하며 무엇에든지 사랑 받을 만하며 무엇에든지 칭찬 받을 만하며 무슨 덕이 있든지 무슨 기림이 있든지 이것들을 생각하라

3. 꿈 노트를 준비해 두라

침대 곁에 꿈 노트를 두고 밤사이 꾼 꿈이나 느낌들을 적어 보라. 이 부분은 다음 장에서 조금 더 다루겠다.

4. 밤 시간을 주님께 내어 드리자

악한 꿈을 꾸거나 귀신이 나타날까 봐 걱정된다면, 당신의 방과 몸, 마음과 생각, 영 위에 예수님의 보혈을 선포하라. 이사야 54장 17절 말씀을 이용하여 "나를 치려고 제조된 모든 연장이 쓸모가 없을 것이다"라고 선포하라. 밤 동안에 베풀어 주실 주님의 보호와 놀라운 안식, 평

강, 꿈과 환상들, 계시에 대해 감사드리라.

기도(예시)

왕이신 예수님, 밤을 주셔서 감사합니다! 제가 자는 동안에도 저의 영은 주님의 영과 연합하여 교제할 것입니다. 내일 아침 저는 인도하심과 영감, 지혜를 받으며 일어날 것입니다. 오늘 밤 주님의 마음에서 오는 꿈을 주심에 감사합니다. 주님은 저의 피난처이며 방패이십니다. 열매 없고 거룩하지 않은 생각과 꿈들 그리고 영들에게서 저를 멀리 떨어뜨려 주시니 감사합니다. 주님이 제가 앞으로 나아가며 이 땅에 하나님 나라를 확장시키는 데 필요한 명석한 통찰력을 주실 것을 신뢰합니다. 주님의 사랑과 자비와 은혜에 감사드립니다. 아멘!

꿈을 기억하는 법!

자신은 꿈을 꾸지 않는다고 말하는 사람들도 있다. 하지만 과학은 그렇지 않다고 말한다. 그것은 꿈을 꾸느냐 꾸지 않느냐의 문제가 아니라, 그것을 기억하느냐 기억하지 못하느냐의 문제이다. 어떤 사람들은 잠에서 깨기 직전에만 꿈을 꾼다고 말하는데, 사실 우리는 90분마다 한 번씩 꿈을 꾸고 있다고 한다.

누가복음 16장 10절은 지극히 작은 것에 충성된 자에게 큰 것을 맡기신다고 말씀한다. 만일 더 많은 꿈과 예언적 꿈을 꾸고 그것을 기억할 수 있는 능력을 원한다면, 자신이 꾸는 꿈을 조금 더 중시하는 것부터 시작해야 한다.

잠이 들기 시작하면, 우리는 가장 깊은 수면 상태에 들어간다. 10m 높이의 다이빙대에서 뛰어내린다고 상상해 보라. 잠이 드는 순간 수영장 바닥 깊은 곳까지 빠져드는데, 의식은 거의 없지만 여전히 꿈은 꿀 수 있는 상태이다. 수면이 길어질수록 점점 수면 가까이 헤엄쳐 올라오면서 의식도 돌아오게 된다. 그래서 깨기 직전, 잠들기 시작할 때만큼 깊은 잠이 아니라 얕은 렘 수면 상태에 꿈이 더 잘 기억나는 것이다.

이것에 대해 잠시 생각해 보자. 만일 우리가 하룻밤에 3~5개의 꿈을 꾸면서 100세까지 산다면, 평생 182,500개의 꿈을 꿀 수도 있다는 것이다.

꿈을 더 잘 깨달으려면, 그 꿈의 가치와 그것에 담긴 정보를 인식하는 것이 중요하다. 그래서 꿈 노트가 필요한 것이다. 실제 노트든 휴대폰 앱이든 반드시 일어나자마자 꿈을 기록해 두라. 아침에는 꿈을 정리할 수 있게 해 달라고 성령님의 도움을 구하는 시간을 가지라. 그렇게 하면, 세부적인 내용이 추가로 생각날 수도 있고 꿈의 특정 부분에 대한 통찰이나 해석을 얻게 될 수도 있다.

꿈을 기억 속에서 꺼내어 노트에 옮겨 적고 성령님과 함께 정리하는 것이 그것을 잘 관리하고 돌보는 방법이다. 하나님으로부터 온 꿈이라는 걸 알지만 그 내용을 어떻게 해석해야 할지 분명하지 않을 때에는 믿을 수 있는 성령 충만한 친구나 사역자와 의논하는 것이 좋다. 그들이 예언적 은사나 분별의 은사가 있다면 도움이 될 수 있다.

꿈 해석하기

반드시 모든 꿈이 해석을 필요로 하는 것은 아니라는 사실을 명심하는 게 중요하다. 잠자는 동안 우리 영혼에 정보를 전달하거나 꿈에 영향을 미칠 수 있는 여섯 가지 요인들이 있다.

1. 하나님
2. 우리의 몸
3. 우리의 혼
4. 우리의 영
5. 마귀
6. 다른 사람들, 영들, 외적 요인들

우리는 이들 잠재적인 요인들을 인식함으로써 어떤 꿈이 중요한 의미를 담고 있으며 더 깊은 해석을 필요로 하는지 그리고 어떤 꿈이 다른 세력으로부터 온 것인지 분별할 수 있게 된다.

내가 겪은 일을 예로 들겠다. 한때 어둡고 악한 꿈이 반복되는 시기를 겪은 적이 있었다. 나는 그 꿈을 해석하려고 애쓰지 않고 그것이 어떻게 들어왔는지 파악하는 데 집중했다. 당시 헬스장에서 근력 운동을 하면서 메탈 스타일의 CCM을 듣곤 했다. 그런데 나중에 나의 플레이리스트에 그리스도인이 아닌 밴드들이 포함되어 있었고, 그중에는 악한 영이 깃든 음악도 있었다는 사실을 깨달았다. 가사에 집중하지 않았음에도, 그 영들이 음악을 통해 내 혼에 들어왔던 것이다.

예술이 혼으로 들어오는 통로나 문이 될 수 있고, 음악은 다른 영적 차원과 이 땅의 존재를 연결하는 영적 다리가 될 수 있다. 나의 경우에는 음악이 악한 영이 들어오는 통로를 열어버린 것이다. 해결책은 간단했다. 나는 회개하고 그 음악을 듣지 않았다. 그러자 악한 꿈도 사라졌다.

꿈의 원천을 분별하는 것은 대단히 중요하다. 만일 죄를 지었거나 죄와 타협한 상태라면, 꿈이 진실한지 믿을 수 없다. 마찬가지로 당신이 예수님을 따르는 자가 아닌 경우에도 꿈에서 받은 정보를 신뢰해도 되는지 장담할 수 없다.

꿈 백과사전

꿈을 해석하는 과정은 주님으로부터 예언적 말씀을 받는 것과 비슷하다. 하나님이 무엇을 말씀하시는지 주의 깊게 듣고 분별해야 한다. 꿈을 해석할 때 우리가 보기에 좋은 생각이나 다른 사람의 이론을 따르지 않는 것이 대단히 중요하다. 이런 이유로 나는 꿈을 해석하는 주요 출처로 백과사전을 사용하거나 무작위로 숫자나 상징을 검색하여 적용하는 것을 좋아하지 않는다.

예를 들어 어떤 꿈 백과사전에서는 차가 사역을 의미한다고 이야기할 수도 있지만, 하나님은 그 꿈속에서 그것으로 중요한 관계나 결혼을 상징하시는 것일 수도 있다. 꿈을 해석할 때 하나님의 음성에 귀 기울이고 다른 모든 해석 자료를 그분께 가져가서 그분이 무엇을 말씀하시고자 하는지 알아보는 게 중요하다.

꿈 백과사전을 사용하기로 했다면, 뉴에이지 수행자의 책이 아니라 성령 충만하다고 알려진 사역자가 쓴 것이어야 한다. 당신은 수비학이나 점성술 같은 주술 관행을 자신도 모르게 예수님과 함께하는 믿음의 여정에 받아들이고 싶지는 않을 것이다.

기독교 꿈 백과사전을 읽기로 했다면, 처음부터 꿈 해석에 사용하지 말고 그냥 읽어 볼 것을 권한다. 대신 열린 마음으로 읽으면서 나중에 꿈을 해석할 때 성령님이 다양한 측면을 생각나게 해 주실 있게 하라. 꿈 해석은 성령님과 함께 신비를 탐구하는 과정임을 기억해야 한다. 올바르게 진행되면, 신비들이 해석되면서 주님과의 친밀한 관계가 깊어질 수도 있다.

꿈 사기꾼들

앞서 말했듯이 우리의 꿈은 다른 사람이나 영들 등 여러 요인의 영향을 받을 수 있다. 나는 그러한 세력이나 행위를 초청하거나 격려하거나 높이지 말 것을 권한다. 꿈의 영역은 조종당하기 쉽다. 하나님의 뜻과 상관없이 이 영역에 접근하는 사람들도 있는데, 이는 주술의 관행에서 흔히 볼 수 있는 일이다. 안타깝게도 일부 그리스도인들 중에도 이런 관행의 원리들을 받아들이는 이들이 있다.

내 꿈에도 사도들과 선지자들이 나타난 적이 있었다. 심지어 예수님이 내 꿈에 나오신 적도 있다. 놀랍고도 잊지 못할 경험이자 기념할 만한 일이었지만, 사도들이나 선지자들이 꿈의 영역을 통해 내게 접근하려고 한 적은 단 한 번도 없었다. 이런 일이 일어난 것은 주님이 원하셔서 허락하셨기 때문이다.

지인 중에 그의 아내가 꿈속에 나타나는 경험을 여러 차례 한 사람이 있는데, 결국 그는 그 존재가 자기 아내가 아니라는 걸 깨달았다. 주님의 인도하심과 분별을 통해 속이는 영이 아내의 모습으로 나타났다는 사실을 알게 된 것이다.

약 20년 전 어느 신비주의 교회의 작은 그룹에 이단 사상이 퍼졌다. 그들은 예수님이 자신들의 꿈에 매력적인 이성으로 나타난다고 주장했다. 그러나 그것은 예수님이 아니라 인큐버스의 영(여성을 성적으로 유혹하는 남자 형태의 악한 영)이었고, 교회 가운데 예수님과의 부적절한 만남을 조장하는 이단적 운동을 일으켰다. 이를테면 아가서 구절 같은 것들을 문맥과 상관없이 잘못 해석하여 자신들의 믿음을 정당화하려 했다. 그러나 누군가 꿈에 나타났다고 해서 반드시 그 사람인 것은 아니며, 반대로 우리가 다른 사람의 꿈에 나타나는 경우(보통 그것은 우리가 아니다)도 마찬가지이다. 이 사실을 이해하는 것이 대단히 중요하다.

유체 이탈

유체 이탈(astral projection)은 의식이나 지각이 자신의 육신을 떠나 영적 차원이나 다른 영역으로 이동하는 것처럼 느껴지는 경험을 말한다. 이것은 육신과 의식 또는 혼이 분리되는 것 같은 느낌으로 묘사되는 경우가 많다. 유체 이탈 상태에는 둥둥 떠다니거나 날아다니거나 전혀 다른 차원을 여행하는 것 같다고 한다. 또한 이들은 이러한 차원에서 다른 존재나 실체들을 보거나 만났다고 보고하기도 한다.

고위급 마녀나 주술사들 그리고 주술 수행자들은 다른 사람의 꿈에 침입할 수 있을 뿐만 아니라 꿈의 영역 밖으로 유체 이탈하여 다른 사람의 집, 직장, 심지어 침실에 나타날 수 있다고 한다. 이것은 일종의 초자연적 무단 침입으로, 죄이자 잘못된 행위이다.

교회 안에도 영으로 이동하는 것에 대한 가르침이 있는데, 이는 동시에 두 지점에 존재하는 성경의 예를 따른 것이다. 그러나 이러한 가르침들 중에는 뉴에이지 방법론에서 원칙을 빌려온 것들도 있어서 우려된다. 동시에 두 곳에 나타나거나 영의 이동을 경험했다는 지인들에 의하면 책에 나오는 어떤 공식을 따른 것이 아니었다는 사실에 주목할 필요가 있다. 그것은 주권적이며 하나님이 친히 정하신 경험들이었다고 한다.

지금까지 내가 본 영의 이동에 대한 가르침들은 혼을 자극하여 육신을 벗어나게 하거나 사랑에 근거한 묵상을 통해 동시에 두 곳에 있게 하는 데 초점이 맞춰져 있는 것처럼 보이는 경우가 많았다. 이것은 유체이탈을 포장만 바꾼 것에 불과하다. 솔직히 말해서 우리는 우리 영을 몸에서 내보내는 일에 집착해서는 안 된다. 그런 일에 심취하는 것은 육신은 악하고 영은 선하다고 여긴 영지주의처럼 보일 수 있다. 우리 몸을 사랑하고 그 안에 머무르며 잘 돌보면서 사용해야 한다. 무엇보다도 예수님이 우리의 영을 육신 가운데 넣어 주셨기에 그렇게 해야 한다.

만일 누군가 유체이탈을 통해 당신의 환경에 나타나는 문제가 발생하고 있다면, 그것은 혼의 묶임이나 결속 때문일 수 있다. 사역을 통해 그러한 묶임을 파쇄하는 것이 이러한 문제 해결에 도움이 될 수 있다. 또한 그 사람이 이런 식으로 당신을 찾아오지 못하도록 차단할 필요도 있을 것이다.

꿈 해킹

폴 키스 데이비스와 밥 존스, 바비 코너가 정말 경외감을 불러일으키는 꿈 이야기를 들려주었다. 그들은 상상을 초월하는 영역에서 서로를 만났다고 한다. 그들이 함께 경험했다는 만남과 짜릿한 모험은 정말 놀라웠다. 꿈의 영역에서 사람들이 만나고 그들의 삶의 경로를 바꿀 수 있는 정보와 계시를 받을 수 있는 실제적 차원이라니 정말 믿어지지 않았다.

바비 코너의 이야기는 내가 지금까지 들은 이야기 중 가장 인상 깊은 것이었다. 그는 꿈속에서 페루에 있는 오지 마을에서 복음을 전했다고 한다. 라마를 타고 그 마을을 지나가면서 붉은 진흙으로 된 강바닥을 건넜는데, 꿈에서 깨고 보니 놀랍게도 욕실 문에 걸린 바지에 붉은 진흙이 묻어 있고 바짓가랑이에는 라마 털이 붙어 있었다. 그것은 그의 꿈이 실제로 일어난 일이었다는 부인할 수 없는 증거였다.

이처럼 믿을 수 없는 일들이 가능하다니 정말 놀랍지만, 바비는 그런 꿈을 꾸게 되는 비결이 뭔지 잘 드러내지 않는다. 심지어 초자연적인 꿈에 대해 가르칠 때도 그는 사람들을 하나님 말씀으로 돌아오게 하는 것과 그리스도와의 친밀함을 강조하는 것에 집중한다. 다른 이들도 그 일을 할 수 있도록 비결을 공개하지 않는다고 비판하는 사람들도 있지만, 사실 그의 메시지는 어떤 방법론보다도 훨씬 더 중요하고 의미가 있다.

바비를 안 지 34년이나 되었고 내가 담임하고 있는 교회에 매년 그를 초청하는 특권을 누려 왔기에 자신 있게 말할 수 있다. 그는 꿈의 영역이나 초자연적 영역을 해킹해 들어갈 수 있다고 믿지 않는다. 사실 바비와 대화해 보고 그의 삶을 지켜보면서 분명히 알게 된 사실이 있다. 그의 초자연적 체험의 비결은 예수 그리스도와의 깊은 교제와 그분을 향한 변함없는 순종에 있다. 바비는 늘 하나님과의 친밀함을 구하라고 강조하는데, 바로 이 지점에서 그가 경험하는 믿을 수 없는 일들이 가능해지는 것이다.

어떤 사람들은 이처럼 강력한 꿈을 체험한 것으로 소위 그들의

"꿈 해킹"을 정당화하려 한다. 물질세계에 변화를 일으키려고 뉴에이지 방법을 자세히 살펴본 다음 꿈의 영역을 조작하는 방법을 그대로 복사해서 붙인다. 심지어 성경 구절들을 문맥과는 상관없이 인용하면서 그런 방법들에 정당성을 부여하려 한다.

그러나 잠시 뭔가를 "해킹"한다는 게 무슨 의미인지 정의해 보는 것이 필요하다. 간단히 말해서 일반적이지 않거나 허가되지 않은 방법으로 무언가에 접근한다는 뜻이다. 예를 들어 누군가 이메일을 해킹한다면, 우리가 모르는 사이 또는 우리의 허락 없이 뒷문으로 접근하거나 침입해 들어오는 것이다. 이것은 꿈의 영역을 포함하여 어느 영역에서든 권장되거나 조장되어서는 안 된다.

다른 사람의 꿈에 들어가서 조작하는 법을 가르치는 것은 하나님의 말씀에 어긋날 뿐만 아니라 심각한 문제를 일으킬 수 있다는 사실을 알아야 한다. 이러한 종류의 가르침에 두 가지 위험이 따를 수 있다. 첫째, 꿈속에서 다른 사람을 만났다고 주장하는 사람은 거짓된 꿈의 영역에 들어갔을 가능성이 있다. 그들은 자기들의 의도와 권세를 조작함으로써 진정으로 하나님의 계시를 받은 것이 아니라 단순히 자신의 고정관념이나 편견을 반영하는 꿈을 만들어 냈을 수도 있다.

둘째로 더 심각한 경우에는 그들이 모르는 사이에 악한 영이 주는 꿈에 들어가서 하나님의 말씀과 성품을 훼손하는 거짓 영의 가르침을 받을 수도 있다. 나는 꿈에 대한 뉴에이지 가르침에 미혹된 사람들과 수도 없이 많은 대화를 나누면서 그들의 꿈이 하나님으로부터 온 게 아님을 분별하도록 도왔다. 꿈에 종말적 상황이나 죄에 빠진 사역자들, 새로운 신학, 심지어 새로운 기술을 보았다는 사람들과도 이야기를 나누어보았다.

어떤 꿈이 하나님으로부터 왔는지 아닌지 분별하는 게 쉽지 않을 수도 있지만, 기억해야 할 몇 가지 핵심 원칙이 있다. 무엇보다도 성경에 계시된 하나님의 성품이나 본질에 반하는 꿈은 거절해야 한다. 또 오로지 자아와 개인적 이득에만 집중하는 꿈은 하나님에게서 온 것이 아닐 가능성이 있다. 하나님이 주신 참된 꿈은 영에 평안과 확신이 임하는 경우가 많다. 또한 당신의 삶을 향한 하나님의 뜻이나 계획과 일치하는 구체적인 예언적 메시지나 계시를 담고 있을 수도 있다.

마지막으로 그 꿈이 당신의 성품이나 능력에 부합하는지 살펴봐야 한다. 자신의 능력을 넘어서거나 가치관과 맞지 않는 거창한 계획에 마음을 빼앗기기 쉬우므로, 이 과정 가운데 성숙한 그리스도인에게 확인과 인도를 받는 것이 필수적이다. 그들이 귀중한 통찰을 제공하여 잠재된 우리의 맹점을 파악할 수 있게 도울 수 있기 때문이다. 우리는 때로 꿈을 꾼 뒤 지나치게 흥분해서 그것이 하나님이 주신 것인지 아닌지 보지 못할 수도 있다. 그러므로 우리는 과도한 불안이나 과열된 반응에 빠지지 않도록 중심을 잘 잡고 하나님의 뜻에 일치하도록 지혜로운 조언을 구하는 것이 중요하다.

결국 하나님이 주시는 꿈과 그렇지 않은 꿈을 구분하기 위해 필요한 분별력을 키우려면 기도 및 하나님과의 친밀함이 필수적이다. 하나님이 꿈을 통해서도 우리와 소통하신다는 사실을 잊지 않는 것이 중요하다.

자각몽

자각몽(Lucid Dreaming)은 꿈을 꾸는 사람이 자신이 꿈을 꾸고 있다는 사실을 인식하고 꿈속 환경이나 스토리 전개를 어느 정도 통제할 수 있는 상태이다. 자신이 꿈꾸고 있다는 것을 알기에 꿈의 줄거리나 상황, 등장인물 등을 조종할 수 있는 것이다. 자각몽이 반드시 악하거나 나쁜 것은 아니다. 꿈속에서 즉흥적으로 반응하며 재미있을 수도 있다. 그러므로 그 밤을 예수님의 보혈로 잘 덮고, 자는 동안 당신의 영이 오직 성령님께만 열려 있으며 그분만 접근 가능하다고 선포하면, 도움이 될 수 있다. 문제는 다양한 기법으로 자각몽을 유도할 수 있다는 것이다. 실제로 아마존에서는 20달러에 렘 수면 상태에서 의식을 깨우기 위해 소리를 재생하거나 미묘한 빛을 깜빡이는 자각몽 헬멧을 구입할 수 있다.

자각몽은 꿈꾸는 사람이 의식적으로 꿈속의 경험을 통제하고 조종할 수 있기 때문에 강력한 것으로 여겨진다. 이것이 특히 힘이 되는 것은 일반적인 꿈에서는 예측 불가능성이나 때로는 무서운 사건들에 휘둘리는 경우가 많기 때문이다. 하지만 자각몽에서는 환경, 등장인물, 스토리 전개에 어느 정도 통제력을 가함으로써 깨어 있을 때에는 가능하지 않은 것들을 경험하고 탐험할 수 있다.

사람들은 자각몽 속에서 다음과 같은 다양한 일들을 할 수 있다고 믿는다.

1. 안전한 꿈속 상황 가운데 두려움과 공포증에 직면함으로써 그것을 극복할 수 있다.
2. 실패에 대한 부담이나 위험 없이 새로운 기술이나 취미를 연습할 수 있다.
3. 꿈을 정신적 놀이터로 삼아 창조적인 아이디어나 해결책을 실험해 볼 수 있다.
4. 하늘을 날거나 환상적인 장소에 가보는 것과 같이 깨어 있을 때에는 가능하지 않은 새로운 감각이나 즐거움을 경험할 수 있다.
5. 이미 세상을 떠난 사랑하는 사람을 만나거나 더 높은 차원의 의식과 연결되는 것과 같은 영적이거나 신비한 경험을 할 수 있다.

자각몽을 꾸는 것은 부정적인 결과를 초래할 수도 있으므로 신중하게 접근해야 한다. 의도적으로 자각몽을 꾸려 하다가 신뢰할 수 없거나 심지어 위험한 경험을 했다고 보고하는 사람들도 있었다. 꿈속의 정보가 얼마나 정확한지 판단하기 어렵고 악한 영과 같은 외부 세력에 의해 꿈꾸는 자들의 통제가 방해받을 수도 있기 때문이다.

예를 들어 마치 로봇이 자율 주행 자동차를 운전하는 것처럼 부정적인 세력에게 조종당하고 있으면서도 자신이 통제하고 있다고 착각한 사람들도 있었다는 보고도 있다. 나도 꿈을 통제하고 있다고 믿었던 경험이 있는데, 깨어난 후 내가 내린 결정을 후회하게 되었다. 성령님의 인도하심과 성찰 가운데 내가 꿈을 주도하고 있다고 착각하고 있었음을 깨닫고 잠에서 깨자마자 내가 죄를 지은 것처럼 부끄럽고 수치스러워졌다.

아버지의 뜻을 존중하고 순종하면서 꿈에 접근하는 것이 대단히 중요하다. 여기에는 예수님의 보혈을 구하고, 아버지의 뜻만이 이루어 지도록 선포하며, 부정적이거나 뭔가 미심쩍거나 악한 느낌이 드는 꿈은 즉시 거절해야 한다.

지옥의 야간 학교

한 번은 초자연적인 방법으로 구원받은 전직 남자 주술사와 함께 시간을 보낼 기회를 얻은 적이 있었는데, 그는 대대로 마녀 가문에서 태어났다고 했다. 대화 중 그는 자신의 회심이 가져온 위험 때문에 이름을 바꾸고 시애틀로 이주해야 했다고 말했다. 또 어렸을 때 악한 영이 밤마다 그를 찾아와서 영적 영역에 있는 어떤 교실로 데려갔다고 했다. 그리고 거기서 악한 영이 고위 사제가 되려면 알아야 할 것들을 가르쳐 주었다고 했다. 나는 이 이야기가 대단히 흥미로웠다.

그의 말에 따르면, 마귀는 도둑질하고 죽이고 멸망시키려고 온다. 하지만 누군가를 길들이는 과정에서는 예외가 있었다. 그가 만났던 특정 영은 그를 파멸시키기보다는 보존하기 위해 여러 가지 법과 규칙을 주면서 그것을 지키며 살아가라고 했다고 한다. 이를테면 마약을 사용하거나 과음하는 것이 금지되었다.

그러나 한밤중에 찾아오는 모든 존재가 어둠의 대사인 것만은 아니다. 사무엘상 3장에서 하나님은 밤중에 사무엘을 세 번 부르셨고, 사무엘은 그때마다 그것이 자신을 키워 준 대제사장 엘리의 목소리로 착각했다. 세 번째 부르심 후에 비로소 엘리는 하나님이 사무엘을 부르고 계심을 깨닫고 그분께 대답하라고 조언했다. 이것이 사무엘의 예언 사역이 시작된 결정적 순간이었고, 그는 이스라엘 역사에 중대한 역할을 하게 되었다.

예수님도 밤중에 사람들을 방문하신다!

어떤 중동 선교사가 놀라운 이야기를 전해 주었다. 예수님이 그 지역의 어떤 남자에게 한 달 동안 밤마다 나타나셔서 자신의 말씀을 기록하게 하셨다는 것이었다. 그 선교사에 따르면 예수님이 그 사람에게 요한복음 전체를 전해 주신 것이었고, 그는 아편을 많이 사용하는 것으로 유명한 중동의 한 도시에서 50km 이상 떨어진 지역에 살고 있었다.

이 놀라운 이야기는 몇 년 전 맥린 바이블 교회의 데이비드 플랫 목사가 '가스펠 연합(The Gospel Coalition)'의 "변화가 필요하다(Something Need to Change)"라는 방송에서 소개한 내용으로, "야지드"라는 가명을 사용했다. 야지드와 그의 아내는 복음을 전하는 것이 불법인 지역에서 일하고 있었는데, 심지어 복음의 확산에 대해 논하는 것조차 생명을 위협 받는 행위였다.

이러한 위험과 어려움에도 불구하고 야지드와 그의 아내는 복음을 들어본 적 없는 무슬림들에게 복음을 전하고 그 지역에 교회들을 세우는 데 헌신하고 있었다. 야지드에 따르면 "하나님은 중동 가운데 꿈, 환상 그리고 직접적인 방문을 통해 운행하고 계신다."고 한다.

오늘날에도 빛과 어둠의 왕국이라는 초자연적 영역들이 밤에 사람들을 방문하려고 한다. 이 세대에는 오락과 유혹 그리고 마술, 주술, 강신술 등의 융단 폭격을 받으면서 무엇이 진리이고 옳은 것인지 분별하기 어려워지고 있다.

우리 혼의 원수인 사탄은 사람들이 하나님과의 관계를 추구하지 못하도록 끊임없이 방해하고 있다. 그는 가능한 모든 수단을 동원하여 하나님의 진리와 능력에서 사람들의 시선을 돌리게 함으로써 그들을 속임수로 파멸로 이끌고 있다.

예수님은 당신에게 나타나고 싶어 하신다. 밤의 가능성과 잠재력을 일깨워 주기 원하신다. 주님께 헌신하여 하나님 나라가 임하고 그분의 뜻이 이뤄지도록 청하면서 그분의 초자연적인 영광이 당신의 생각과 꿈에 침투하도록 준비하라. 어떻게 알게 된 것인지 설명할 수는 없지만, 그냥 분명히 알고 있는 것들이 생길 것이다. 삶 속에서 실천할 지혜가 생기기 시작할 것이다. 설명할 수 없는 평화가 임할 것이다. 이 모든 일이 우리의 권세를 깨닫고 하나님의 영광을 위해 밤 시간을 되찾았기 때문에 일어나게 될 것이다.

아침에 깰 때

잠자는 만큼이나 중요한 것이 깨어나는 것이다. 해가 뜨면 우리는 새로운 하루를 맞이하며 주님이 우리 앞에 열어 주실 거룩한 기회들을 최대한 누리며 새롭게 시작하고자 열망한다. 그러나 그날의 분주함에 뛰어들기 전에 잠시 시간을 내어 경건을 훈련하라. 밤을 드린 것과 마찬가지로 아침도 주님께 드리며 거룩하게 구별해야 한다.

기도로 시작하여 하나님과 연결되고 삶의 축복에 감사드리라. 기쁨과 염려를 주님께 나누며 그분과 교제하는 시간을 가지면서 다가올 하루를 위해 인도하심과 지혜를 구하라. 기도하면서 하루를 살아가는 데 필요한 평안과 위로를 받는 시간을 가지라.

그다음에 성경을 펴서 한 문단을 읽고 그 의미가 무엇이며 삶에 어떻게 적용할지 묵상하는 시간을 가지라. 급하게 읽지 말라. 말씀을 묵상하며 그 안에 담긴 하나님의 뜻을 이해하게 해 달라고, 자신의 삶과 믿음에 어떻게 예언적으로 적용할지 알려 달라고 구하라. 읽으면서 우리 영 안에서 하나님의 말씀이 역사하시는 것을 느끼며 예수님에 대한 확신과 결단을 더욱 확고히 하는 시간을 가지라.

아침 시간을 규칙적으로 그리고 목적의식을 가지고 보내도록 힘쓰라. 이 시간이 하루의 우선순위에 있다는 사실을 기억하라. 이 시간의 유익이 아침뿐만 아니라 그날 전체로 확장되어 더 높은 집중력과 생산성, 더 많은 평안함을 누릴 수 있게 도울 것이다.

하나님의 마음에 깊이 들어가면서 하루를 시작한다면, 수면 위에 어떤 폭풍이 몰아치든지 그 영향으로부터 보호받고 안전할 것이다.

아침 기도

사랑하는 하나님, 이 새롭고 놀라운 날을 주셔서 감사합니다. 저는 오늘을 즐거워하고 기뻐하기로 선택합니다. 하루를 시작하며 주님의 지혜와 은총을 구합니다. 저에게 다가오는 모든 기회를 최대한 활용할 수 있게 도와주소서. 주님의 손이 제 삶 가운데 역사하고 계심에 감사드립니다. 하나님의 완전한 계획을 신뢰함을 선포합니다. 오늘 저를 보호해 주시고 공급해 주실 것을 기도합니다. 그리고 제가 주변 사람들에게 빛과 소금이 되도록 도와주세요. 하나님의 다함이 없는 사랑에 감사드리며 그것을 믿음으로 받아들입니다. 예수님의 이름으로 기도합니다. 아멘.

굿나이트

보는 바와 같이 밤은 하늘이 열리며 강력하게 하나님을 경험하는 시간으로, 주님은 이 시간을 되찾으라고 우리를 초청하신다. 마귀가 사람들을 괴롭히려고 밤을 만든 것이 아니다. 전능하신 우리 하나님이 영적 회복과 충전의 시간으로 정하신 시간이다. 이제 그리스도 안에서 우리의 권세를 행사하고 하나님이 밤에 행하실 일들에 대한 기대감을 높일 때가 되었다.

매일 밤 거룩하신 하나님과의 초자연적 만남이 이루어지도록, 부흥과 각성의 시간이 되도록 당신의 마음을 준비하라. 잘 준비를 하며 당신의 영과 혼을 주님께 온전히 맡겨 드리고 하나님 나라의 사명을 완수하도록 하늘의 지혜를 부어 주실 것을 기대하라.

잊지 말고 배운 것들과 꿈을 통해 계시받은 것들을 기록하라. 성령님께 당신이 통찰하고 이해한 것들을 정리하는 가운데 인도해 주시도록 허락해 드리고 영적인 삶에 강력한 업그레이드가 일어나도록 준비하라. 이러한 계시 가운데 밤의 비밀이 열리고 하나님이 우리를 위해 예비하신 초자연적 소명을 받아들이게 될 것이다.

활성화 기도

하늘 아버지,

구주 예수 그리스도 그 능력의 이름으로 아버지 앞에 나아갑니다. 주님이 제 삶과 오늘 밤의 주인 되심을 선포합니다.

아버지, 오늘 밤 아버지의 나라가 임하고 주님의 뜻이 이뤄질 것을 선포합니다. 저의 생각과 행동이 아버지의 거룩한 목적과 일치되게 도우소서. 제가 그리스도의 마음과 생각을 가졌음을 선포합니다.

원수의 계략에서 저를 보호하소서. 원수의 공격으로부터 저를 안전하게 지켜 주시고 속임수로부터 보호하소서. 또한 거짓된 꿈과 통로로부터 저를 보호해 주실 것을 구합니다.

야훼께서 주시는 참된 꿈만 부어지기를 기도합니다. 천국의 꿈을 경험하게 하셔서 주님의 영광과 위엄을 맛보게 하소서. 주님의 거룩한 뜻을 수행하고 주님의 보호로 저를 에워싸는 천사들의 꿈을 꾸게 하소서. 예수님이 사랑으로 말씀해 주시고 진리로 인도하시는 꿈을 꾸게 하소서.

아버지, 아버지의 신실하심과 저를 향한 사랑에 감사합니다. 저는 아버지의 약속을 신뢰하고 아버지의 뜻대로 제 기도에 응답하실 줄 믿습니다. 예수님의 이름으로 기도합니다. 아멘.

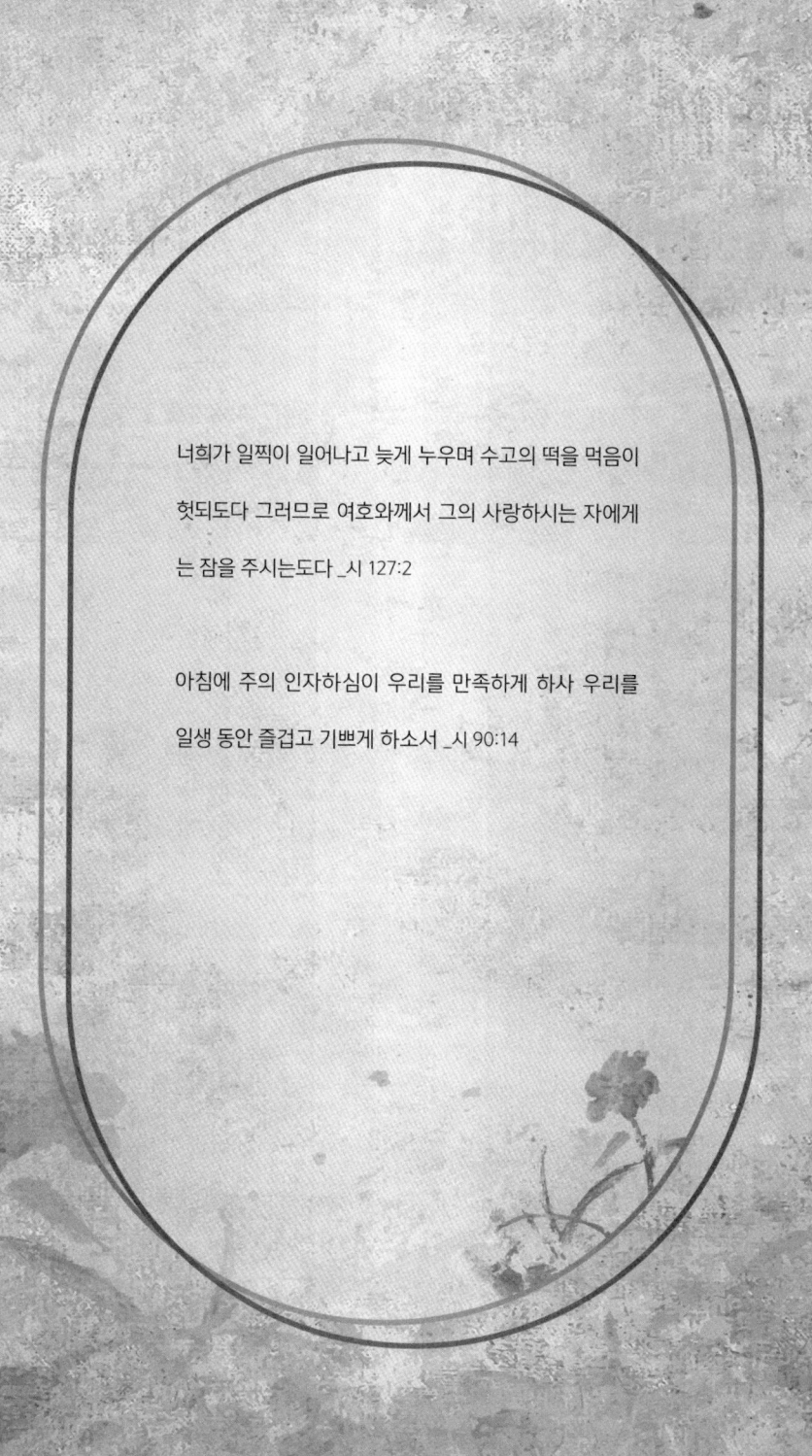

너희가 일찍이 일어나고 늦게 누우며 수고의 떡을 먹음이 헛되도다 그러므로 여호와께서 그의 사랑하시는 자에게는 잠을 주시는도다 _시 127:2

아침에 주의 인자하심이 우리를 만족하게 하사 우리를 일생 동안 즐겁고 기쁘게 하소서 _시 90:14

네가 네 마음에 이르기를 내가 하늘에 올라 하나님의 뭇별 위에 내 자리를 높이리라 내가 북극 집회의 산 위에 앉으리라

_사 14:13

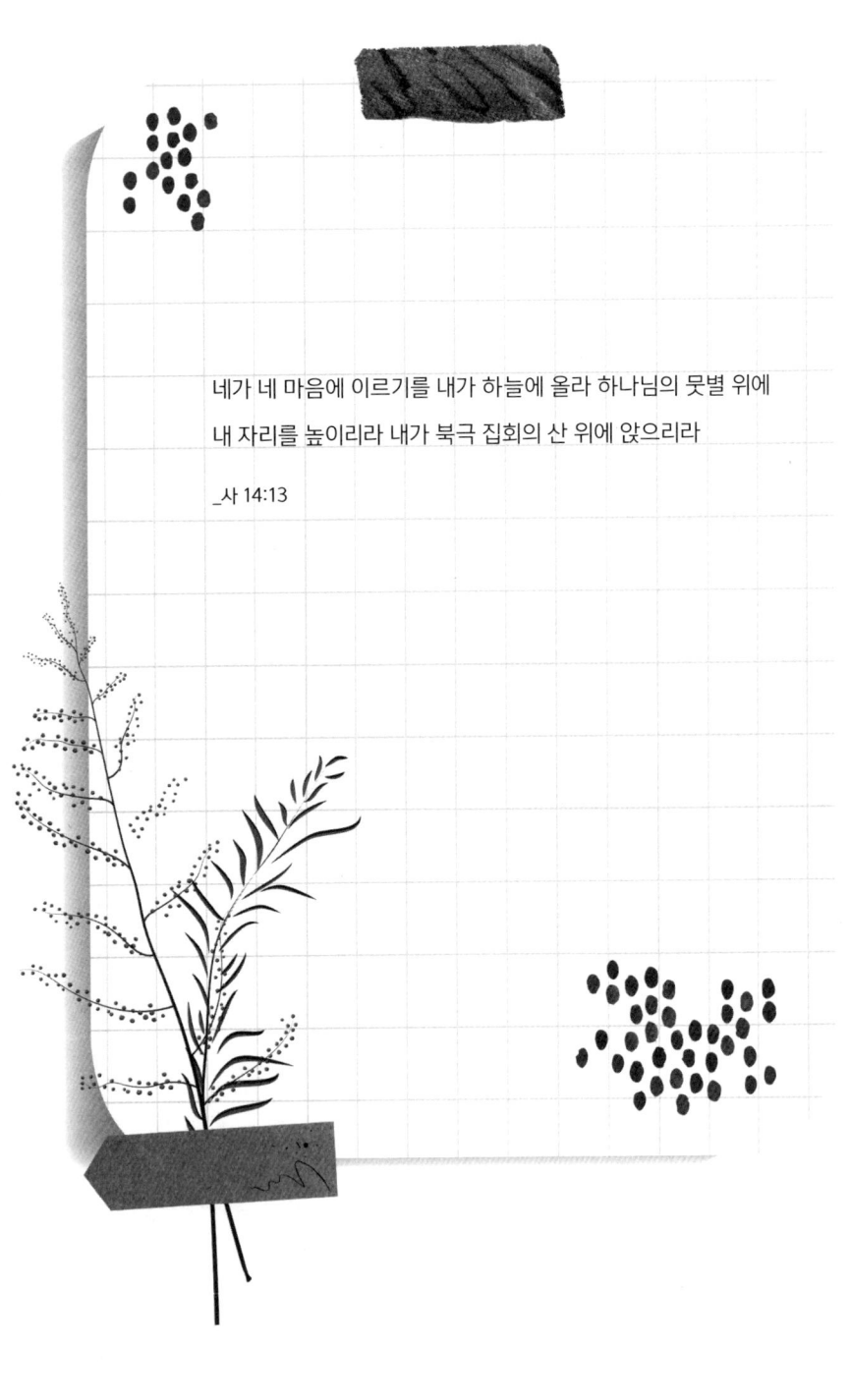

8장

이 땅의 전쟁

8장에서 저자는 기독교의 초자연적 사역들 외에 사탄이 사용하는 방법들을 설명하기 위해 서양의 신화나 전설에 나오는 몇 가지 미지의 생물들에 대해 다룬다. 현실 너머에 더 큰 실재가 있음을 일깨우기 위해 가상이든 실화든 신비로운 이야기들이 세상의 영역에서 어떻게 다루어지는지 저자의 방식으로 설명하려는 것이다. 한국 문화에서는 낯선 신화나 전설 자체 혹은 그것의 부정적인 측면에 집중하지 말 것을 당부한다. 부디 더 큰 하나님의 그림 안에서 우리가 이와 같은 때를 위하여 어떻게 준비되어야 할지 성령님의 인도하심과 지혜를 구하길 기도한다.

| 8장 |

초자연적 문화가 다가온다

가까운 미래에 교회가 직면하게 될 가장 큰 도전 중 하나는 사회적으로 초자연주의가 부상하는 것이다. 세속주의와 무신론이 주류였던 시대는 끝났다. 점점 더 많은 사람들이 초자연적인 현상들과 선조들의 생활방식, 주술적 의술 등을 받아들이고 있다. 초자연적 믿음 없이 이성만 의지하는 경향이 사라지면서 초자연적인 존재들이 오락, 뉴스, 교육 등 주류 문화의 일부가 되고 있다.

초자연적 믿음을 거부하고 이성만 의지하는 세속적 인본주의는 이제 과거의 유물이 되었다. 저명한 무신론자이자 세속적 인본주의자의 대표자로 한때 세상 사람들에게 존경받던 리처드 도킨스(Richard Dawkins)는 해리 포터 같은 부류에 그 빛을 잃어버렸다. 놀라운 전환이 이루어지며 한때 만화책이나 <X파일> 같은 텔레비전 프로그램에 한정되던 초자연적 현상이 CIA나 FBI의 본격적인 조사 대상이 되고 있으며, 그러한 조사 결과가 기밀 해제되어 대중에게 공개되고 있다.

예를 들어 미 의회가 국가정보국장에게 UFO 관련 보고서를 요구하는 법안을 통과시키면서 2021년 6월 25일에 그 내용이 공개되었다. 이 보고서를 통해 수년간 군 관계자들이 144건의 미확인 비행 물체를 목격했다는 것이 드러났다. 나는 이러한 미확인 비행 물체가 반드시 초자연적 현상일 거라고 믿지는 않지만, 미국 문화 가운데 초자연적인 존재들이 점점 더 자주 등장하는 건 분명한 사실이다.

우리는 그리스도인으로서 분별력을 발휘하여 가정과 교회 그리고 기독교 교육 기관에 침투하려는 악한 세력들에 맞서 저항할 준비가 되어 있어야 한다. 우리는 건전한 교리와 신학에 기반을 두고 거리낌 없이 지속적으로 악을 받아들이는 문화의 도전들을 감당하기 위해 영 분별의 은사로 행해야 한다.

악한 존재들이 미국 문화에 점점 더 만연하게 될 것이기에 그리스도인들은 분별력을 발휘하여 가정과 교회, 기독교 교육 기관을 보호해야 한다. 우리 문화가 초자연적이고 마법적인 요소들을 수용하는 새로운 시대에 접어들고 있는데, 교회는 세상을 받아들여 지나치게 세속화되어 버렸다는 사실이 우려된다. 복음 중심의 원리를 문화적 담론에 통합하려던 시도는 실패했고, 사회는 문화의 모든 측면에 초자연주의 요소를 이미 받아들이고 있다.

엔터테인먼트 산업, 뉴스, 학교가 마법의 물결에 휩쓸리고 있는데, 안타깝게도 그러한 초자연적 영향력이 우리의 영역에 침투하지 못하게 막아 줄 교리나 신학이나 분별력이 오늘날의 믿는 자들에게는 없다. 머지않아 우리는 오늘날의 유명 인사들이 기적을 일으키거나 귀신을 쫓아내고 부활을 일으키는 모습을 목격하게 될 것이다. 2013년 10월 29일 마술사 크리스 엔젤(Chris Angel)이 자신의 방송 "빌리브(Believe)"에서 실제 인간의 시체를 살리려고 시도했다. 실패로 끝나긴 했지만, 이것이 마지막 시도가 아닐 것이라고 확신한다.

초자연적인 것이 무대의 중심을 차지하려 하고 있는 이 시대에 스스로에게 던져야 할 시급한 질문이 있다. "우리는 준비되어 있는가?" 이것은 엘리야 선지자가 갈멜산에서 바알의 거짓 선지자들과 강력하게 맞섰던 이야기를 떠올리게 한다. 엘리야는 공개적 대결에서 귀신에 사로잡힌 바알 신의 선지자 450명과 맞서 싸웠다. 마찬가지로 우리도 오늘날 어둠과 빛의 세력 사이에 벌어지는 전쟁에 맞설 수 있을까?

그리스도를 따르는 자로서 우리는 철저하게 무장하여 매력적으로 위장한 어둠의 세력에 저항하고 맞서야 한다. 건전한 교리와 그리스도 중심의 신학에 든든히 뿌리를 내려야 한다. 그렇게 하려면 우리도 성령의 불로 세례를 받아 그들의 권세에 맞설 뿐만 아니라 철저히 무너뜨리고 소멸시킬 수 있는 수준이 되어야 한다.

포털(대문)이 이미 열렸다

수십 년 전 바비 코너, 폴 키스 데이비스, 릭 조이너, 밥 존스가 교회에 위험이 임박했다고 경종을 울렸다. 그들 모두가 포털이 열리면서 악한 영의 세력들이 풀려나 미국 전역을 휩쓰는 꿈과 환상을 보았다.

폴 키스 데이비스는 "선진 국가들 가운데 제3세계의 악을 목도하게 될 위기에 처해 있다"고 경고했다.

나는 이들의 경고를 들은 후 인근 도시의 공립학교 교육청에서 컨설팅을 하고 있는 친구와 연락했다. 그가 운영하는 기독교 비영리 단체는 교육청과 특별한 관계를 맺음로써 지역 교회들이 힘을 모아 침체된 체육 부서를 되살릴 수 있었다. 이러한 탁월한 운영으로 공립학교마다 사무실을 두고 있었다.

어느 날 한 중학교 코치가 어려움에 처하여 내 친구에게 연락했다. 한 어린 학생이 쉬는 시간에 초인적 힘을 발휘하여 다른 아이들을 공중에 던지며 바닥에 내동댕이친다는 것이었다. 그 코치가 가까스로 그 학생을 제지하여 교무실로 데려왔는데, 거기에서 귀신에 들렸다는 분명한 증상이 나타났다. 축사 사역의 경험이 전혀 없는 코치는 내 친구에게 최대한 빨리 와달라고 간청했다. 도착해서 확인해 보니 귀신 들린 게 분명했다. 그 소년이 예수님에 대한 언급에 강하고 부정적으로 반응하곤 했기 때문이다. 친구는 성령의 인도하심을 받아서 차근차근 체계적인 축사 과정을 진행했다. 심지어 그는 그런 사역을 해 보거나 공식적으로 훈련을 받은 적도 없었는데도 말이다. 결국 소년은 하나님의 능력으로 극적으로 자유함을 얻게 되었다.

다음날 코치는 소년의 상태가 얼마나 호전되었는지 확인하러 갔다. 소년에 따르면 전날 학교로 걸어가는데 커다란 검은 개가 따라오더니 결국 자기 안으로 뛰어들었다고 했다.

분명 우리는 제3세계에서 일어날 법한 악이 미국에서 나타나는 모습을 목격하고 있다. 포털은 이미 열렸고, 우리가 그것을 닫을 수 있는지 확실하지 않다. 우리는 이러한 상황의 심각성을 인정하고 깨어 있는 문지기가 되어야 한다. 성령 세례를 받고 귀신을 쫓아낼 수 있게 제대로 훈련을 받아야 한다.

문제와 좋은 소식

시애틀 부흥센터의 목사로서 주일 밤 시리즈로 집회를 열었는데, 이곳에서 회중은 인기 있는 토론 주제를 제안하고 사람들이 투표로 결정하는 시간을 가졌다. 젠더 이론에서 혼종 생물에 이르기까지 폭넓은 주제를 다루었는데, 외계인과 UFO에 대한 설교는 우스꽝스러울 것이라고 예상한 주제였다.

이 주제에 대해 설교하기 전 주에 예사롭지 않은 꿈을 꿨다. 꿈속에서 나는 낯선 집에서 묵고 있었는데, 일어나 보니 용 한 마리가 머리 위 대들보 사이에서 움직이고 있었다. 중국의 용과 같은 모습으로 길이는 약 2.5m 정도였고 커다란 개 정도의 크기였지만 그보다 더 길었다. 그 용을 보았을 때 무섭지는 않았고, 오히려 대들보 위로 돌아다니는 쥐를 보고 있는 것 같았다. 벽에 걸린 별자리 지도와 음양 문양이 보였다. 그 순간 침대 발치에 어떤 존재들이 서 있는 걸 알아차렸다. 그 존재들은 머리와 눈이 컸고 코는 없었으며 입이 있었는지는 확실하지 않다. 그것들이 완전히 악하고 공포스러운 분위기를 뿜어내고 있었다.

나는 "예수님의 이름으로 너희를 꾸짖는다"라고 외치고 즉시 잠에서 깨어났다.

나는 외계인에 대해 가르칠 때, 외계인 자체가 악하며 UFO는 첨단 기술의 일종이라는 관점에서 접근했다. 나는 외계인에게 납치될 뻔한 사람들이 그들을 예수님의 이름으로 꾸짖었더니 도망갔다는 실화들을 나누었다. 메시지 중에 나가버리는 사람들도 있었고, 온라인 시청자 중에는 내가 너무 쉽게 외계의 존재들을 악하다고 치부함으로써 그들이 전도가 필요한 다른 행성의 피조물일 수도 있다는 가능성을 고려하지 않는다고 불쾌해 하는 이들도 있었다. 가톨릭교회의 '은하 선교사 훈련 계획'에서 영감을 받은 사람들도 있을지 모르겠다.

그 설교 이후 이 문제에 대한 나의 의견은 변화되고 발전했다. 그 꿈을 돌아보니 하나님이 이러한 "외계인, 곧 이질적인 존재들"의 본질에 대해 뭔가를 가르쳐 주시려는 것 같았다. 나는 그들이 악한 영이라고 믿지는 않지만, 다른 범주에 속한 악한 존재들로 오히려 내가 꿈에서 본 용과 더 비슷하다고 생각한다. 그들은 악한 감시자들로 예수님의 이름으로 꾸짖으면 달아나야만 하는 존재들이다. 그러나 그들이 하는 일은 이 땅에 매인 전형적인 귀신들과는 다를 수 있다.

교회의 한 가지 문제는 모든 영적 존재를 두 가지 범주, 곧 천사나 악한 영(귀신) 중 하나로 축소해버렸다는 것이다. 그러나 성경을 결코 그렇게 말씀하지 않는다. 성경 전반에 걸쳐 선한 쪽이든 악한 쪽이든 서로 다른 역할과 기능을 하는 다양한 영적 존재들이 나타난다.

많은 기독교 단체에서 하나님의 영적 존재는 모두 천사로 여기는

데, 천사는 "메신저(전달자)"라는 뜻이다. 천사는 날개 없는 인간의 모습으로 나타나는 경이로운 존재로 묘사되며 창세기부터 요한계시록까지 등장한다. 그런데 성경에는 하나님이 사용하시는 다른 초자연적 존재들도 언급되는데, 그중 일부는 날개가 있다. 예를 들어 에스겔 1장에는 바퀴처럼 보이지만, 사실 눈으로 뒤덮인 살아 있는 피조물이 묘사된다. 토마스 아퀴나스는 《신학 대전》 I:61:4에서 다양한 종류의 천사에 대해 설명한다. 그는 바퀴처럼 생긴 이 피조물이 하나님과 가장 가까이에 있는 천사의 유형 중 하나로 오파님(ophanim, 겔 1:16-20)이라고 말한다. 하나님이 직접적으로 인식하시는 대상이라고 하는데, 이는 그분이 가장 직접적으로 알고 계시는 존재들이라는 의미이다. 또 사방에 눈이 달려 있는 것은 모든 걸 완전히 인지하고 있다는 뜻이다. 하나님 나라에는 다양한 모습의 존재들과 피조물들이 있다. 야훼의 편에 속하지 않은 존재들도 마찬가지이다. 예를 들어 바벨탑에서 민족들에게 신적 존재들이 배정되었는데, 이것은 신명기 32장 8-9절에 언급되어 있다.

> 지존하신 이께서 만방에 땅을 나누어주시고, 인류를 갈라 흩으실 때, "신들(또는 신의 아들들)"의 수효만큼 경계를 그으시고 민족들을 내셨지만, 야곱이 야훼의 몫이 되고 이스라엘이 그가 차지한 유산이 되었다 (공동번역)

제프리 티게이(Jeffrey Tigay)는 여기에서 벌어지고 있는 일에 대해 신명기 주석에서 설명한다.

"신들(신의 아들들)"의 수효만큼 민족들을 내셨다는 것은 이들 각각의 존재들이 민족과 짝을 이룬다는 것을 시사한다. 헬레니즘과 탈무드 시대의 유대 문헌은 이 개념을 구체화하여 하나님이 그분을 대신하여 민족들을 다스릴 수 있게 신적 존재들을 임명하셨다고 말한다.

벤 시라(Ben Sira)는 본문을 다음과 같이 바꾸어 표현한다.

"세상의 모든 민족을 나누실 때 그분은 각 민족 위에 한 통치자를 임명하셨다. 그러나 이스라엘은 주님의 분깃(몫)이다."

벤 시라가 언급한 "통치자들"은 본문의 "신들"에 해당한다. 벤 시라와 동시대 인물인 다니엘은 그들을 "통치자들" 또는 "군주들"(히브리어 '사림')로 지칭하며 여러 민족의 수호천사나 수호자들로 묘사한다.[1]

본문에 언급된 "신들"이 반드시 귀신이나 악한 영들을 말하는 게 아니라는 사실에 주목할 필요가 있다. 그들은 신적 존재들이지만, 출애굽기 20장 3절에 "너는 나 외에는 다른 신들을 네게 두지 말라"고 언급된 바와 같이 이스라엘 백성의 경배의 대상이 되어서는 안 되는 존재들이다.

성경에는 다양한 부류의 영적 존재들이 묘사되는데, 여기에는 귀신(악한 영)과 천사 외에 분류하기 힘든 존재들이 포함된다. 또 정사들과 권세들과 이 세상 어둠의 주관자들과 하늘에 있는 악의 영들 그리고 신들도 있다. 교회와 나라들이 직면하고 있는 저항은 혈과 육의 문

---

1) Jeffrey Tigay, Deuteronomy(신명기), qtd. in Michael S. Heiser, Demons: What the Bible Really Says About the Powers of Darkness(귀신: 어둠의 세력에 대해 성경에서 말씀하는 바) (Bellingham, WA: Lexham Press, 2020), 147-148.

제가 아니라 이러한 존재들과의 영적 전쟁이다.

용들

드림웍스에서 '드래곤(용) 길들이기'라는 영화로 아이들을 가르치고 있는 것은 우연이 아니다. 지옥과 땅의 경계가 사라지고 혼종 생물이 일상적인 미래를 문화적으로 준비하고 있는 것이다. 이러한 마지막 때의 음모에 하나님이 어떻게 대응하시는지 다음 장에서 살펴볼 것이다. 우리는 주님이 재림하실 때까지 믿음 안에서 굳게 서는 법을 배워야 한다.

용은 다양한 고대 문명에서 중요한 존재 중 하나이며 심지어 유대적 뿌리에서도 마찬가지이다. 주일학교에서 유명한 "요나와 큰 물고기" 이야기를 조금 더 정확하게 번역하면 "요나와 혼돈의 용"이 될 수도 있다. 성경학자 스코트 노겔(Scott Noegel)은 학술지 〈헤녹(Henoch)〉 37권 2호(2015)의 "요나와 리워야단: 성경의 내적 암시와 용의 문제"라는 논문에서 히브리어 단어의 선택과 그 의미를 설명한다. 그를 비롯한 현대의 다른 학자들은 사흘 동안 요나를 삼킨 바다 괴물이 일종의 용처럼 생긴 피조물의 일종이었을 것이라고 말한다.

이러한 해석은 요나 이야기가 갖는 예언적 함의를 이해하는 데 필수적이다. 이 이야기는 요나처럼 혼돈의 용, 즉 하데스(음부)의 뱃속에 삼켜진 예수님을 나타내는 예언적 드라마다. 그러나 예수님은 패배하여 용의 뱃속에서 소화되신 것이 아니라, 오히려 그 안에서 용을 물리치셨고 사흘째 날에 사망과 음부의 열쇠를 가지고 승리하셨다. 요나와 혼돈의 용 이야기를 이렇게 이해하면 예수님이 부활하신 것이 예언적으로 얼마나 중요한지 이해할 수 있다.

고대 유럽에서는 용이 악이나 파괴와 관련된 무시무시한 괴수로 묘사되는 경우가 많다. 용은 종종 기사들의 적으로 장렬한 전투 가운데 쓰러뜨리는 대상으로 그려졌다. 고대 그리스와 로마에서 용은 힘과 권력의 상징으로 여겨졌고 신들과 관련된 경우도 많았다. 또한 용은 보물의 수호자로 여겨졌으며, 영웅들에게 패하는 경우도 있었다. 마야나 아즈텍 등의 중앙아메리카 문화에서는 지하세계와 관련되어 강력하고 위험한 동물로 인식되었다.

중국은 용에 대해 성경적 세계관과는 다른 관점을 가지고 있다. 중국에서 용은 지옥 문을 상징하는 존재가 아니라 힘, 행운, 번영의 상징으로 여겨졌다. 고대 중국인들은 용이 황제와 관련된 인자하고 자애로운 존재라고 믿었다. 날씨를 주관하여 비를 내리거나 풍성한 수확을 가능하게 하는 이상적인 날씨를 가져올 수 있다고 여겼다.

또한 용이 생명과 풍요를 베풀 수 있는 존재라고 믿었다. 중국 문화에서는 용을 단순한 동물이 아니라, 높은 수준의 마술을 부리고 지혜로우며 변신 능력이 있는 고귀한 존재로 보았다. 그들은 깊은 바다에서 살아가며 비를 내리게 했는데, 용이 바다의 처소를 떠나 하늘을 날아다닐 때 돌풍이나 폭풍이 일어나기도 했다.

드래곤 커피

두 갈래의 꼬리를 손에 쥐고 있는 드래곤을 본 적이 있는가? 어쩌면 당신은 "저건 드래곤이 아니라 스타벅스의 인어야!"라고 생각할지도 모르겠다. 하지만 시애틀 본사에서 주장하는, 두 갈래의 꼬리를 가진 사이렌이나 인어가 아니다. 이것은 멜리진(Melusine)이라고 하는 물고기 같은 존재로, 허리 아래는 뱀, 드래곤 같고 두 개의 꼬리가 있으며, 허리 위는 사람의 모습이다. 멜리진은 민물을 다스리는 통치자로서 으스스하면서도 신성한 존재로 여겨진다.

그러면 사람들이 좋아하는 녹색 컵에 그려진 두 갈래의 꼬리를 가진 뱀은 과연 누구일까? 전설에 따르면 숲속에 살던 저주받은 아가씨로 아키텐의 공작인 레이몬드에게 발견되었다고 한다. 그는 숲에서 그녀를 만나고 아내가 되어 달라고 청했다. 그녀는 그의 청혼을 받아들였지만, 토요일마다 자신이 목욕할 때에는 절대로 방해하지 말라고 경고했다. 레이몬드는 처음에는 수락했지만 결국 의심하게 되어 목욕하는 그녀를 훔쳐봤다. 그는 자신이 본 모습에 충격을 받았고, 멜리진은 그가 몰래 훔쳐보는 것을 알아차리고 격노하며 용으로 변하여 남편을 버리고 날아가 버렸다.

그렇다. 사실 스타벅스의 두 갈래의 꼬리를 가진 인어는 오늘날에도 유럽의 여러 민물 지역에 출몰한다고 여겨지는 용이다. 그녀는 귀신 혹은 악한 영일까? 아마 아닐 것이다. 그녀는 둘째 하늘에서 어느 정도의 권세를 가지고 특정 지역을 다스리는 존재일까? 어쩌면 그럴 수도 있다.

　이제 문화를 초월하여 중국의 세계관을 이 특별한 존재에 적용해 보자. 용이 위엄과 번영을 상징한다면, 이 용을 달래는 것과 스타벅스의 연평균 수익이 250억 달러에 달한다는 것 사이에는 무슨 상관이 있을까? 단지 탄 맛 나는 커피를 팔면서 이렇게 막대한 이익을 내는 회사를 달리 설명할 방법이 있는가?

외계인

　스티븐 스필버그는 2016년 《할리우드 리포터(Hollywood Reporter)》지와의 인터뷰에서 이 우주에 오직 우리밖에 없는지에 대한 질문에 흥미를 보이며, 우리가 외계인을 발견하고 놀라는 만큼 외계인도 우리를 발견하고 놀라는 이야기를 만들고 싶다고 말했다. 그러나 사실 외계인은 우리를 발견하고 놀라지 않을 것이다. 외계인이 우리의 존재를 모른다는 생각은 지나치게 낭만적인 관점에 불과하며 오컬트(주술)나 외계 현상에서 일어나는 현실을 반영하지 못하고 있다. 사실 그들은 우리가 어떤 존재인지 정확히 알고 있다.

　알레이스터 크로울리(Aleister Crowley)는 영국의 신비술사(주술사)이자 작가이며 다양한 오컬트 및 마술 협회에 참여한 것과 '텔레마(Thelema)'라는 철학으로 유명한 의식 마술사로, 자신의 마술 수행 가운데 외계의 존재들과 접촉했다고 주장했다.

크로울리는 1918년에 차원 간 소용돌이, 곧 보이는 세계와 보이지 않는 두 세계를 연결하는 포털을 만들고자 시도했다. 아말란트라 작업(Amalantrah Working)으로 알려진 이 의식이 성공하여 영적 포털이 열렸고, 그 틈으로 외계의 존재 같은 것이 실제로 나타났다고 주장했다. 그는 그 존재를 "람(Lam)"이라고 부르며 초상화까지 그렸다. 흥미롭게도 그가 그린 람의 모습은 오늘날 흔히 묘사되는 외계인의 이미지와 닮았다.

알레이스터 크로울리가 "람"이란 부른 존재를 그렸을 당시에는 대중문화 속에 외계인에 대한 보편적인 이미지가 없었다는 점을 기억하라. 하지만 그가 그린 그림은 오늘날의 회색 외계인(Grey) 모습과 비슷하다. 이런 유형의 외계인의 전형적인 모습은 작고 가녀린 몸, 몸보다 큰 서양배 모양의 머리, 부드러운 회색 피부, 커다란 아몬드 모양의 눈, 코와 입이 뚜렷하지 않다는 것이다. 작은 콧구멍과 작은 입이 있다고 묘사되는 경우도 있다.

흥미롭게도 크로울리가 사망한 1947년에 로즈웰 추락 사건이 일어났고 케네스 아놀드(Kenneth Arnold)가 레이니어산 근처에서 비행접시 아홉 개를 목격하면서 전 세계에서 외계인 목격담이 보고되기 시작했다.

최근에는 팀 페리스(Tim Ferris)[2], 조 로건(Joe Rogan)[3], 마이클 폴런(Michael Pollan)[4] 같이 문화적으로 영향력 있는 인물을 통해 DMT[5] 같은

---

2) 팀 페리스(Tim Ferris) : 다양한 4시간 주기의 라이프 스타일을 이야기하는 작가, 투자자 - 편집자 주.
3) 조 로건(Joe Rogan) : 인기 팟캐스터, 코미디언, UFC 해설자.
4) 마이클 폴런(Michael Pollan) : 버클리의 저널리즘 교수, 작가, 언론인, 환경운동가.
5) DMT : 세르토닌성 환각제류

환각제가 일종의 복음처럼 확산되면서 전통적으로 무신론자였던 이들도 엄청나게 빠른 속도로 영의 세계에 발을 들여놓고 있는데, 이는 오래전에 알레이스터 크로울리가 접근했던 바로 그 포털로 보인다. 전에는 어둠의 기술에 대한 헌신이나 준비 의식을 필요로 하던 것이 요즘에는 맥락이나 이해도 없이 영적인 것을 추구하는 이들도 쉽게 접근할 수 있는 영역이 되었다.

2020년 5월, 건강 칼럼니스트 카슈미라 갠더(Kashmira Gander)는 《뉴스위크》지에 "DMT를 섭취하면 외계인에 납치되었다고 주장하는 사람들과 비슷한 경험을 할 수 있다는 연구 결과가 나왔다"라는 기사를 썼다. 이 기사는 이런 영역을 무모하게 탐험하는 것의 위험성과 이해하거나 안전하게 다룰 준비가 되어 있지 않은 존재들을 만날 가능성에 대해 강조한다.

이 기사에 따르면 존스 홉킨스 대학교 연구진들이 "회색 외계인"을 닮은 초자연적 존재들을 만났다고 주장하는 2,561명의 이야기를 분석 연구했는데, DMT가 유체 이탈 경험을 유도하여 마치 멀리서 이러한 존재들을 지켜보고 있는 것처럼 느껴졌다고 한다.

연구진들은 DMT로 유도된 외계인과의 만남이 종교 체험이나 임사 체험, 외계인에 납치된 경험 등 약물과 상관없이 보고된 실체들과의 만남과 공통점이 많다고 결론지었다. 기사에 따르면, 거의 모든 응답자가 외계인 같은 존재를 만났을 때 감정적 반응을 보였는데, 41%는 두려움을 느꼈다고 한다. 그러나 응답자들이 느낀 가장 두드러진 감정은 사랑, 친절, 기쁨이었다. 또 응답자의 69%는 외계인 같은 존재에게 메시지를 받았으며, 거의 5분의 1은 미래에 대한 예언을 들었다고 한다.

외계 생명체에 대한 논의의 초점이 다른 행성에 생명체가 있을 가능성에서 다른 차원이나 평행 세계에 생명체가 있을 가능성으로 바뀌고 있다. 환각제 경험이 이런 존재들과 접촉하는 수단이 될 수 있다는 이론도 있다. 릭 스트라스먼(Rick Strassman) 박사의 DMT 연구에 따르면, 참가자들이 외계의 지적 존재들을 만난 것으로 믿는다고 보고했으며 그들이 영적이거나 다른 세계의 특징을 지니고 있었고 텔레파시 등의 비언어적 수단으로 소통했다고 묘사했다. 환각제 경험으로 외계 생명체와 접촉할 가능성은 이제 과학계나 영적 공동체에서 연구되고 있다.

외계인과 관련된 주제에 대해서는 화성인이나 UFO의 존재를 뒷받침할 증거가 없음을 분명히 한다. 그러나 대중문화에서 묘사하는 "회색 외계인"과 닮은 차원 사이의 통치자들과 권세들이 있다. 이러한 외계 존재들은 우주선을 타고 다니는 것이 아니라 개인들이 열어버린 포털을 통해 우리 영역에 들어온다.

코미디언이자 팟캐스트 진행자인 조 로건은 DMT 같은 환각제 사용을 지지해 왔고, 자신의 방송에서 이들 다른 세계의 존재들과의 만남을 이야기해 왔다. 그는 DMT 연구를 수행한 릭 스트라스먼 박사와 인터뷰했는데, 박사는 자신이 만난 존재들을 외계나 다른 차원에서 온 지적 존재들로 믿는다고 말했다. 이러한 경험은 의식과 영성에 대한 조 로건의 이해에 지대한 영향을 미쳤다.

네스호 괴물

차원을 넘나드는 초자연적 존재들에 관해 탐구하다 보면, 민담이나 전설 속 미지의 동물인 네스호 괴물도 이런 범주에 속하는지 궁금해진다. 이러한 정체불명의 생물에 대한 연구는 분명 매력적인 일인데, 영적이고 초자연적인 믿음으로 가득한 담긴 풍부한 역사가 담겨 있기 때문이다.

네스호 괴물 목격담이 기록된 최초의 문헌은 성 아돔난(St. Adomnán)의 《콜룸바의 생애(Vita Columbae)》 2권 27장이다. 이 역사적 기록은 스코틀랜드를 여행하며 픽트족을 기독교로 개종시킨 6세기 아일랜드의 뛰어난 수도사 성 콜룸바의 생애를 따라간다. 이동 중 이 괴물과 마주친 성 콜룸바는 심지어 그것을 꾸짖었다고 한다. 성 아돔난은 이 이야기를 생생하고 자세하게 묘사하여 이 정체불명의 괴물과 최초로 마주쳤을 때의 상황을 엿볼 수 있는 흥미로운 단서를 제공한다.

성 아돔난에 따르면, 성 콜룸바와 일행은 네스호 근처를 지나가다가 동네 주민들에게 최근 호수의 괴물에게 공격을 받은 사람이 있다는 소문을 듣게 되었다. 그들은 소년을 장사지내고 있는 자들을 발견하고 괴물이 호수에서 헤엄치고 있는 그 소년을 끌고 갔다는 사실을 알게 되었다. 괴물이 사납게 그 아이를 물어뜯어서 사람들이 구하려 했지만, 너무 늦었다고 했다.

성 콜룸바는 이 이야기에 동요하지 않고 동료인 루그니 모큐민

(Lugne Mocumin)에게 강을 헤엄쳐 건너서 반대편에 있는 배 한 척을 가져오라고 명령했다. 모큐민이 헤엄치는 동안 괴물이 귀청이 터질 듯 포효하며 강 깊은 곳에서 모습을 드러내더니 거대한 입을 벌리고 그를 추격하기 시작했다. 이 성스러운 수행자들은 괴물이 모큐민에게 바싹 다가오자 목숨을 걸고 필사적으로 헤엄치는 모습을 보고 겁에 질렸다.

성 콜롬바는 즉시 두 팔을 들어 십자가 모양을 만들고 예수님의 이름으로 그 괴물을 꾸짖고는 모큐민을 두고 물러가라고 명령했다.

놀랍게도 괴물은 즉시 콜롬바에게 순종하여 강 깊은 곳으로 물러갔고 모큐민은 아무런 해도 입지 않았다.

스코틀랜드 하이랜드는 담수호인 네스호가 위치한 곳이며 네스호 괴물이 처음으로 목격되었다고 기록된 장소이기도 하다. 고대 문헌들에 따르면 이 지역은 신화적이고 무시무시한 괴물들이 자주 출몰하는 곳으로 오랜 역사를 지니고 있다. 전설에 의하면 이 지역에 지하세계의 사냥개부터 불을 뿜는 무서운 용에 이르기까지 온갖 이상하고 사악한 생명체들이 출몰한다고 한다. 그런 이야기 중에는 스코틀랜드의 마지막 용을 죽였다는 프레이저 글렌배키(Fraser Glenvackie)의 영웅담도 있다. 이렇게 용이 쓰러졌음에도 불구하고 네스호 괴물은 살아남아서 호수 깊은 곳에 숨어서 번성하고 있었던 것이다.

이 지역에는 네스호에 서식하는 바다 용을 비롯하여 사악한 존재들에 관한 이야기가 넘쳐난다. 켈피(Kelpy)라고 불리는 변신 능력을 지닌 존재들을 둘러싼 고대의 신화들은 또 다른 흥미를 더한다. 물말(waterhorse)이라고도 하는 이 생명체들은 뱀 형태의 괴물, 말, 털이 많은 인간의 모습, 인어 여인 등 다양한 모습으로 변신할 수 있다.

켈피의 유일한 목적은 아무것도 모르는 희생자들을 깊은 물속으로 유인하여 빠져 죽게 하는 것이었다. 이들은 말처럼 머리와 목 뒤에 갈기 같은 털을 지니고 있다고 전해진다.

또 다른 경우에는 켈피가 말의 모습이 아니라 빅풋[5]처럼 온몸이 털로 덮인 야생 인간의 모습으로 나타난다고 한다. 이와 관련된 유명한 사건이 1879년 영국의 오래된 슈롭셔 유니온 운하 39번 다리에서 일어났다. 1월 말 어느 밤 한 남자가 말을 타고 가다가 근처 숲에서 튀어나온 반은 사람이고 반은 유인원 같은 생명체에게 공격을 당한 것이었다. 텁수룩한 털로 덮인 이 생물은 사람-원숭이(Man-Monkey)로 알려졌는데, 흥미롭게도 지역 경찰은 이 생물의 출현을 수상한 정황 속에서 운하에 빠져 죽은 사람과 연관지었다.

켈피 전설은 스코틀랜드에 있는 강이나 호수 등 여러 수역과 관련이 있지만, 이 이야기들 대다수가 네스호를 중심으로 전개되는 것은 우연이 아니다. 이것이 네스호 괴물 목격담과 관련이 있다고 믿는 사람들도 있다. 네스호 괴물은 살아남은 공룡이 아니라 고대 켈트의 샤머니즘과 주술 기술 때문일 가능성이 크다. 이 "괴물"은 실제 괴물이 아니라 자기 모습을 바다뱀이나 말, 스코틀랜드판 사스콰치(Sasquatch)[6] 등의 다양한 형태로 변신할 수 있는 신비술사(주술)일 가능성이 높다.

---

5) 고릴라처럼 생긴 가상의 유인원 - 편집자 주
6) 빅풋의 다른 종류, 가상의 유인원

사스콰치

우리 가족이 시애틀에 거주하고 있기에 이 특별한 초자연적 존재는 우리에게 흥미로운 주제이다. 태평양 북서부 지역은 숨 막히게 아름다운 자연과 커피 그리고 빅풋 사냥으로 유명하다. 수십 년 동안 많은 이들이 예티(yeti)[7]를 만나고자 숲속 깊은 곳을 탐험했다. 하지만 이 지역에 사는 이들 대부분은 집에 돌을 던지거나 막대기로 나무를 두드리는 유인원 같은 존재를 믿지 않는다.

사스콰치를 봤다고 주장하는 사람들을 무시하고 싶지는 않지만, 나는 이 일에 대해 다른 관점을 가지고 있다. 나는 사스콰치 목격담에 두 가지 가능성이 있다고 본다.

1. 특정 지역을 의도적으로 괴롭히는 악한 존재들이 활동하고 있을 수도 있고, 주술이나 하나님께 대한 죄로 자신을 열어 놓았을 가능성도 있다.
2. 샤먼이나 영적 능력이 있는 사람이 자기 모습을 사스콰치로 변신한 모습을 목격한 것일 수도 있다. 이것은 네스호 괴물을 둘러싼 전설과 유사한데, 그 목격담도 실제 생물이라기보다 인간에 의한 것일 가능성으로 설명될 수 있다.

사스콰치의 뿌리는 미국 원주민의 정령 숭배이다. 사스콰치라는 이름은 샐리시어(북미 인디언 샐리시 부족의 언어) '사스쾨츠'에서 유래했는

---

[7] 흰 털 복숭이의 설인 - 편집자 주

데, 미국 북부 중앙 지역의 알곤킨 부족은 이것을 '위티코'나 '웬디고'라고 부른다. 미국 북서부 토착 원주민 부족들에게 전해 내려오는 이야기에 따르면, 사스콰치는 거대한 스컹크 유인원이 아니라 초자연적 능력을 지닌 강하고 은둔적인 영적 존재이다. 원주민 부족들은 사스콰치가 단순한 동물이 아니라 피에 굶주린 사악한 초자연적 존재라고 믿는다. 그들은 사스콰치를 죽은 자들을 사후 세계로 데려가는 죽음의 사자로 여겼다.

이것은 어째서 사스콰치를 직접 목격했다기보다는 그 소리를 듣거나 흔적을 발견했다는 등 폴터가이스트 현상 같은 것이 대부분인지 설명해 준다. 폴터가이스트 현상은 유령이나 초자연적 존재들이 큰 소리를 내거나 물건을 던지는 등 물리적으로 교란을 일으키는 것을 말하는데, 이것은 대부분의 사스콰치 목격담에서 나타나는 특징이다.

전형적인 사스콰치 목격담에는 다음과 같은 이상한 현상들이 동반된다.

1. 어디선가 갑자기 돌이 날아온다.

2. 말하는 사람은 없는데 음성이 들린다.

3. 뜬금없이 두드리는 소리가 들린다.

4. 갑자기 불쾌한 냄새가 난다(썩은 계란 냄새와 비슷하다고 한다).

5. 물건이 저절로 움직인다.

6. 누군가 또는 무언가 쳐다보고 있는 듯한 느낌이 든다.

모든 사스콰치 현상은 전형적으로 귀신 들린 집에서 나타나는 현상과 비슷하다. 그것이 숲에서 일어난다는 점이 다를 뿐이다. 흥미로운 것은 대다수의 사스콰치 목격 사례가 정령 숭배나 오컬트를 통해 악한 영이 나타나거나 귀신 들림(빙의)에 자신을 내어준 장소나 사람들과 관련이 있다는 사실이다. 이것은 사스콰치가 물리적 형태가 없다는 말이 아니다. 미국 원주민들은 사스콰치가 모습을 바꾸는 능력이 있다고 믿는데, 이것은 털로 뒤덮인 괴물이 본래 모습이 아니라는 말이다.

오늘날까지도 전 세계 여러 문화권에서 무당이나 주술사들에게 모습을 바꿀 수 있는 능력이 있다고 믿는다. 영들이 이런 능력을 선물로 준다고도 하고 부족마다 다른 고유한 관습과 의식을 통해 변신한다. 마약이나 다른 물질을 통해 무아지경 상태를 유도하여 모습을 바꾸는 경우도 있고, 의식적인 춤이나 제사 등을 통해 영들과 연결되어 능력을 받는 경우도 있다.

정리하자면, 사스콰치가 흡혈귀나 늑대인간처럼 존재한다고 말할 수는 있겠지만, 그들은 하나님의 창조 질서에 속한 자연스러운 일부는 아니다. 오히려 그들은 하나님의 창조를 왜곡하고 파괴한 악한 존재들로, 악에 자신을 내어준 사람들 때문에 발생한 것이다.

최근 친구들이 위자 보드를 가지고 놀던 방에 함께 있다가 고양이 같은 귀신에 시달리다가 사로잡힌 상태에서 축사를 경험한 청년의 이야기를 들었다. 축사가 이뤄지는 동안 그 사람 안에서 귀신이 드러나더니 말을 하기 시작했고 그의 송곳니가 고양이처럼 크고 날카롭게 변형되었다. 그러나 축사 사역이 끝난 후 그의 치아는 다시 정상적인 크기로 회복되었다.

우리는 앞으로 이러한 초자연적 존재들의 출몰이나 목격담이 더 많아질 것에 대비해야 한다. 하지만 우리가 그것에 압도되거나 미혹되지 않는 것도 중요하다. 그들은 진짜 괴물이 아니다. 단지 힘과 능력의 유혹을 받아 어둠의 제사장 무리에 들어간 이들일 뿐이다.

하늘에서 이루어진 것같이 땅에서도

예수님은 요한복음 10장 10절에서 마귀의 본질을 밝히신다. "도둑이 오는 것은 도둑질하고 죽이고 멸망시키려는 것뿐이요 내가 온 것은 양으로 생명을 얻게 하고 더 풍성히 얻게 하려는 것이라."

마귀는 이 땅과 주님이 그것을 다스리도록 세우신 자들을 경멸한다. 마귀는 자신이 이 땅을 다스리는 시간이 제한되어 있으며 심판이 임박했다는 사실을 알고 있다. 흥미로운 것은 주기도문이 마귀에게 엄청난 불편함을 준다는 사실이다. 선지자 바비 코너에 따르면, 마녀들은 주기도문을 낭독할 수 없다고 한다. 그래서 주기도문은 그들의 정체를 확인할 수 있는 유용한 도구가 될 수 있다는 것이다.

마태복음 6장 9-13절의 주기도문을 살펴보자.

하늘에 계신 우리 아버지여 이름이 거룩히 여김을 받으시오며 나라가 임하시오며 뜻이 하늘에서 이루어진 것같이 땅에서도 이루어지이다 오늘 우리에게 일용할 양식을 주시옵고 우리가 우리에게 죄 지은 자를 사하여 준 것같이 우리 죄를 사하여 주시옵고 우리를 시험에 들게 하지 마시옵고 다만 악에서 구하시옵소서 나라와 권세와 영광이 아버지께 영원히 있사옵나이다 아멘

주기도문은 우리를 인류가 하나님께 반역하기 전인 창세기 1, 2장의 순수함으로 돌아가게 한다. 또한 요한계시록 21, 22장에 묘사된 순수함, 아름다움 그리고 하늘과 땅의 연합의 회복을 우리에게 보여준다. 예수님은 어둠의 저항에도 불구하고 하늘과 땅이 다시 연합되도록 기도하라고 격려하신다. 우리는 이 기도가 응답되어 이 땅이 본래의 상태로 회복될 것이라는 확신 가운데 굳게 설 수 있다.

그러나 마귀는 이 땅을 자기 거처로 삼고 지옥과 다름없는 곳으로 만들려 한다. 그는 이 땅이 자기를 위해 창조되었다고 착각하고 있다. 과거에 마귀와 그 세력은 그림자 뒤에 숨어 이야기와 개념을 통해 사람들에게 영향을 미쳤다. "마귀가 사용하는 가장 큰 속임수는 마귀가 존재하지 않는다고 세상이 믿게 만드는 것이다"라는 유명한 말이 있다. 하지만 이제는 마귀가 숨지 않고 행동에 나서고 있는 듯하다. 미국 문화 가운데 지옥의 세력이 유혹적이고 반역적인 반기독교 프로그램을 확장시키고 있다. 사탄은 언제나 문화에 빠르게 영향을 미칠 수 있는 경로를 가지고 있었지만, 전에는 그것이 은밀하게 이루어졌다. 이제는 마귀가 자신이 살아 있고 건재하며 자신의 군대가 이 땅에 어둠의 뜻과 계획을 실행하기 위해 활발히 활동하고 있다는 사실을 드러내고 있다.

유명인사들은 손으로 한쪽 눈을 가리는 표시를 하는데, 이는 미국 달러 지폐에 있는 전시안(모든 걸 보는 눈) 위에 666을 상징하기 위한 것이다.

2023년 2월 5일, 샘 스미스(Sam Smith)[8]와 킴 페트라스(Kim Petras)[9]는 제65회 그래미 어워드에서 그들의 히트곡 "Unholy"를 불렀다. 이 공연은 사탄적 상징 때문에 비판받았고 "노골적이고 공개적인 사탄 숭배, 도대체 무슨 일이 벌어지고 있는 것인가?"라는 평가도 있었다.

선과 악의 초자연적 싸움은 궁극적으로 이 땅을 두고 벌어지는 우주적 전쟁이다. 그것은 정당 간의 싸움이 아니라 하나님과 사탄 사이의 전쟁이다. 오늘날 우리 문화 속의 치열한 영적 긴장감에도 불구하고, 우리는 이 전쟁의 궁극적 결과가 이미 결정되었다는 사실에 안심할 수 있다. 예수님은 이미 자신의 발꿈치로 뱀의 머리를 밟으셨고 이 땅에 있는 그리스도의 몸 된 교회에 권세를 회복시켜 주셨다. 요한계시록 20장 10절은 다음과 같다.

> 또 그들을 미혹하는 마귀가 불과 유황 못에 던져지니 거기는 그 짐승과 거짓 선지자도 있어 세세토록 밤낮 괴로움을 받으리라

이것이 마귀의 최종 운명이다. 그는 심판을 받아 불못에 던져짐으로 영벌을 당하게 것이다. 이 심판을 흔히 백보좌 심판이라고 하는데,

---

8) 영국 가수, 동성애자 – 편집자 주
9) 독일 가수, 트렌스젠더 – 편집자 주

이것은 사탄과 구원을 베푸시는 하나님의 사랑을 거절한 모든 자들의 최종적 패배를 의미한다.

우리는 예수 그리스도를 통해 이야기의 결말이 우리의 궁극적인 승리라는 사실을 알지만, 현재는 어둠의 세력과 영적 전쟁 중에 있다. 믿는 자로서 우리는 마귀와 그 유혹에 저항하고 믿음 안에 굳게 서서 하나님의 능력을 의지함으로 악을 이겨야 한다.

이 초자연적 전쟁은 보이는 것 너머에 더 큰 실재가 있음을 일깨워 준다. 우리는 하나님 나라를 따를 것인지 원수의 뜻과 계획에 동조할 것인지 선택할 수 있다. 신실한 용사로서 믿음의 선한 싸움을 싸우고 어두운 세상에 그리스도의 빛을 비추면서 깨지고 상한 세상 속에서 하나님 나라의 일꾼이 되어야 한다.

성경은 결국 하나님이 완전히 승리하실 것이며 죄와 악의 폐해로부터 자유로운 새 하늘과 새 땅이 임할 것이라고 약속한다. 그 새 에덴에서 우리는 메시아이자 왕이신 예수 그리스도와 함께 다스리고 통치하게 될 것이다. 땅은 하나님이 본래 계획하신 대로 회복될 것이고 하늘과 땅이 하나로 연합할 것이다. 우리는 하나님과 그분의 가족과 영원히 하나 되어 더 이상 헤어지지 않을 것이다. 우리에게는 왕의 재림을 위해 이 땅을 준비시켜야 할 중요한 역할이 있지만, 먼저 어둠과 빛 사이에서 영적 전쟁에 참여해야 한다. 우리는 의로운 남은 자로서 믿음 안에 굳게 서서 구원의 기쁜 소식을 담대하게 선포한다. 예수님을 더욱 닮아가기를 추구하는 여정 가운데 흔들리지 않으며 주저하거나 변명하지 않고 초자연적인 것들을 받아들인다.

활성화 기도

나는 그리스도의 마음과 생각을 가졌으며 왕이신 예수님의 지혜와 분별력이 충만함을 선포합니다.

우리 집은 성령님을 기꺼이 맞아드린 평강과 기쁨의 지성소임을 선포합니다! 성령님과 뜻을 같이하지 않는 모든 영은 환영하지 않으니 지금 예수님의 이름으로 떠나갈 것을 명하노라! 우리 가족이 주님의 강한 손으로 보호받으며 주님의 천사들이 우리를 둘러 진 치고 있음을 담대히 선포합니다.

나는 당당한 초자연적 존재이며 성령을 힘입어 예수님이 하신 일뿐만 아니라 그보다 더 큰일도 할 수 있다고 선포합니다. 내가 담대히 주님의 진리를 선포하고 주님의 능력을 나타내는 곳마다 표적과 기사와 이적이 따르게 하소서.

하나님이 나와 함께 계시므로 해를 두려워하지 않을 것을 담대히 선포합니다. 나는 어둠을 몰아내고 하나님 나라의 좋은 소식을 전파하며 구원에 이르는 하나님의 능력을 나타내도록 부름 받았습니다.

나는 주님의 군대의 빛의 군사이며 하나님의 전신갑주로 무장하고 원수의 궤계에 맞서 굳건히 섰음을 선포합니다. 내가 어둠 속에서 빛을 비추게 하시고 길을 잃고 상한 사람들에게 소망과 치유를 전하게 하소서.

예수님의 능력의 이름으로 기도합니다. 아멘!

모든 그리스도인은 하나님의 자녀일 뿐만 아니라
또한 하나님의 제사장이다.
따라서 인간 중개자 없이 그분의 임재 앞에 직접 나아갈 수 있다.

_R. C. 스프롤

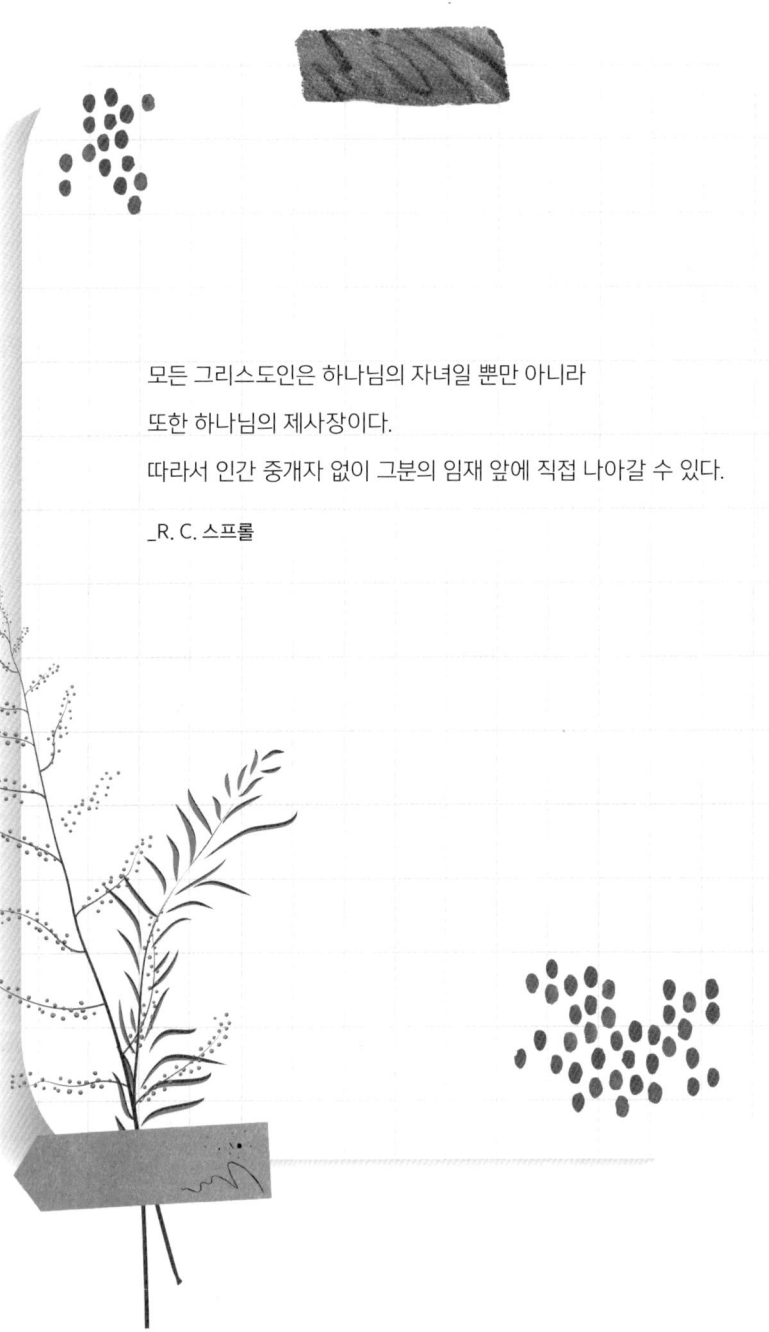

9장 제사장 직분

| 9장 |

2023년 3월 7일, 《뉴욕 포스트》지에 섬뜩한 사건이 보도되었다. 콜롬비아의 한 학교에서 30여 명의 여학생이 위자 보드를 가지고 놀다가 병원에 실려 갔다는 내용이었다. 기사에 따르면 이들은 극심한 불안 발작과 실신 등의 증상들을 겪었으며, 이로 인해 그들의 안전이 우려된다고 했다. 그보다 1년 전인 2022년 11월 12일에 비슷한 사건이 있었는데, 13~17세의 학생 11명이 학교 복도에 의식을 잃은 채 쓰러져 있는 것이 발견되었다. 그들은 심한 구토와 복통, 근육 경련을 호소했고 침을 질질 흘리고 있었다. 하토 시 시장인 호세 파블로 톨로자 론돈은 우려를 표하며 아이들이 발견될 당시 숨을 제대로 쉬지 못하는 상태였고 이 사건이 위자 보드를 가지고 논 후에 일어났다고 말했다.

2019년 5월 14일, 가톨릭 매체/블로그인 "크럭스(Crux)"는 로마에서 여러 기독교 교회 대표들이 가톨릭 사제들과 만나 퇴마(또는 구마, exorcism)에 대해 의논하는 회의가 있었다고 보도했다. 이 자리에서 제기된 우려 중 하나는 귀신 들림을 경험하려는 사람들이 점점 늘어나고 있다는 사실이었다.

북미 성공회의 엔리히 융거(Enrich Junger) 신부는 크럭스와의 인터뷰에서 퇴마는 항상 어려운 문제였지만, 최근에는 자발적인 빙의가 증가하고 있다고 전했다. 그는 이러한 현상이 증가하는 이유로 위자 보드나 샤머니즘이 인기를 끄는 것을 지목하면서 이러한 방법으로 의식 상태를 변화시켜 영적 세계와 소통하거나 초월적 에너지를 끌어들이려 한다고 했다. 사람들이 빙의됨으로 얻게 된다는 "힘"에 끌린다는 설명이었다.

융거 신부에 따르면, 많은 청년들이 귀신과의 대화를 유도하는 게임을 한 후 결국 귀신 들리거나 정신적 혼란을 겪게 되는데, 드러내 놓고 샤머니즘을 통해 빙의를 구하는 사람들도 있다고 한다. 이처럼 자발적인 빙의가 증가하면서 가톨릭교회에서는 가정에서 퇴마 의식을 시도하지 말라고 주의를 주고 있다. 또한 이러한 의식은 해당 지역의 관할 주교에게 명시적으로 허가를 받고 서품을 받은 사제만 수행해야 하며, 그에 앞서 철저한 의료 검진으로 정신질환이 내제된 자들은 배제해야 한다고 강조한다. 가톨릭교회에서는 서품을 받은 사제가 하나님을 대신하여 행동하고, 말하고, 이 땅에 하나님의 권위를 나타낸다고 여긴다.

이 땅에 어둠이 드리우면서 예수 그리스도의 교회에 임하는 엄청난 계시가 회복되고 있음을 인식해야 한다. 여기에는 이 땅에서 오직 선택받은 제사장들만이 그리스도를 대신해 말하고 행동할 권세를 소유하게 될 것이며 점점 더 강해지는 어둠의 조류를 무너뜨리고 몰아낼 능력을 가지게 될 것이라는 깨달음이 포함된다. 이 새로운 제사장

무리의 힘과 원리를 이해하려면 성경을 살펴볼 필요가 있다.

제사장 직분에 대한 하나님의 원 계획

많은 이들은 에덴이 처음부터 단지 동산이었을 것이라고 생각하는데, 정확한 것은 아니다. 창세기는 에덴이 동산이 딸린 성전이었음을 암시하는 단서나 표현을 사용한다. 에덴은 하늘과 땅, 두 영역이 만나는 교차점이었다. 하나님은 아담을 에덴에 두시고 생육하고 번성하고 땅을 정복하라는 사명을 주셨다.

창세기 2장 15절에서 하나님은 아담에게 에덴을 "경작하며 지키게" 하셨다. 이 두 동사는 히브리어로 각각 '아바드(עבד)'와 '샤마르(שמר)'이다. '아바드'의 뜻은 일반적으로 "일하다"나 "섬기다"로, 농사보다는 종교적 섬김의 맥락에서 주로 사용된다. '샤마르'의 뜻은 "지키다"나 "감시하다"이며 제사장의 직무와 관련하여 사용되는 경우가 많다.

예를 들어 출애굽기 28장 36절에서 하나님은 모세에게 금패를 만들어 "여호와께 성결"이라고 새기게 하신다. 이 금패는 대제사장이 머리에 쓰는 관에 붙여야 했다.

> 이 패를 아론의 이마에 두어 그가 이스라엘 자손이 거룩하게 드리는 성물과 관련된 죄책을 담당하게 하라 그 패가 아론의 이마에 늘 있으므로 그 성물을 여호와께서 받으시게 되리라 _출 28:38

여기서 '샤마르'라는 단어는 백성의 죄책을 담당하고 그들의 성물, 곧 거룩한 예물이 여호와 앞에 받아들여지도록 하는 대제사장의 책임을 보여 준다. 다시 말해 대제사장에게는 예물과 백성의 거룩함을 지키고 감시하여 하나님이 받으실 수 있도록 유지해야 할 책임이 있었다. 또한 민수기 18장 7절에서도 하나님이 아론에게 다음과 같이 말씀하신다.

> 너와 네 아들들은 제단과 휘장 안의 모든 일에 대하여 제사장의 직분을 지켜 섬기라 내가 제사장의 직분을 너희에게 선물로 주었은즉 거기 가까이 하는 외인은 죽임을 당할지니라

여기서 '샤마르'는 제사장들이 자신의 직분을 지키고 감시해야 할 임무를 설명하는 말로 사용되는데, 여기에는 제단과 휘장 안쪽 지성소의 성물들에 대한 책무도 포함된다. 또한 제사장들은 자신의 직무에 따라 섬겨야 하며 허락 없이 나아오는 자는 누구든 죽임을 당할 것이라는 경고를 받았다.

전반적으로 성경에서 '샤마르'는 동산지기가 아니라 제사장의 임무를 묘사하는 말로, 그들에게 맡겨진 것들과 사람들의 거룩함을 지키고 보호하여 하나님이 받으실 수 있도록 유지해야 했다.

창세기 2장 15절은 '아바드'와 '샤마르'를 함께 사용하여 아담이 단지 식물과 동물을 돌볼 뿐만 아니라 에덴을 거룩하고 특별한 곳, 야훼와 그분의 거룩한 회중을 위해 구별된 성전으로 유지하고 보호해야

했음을 시사한다.

인류에 대한 하나님의 본래 의도와 계획은 우리가 모두 동산지기가 되는 게 아니라 제사장이 되어 온 땅이 야훼를 위한 하나의 성전이 될 때까지 에덴을 돌보고 확장시키는 것이었다. 이 계획은 인류가 하나님께 반역함으로 심각하게 저지, 지체되었다. 하지만 하나님은 자비를 베푸셔서 예루살렘이라는 임시적인 그림자 도시, 곧 장차 올 온전한 계획을 보여 주는 도시를 세우셨다. 이스라엘은 인류의 본래 부르심인 제사장직을 보여 주는 민족이자 나라였다. 그래서 이스라엘에 성전과 제사장 직분이 있었던 것이다.

예수님이 제자들에게 기도하는 법을 가르치실 때 "나라가 임하시오며 뜻이 하늘에서 이루어진 것같이 땅에서도 이루어지이다"라고 아버지께 구하라고 말씀하셨다. 이것은 기도할 때 모든 것이 원래의 모습으로 다시 회복되기를 구하라는 말씀이었다. 성경의 마지막 책인 요한계시록을 이르면, 예수님의 그 기도가 응답되는 장면을 보게 된다. 사실 성경은 교회가 하늘로 올라가는 것이 아니라 하늘이 내려오는 것으로 끝난다. 새 예루살렘, 하나님의 도성, 새 에덴이 내려와서 이 땅과 연합하며 만물을 회복할 것이다.

이것은 미래에 성취될 일이지만, 본래 우리 삶을 향한 하나님의 제사장적 부르심 안으로 다시 들어가기 위해 기다리고 있을 필요는 없다. 우리의 완전한 대제사장이자 왕이신 예수 그리스도의 삶과 죽음, 장사되심, 부활을 통해 우리는 그분의 제사장직 안으로 들어가게 되었고 그분에 의해 제사장으로 임명되었다. 그러므로 우리는 제사장으로서 이 땅에 하나님의 성전을 회복하는 일에 부름 받았다는 것을 이해해야 한다.

목적 안으로 들어간 아브라함

창세기 18장 16-33절에서 주의 사자(야훼께서 친히 육신을 입으심)와 두 천사가 아브라함의 장막을 떠나 악한 소돔 성을 향해 길을 떠난다. 하나님은 그분 앞에 상달된 불의의 부르짖음이 크고 그 죄악이 심히 무겁기 때문에 소돔을 멸하기로 작정했다고 선언하신다. 그러자 아브라함이 나서서 치열한 협상을 벌이듯 담대하면서도 유머러스한 이야기를 나눈다. 많은 이들은 조카인 롯과 그 가족이 소돔에 살고 있었기에 아브라함이 야훼의 마음을 돌리려고 지혜롭게 중재한 것이라고 추측한다.

아브라함은 만일 그 성에 의인 50명이 있다면 그들을 악인과 함께 멸하시겠느냐고 하나님께 여쭙는 것으로 시작한다. 하나님은 만일 의인 50명이 있으면 그 성을 용서하겠다고 말씀하신다. 그러자 아브라함은 이번에는 의인이 45명이어도 자비를 베푸시겠느냐고 다시 질문한다. 이런 식의 대화가 아브라함과 하나님 사이에 한참 오가다가 마침내 그 수가 10명까지 줄었다. 아브라함은 "그 성에 의인이 10명밖에 없다면, 그 10명을 악인과 함께 멸하시겠습니까?" 하고 묻는다. 그러자 주님은 그 10명을 위해 자비를 베풀겠다고 말씀하셨고, 이에 아브라함은 주님이 소돔으로의 여정을 계속하시도록 놓아 드렸고 자신은 집으로 돌아갔다.

자, 여기서 무슨 일이 벌어지고 있는가? 이것은 롯에게 자비를 베푸시게 하려고 아브라함이 하나님을 교묘하게 설득하고 협상하는 것이 아니다. 여기서 우리가 배워야 할 것이 있다. 아브라함은 하나님께 한 도시에 몇 명의 의인이 있어야 도시 전체에 영향을 미칠 수 있는지 질문하고 있는 것이다. 그는 단지 자신의 조카와 그 가족만 구하려고 한 게 아니었다.

아브라함은 한 도시를 구하려면 무엇이 필요한지 주님께 구하다가 의도하지 않게 자신을 향한 하나님의 계획, 곧 제사장직을 맡게 되었다.

설명하자면, 제사장은 하나님과 사람들 사이의 중재자로 여겨졌다. 중재자라는 말에는 강력한 의미가 있는데, 이는 기꺼이 갈등이나 분쟁에 개입하여 합의에 이르도록 돕는 자, 사이를 연결해 주는 자를 말한다. 제사장들은 주님 앞에서는 사람들을 대표하고 반대로 사람들 앞에서는 하나님을 대표한다. 그들은 사람들 사이의 연결고리 역할을 하여 화해를 이루어내는 중재자였다. 중보자이자 중간자였다.

본문에서 아브라함에게는 법적으로 소돔을 대표할 권한이 없었지만, 제사장적 역할에 나서면서 악한 소돔 백성을 대신하여 주님 앞에 나아갔다. 그는 소돔 백성을 위해 하나님의 자비를 구했다. 마찬가지로 아브라함의 삶은 야훼의 뜻을 이 땅에 드러냄으로써 하나님의 신실하심과 구속 계획을 사람들에게 알려 주었다.

그의 삶 자체가 인류를 향한 하나님의 본래 목적 안으로 들어오라는 메시지이자 설교, 예언적 말씀이며 초청이었다. 본래 에덴에서 받은 명령은 생육하고 번성하며 청지기로서 이 땅을 잘 돌보고 관리하여 야훼의 성전으로 변화시키라는 것이었다. 우리는 제사장 무리의 일원으로 부름 받은 자들이었다.

우리의 대제사장 예수님

초자연적 신자로서 예수님이 우리의 대제사장이시라는 개념을 이해하고 받아들이는 것이 대단히 중요하다. 예수님이 희생제물이 되셔서 우리가 인간 중재자 없이 하나님께 직접 나아갈 수 있게 되었다. 이제 우리는 그분의 거룩한 본성에 참여하는 자들이며 이 땅에 하늘의 대사로 부름 받았다.

그러나 이것은 단순히 지적으로 이해하는 데 그칠 정보가 아니라 실질적으로 살아내야 할 책임이다. 우리는 하나님의 자녀로서의 정체성과 소명 안으로 담대히 들어가도록 부름 받았다. 하늘과 땅에서 하나님과의 친밀한 교제에 들어갈 수 있는 특권과 그분의 뜻을 이 땅에 실현할 수 있는 권세와 책임을 온전히 받아들이며 살아가야 한다. 우리는 예수님이 우리를 위해 하신 것과 마찬가지로 화해와 구속, 다른 사람들을 위한 중보와 변호의 역할을 감당하는 자로 부름 받았다.

예수님이 우리의 대제사장이시라는 진리를 가벼이 여기거나 무시해서는 안 된다. 이것은 행동하라는, 곧 예수님 안에서 우리의 진정한 정체성 안으로 들어가서 우리의 부르심 가운데 확신 있게 행하라는 부르심이다. 우리는 어둠 속의 빛이요, 이 땅의 소금이며, 주변 사람들에게 소망의 목소리로 부름 받았다.

그러므로 예수님이 우리의 대제사장이시라는 개념을 이해하고 열정과 목적의식을 가지고 그러한 삶을 살아내자. 우리는 예수님을 통해 하나님께 직접 나아갈 수 있다. 그러므로 은혜의 보좌로 담대히 나아가자. 성령님이 우리의 사명을 성취하고 세상을 변화시킬 수 있게 능력을 부어 주셨다. 그러므로 하늘의 대사로서 우리의 책임을 감당하자.

오직 제사장 직분으로만 이 어둠을 무너뜨릴 수 있다

이 책을 마무리하며 이제 행동에 나서도록 도전하고 힘을 주고 싶다. 우리는 어둠이 가득한 세상에 살아가고 있고, 이런 어둠은 강력한 제사장 직분으로만 무너뜨릴 수 있다. 앞서 말했듯이 가톨릭교회는 귀신을 쫓아낼 때 위임 받은 제사장의 능력과 권세가 중요하다는 사실을 안다. 그러나 우리는 믿는 자로서 모두가 제사장직에 속해 있다는 사실을 배우고 있다. 그렇다. 우리는 제사장이다! 하나님이 우리를 택하셔서 이 땅에 그분을 드러내게 하셨다. 마틴 루터는 만인 제사장론이 신학자들뿐만 아니라 모든 그리스도인을 위한 교리라고 했다. 제사장인 우리에게는 그리스도의 능력과 권세가 있다. 우리는 그분의 손과

발이며, 음성이고, 그분의 대리자이다. 우리는 병든 자를 고치고 나병 환자를 깨끗하게 하며 죽은 자를 일으키고 귀신을 쫓아낼 수 있다. 이것은 아무 의미 없는 말이 아니라 그리스도의 기름부음 안에서 행하는 자들의 실재이다.

지금이 우리의 때다! 앞으로 나아가 제사장의 역할을 완수해야 할 때이다. 우리는 섬기고 베풀며 하나님의 성품, 본성, 권세를 이 땅 위에 나타내도록 부름 받았다. 자신의 믿음을 중요시하지 않는 사람들을 억지로 끌고 가려고 인생을 낭비하지 말라. 이제 그리스도 안에 있는 우리의 초자연적 본성과 권세 안으로 들어가서 사로잡힌 자들을 자유롭게 할 때이다.

기억하라. 우리는 다음과 같은 자들이다.

- 영적인 집이다.
- 거룩한 제사장이다.
- 택하신 족속이다.
- 왕 같은 제사장이다.
- 거룩한 나라이다.
- 하나님의 소유된 백성이다.
- 우리는 어둠 속에 빛을 비추고 절망한 자들에게 소망을 주며 포로 된 자들에게 자유를 전하라는 하나님의 명령을 받았다.

그러므로 나는 오늘 당신에게 도전한다. 제사장의 무리에 들어가서 같은 멍에를 매고 당신의 부르심에 합당한 삶을 살아가라. 마태복음 10장 8절 말씀처럼 "너희가 거저 받았으니 거저 주라." 믿음으로 강하고 담대하게 나아가서 당신의 기름부음으로 변화를 일으키라.

제사장으로서 활동할 때

1. 자신을 초자연적 존재로 보기 시작하라

이제 보이는가? 단순히 육안으로 보거나 모두가 다 보는 것을 관찰하는 것이 아니라 하나님이 이루고 계신 위대한 일, 그분이 계속 해오신 일들이 보이는가? 그것은 창세기에서 요한계시록에 이르기까지 성경 전체를 관통하며 하나로 엮어지고 있는 장엄하고도 정교한 하나님의 작품, 마치 거대한 태피스트리(그림을 짜 넣은 직조물)와 같다. 이것은 하늘과 땅의 연합, 인간의 불순종과 반역이 초래한 분리와 분열, 새 예루살렘의 건설, 이미 있었고 아직 오지 않은 일에 대한 예언적 비전을 모두 아우른다. 여기에는 메시아의 오심과 인류가 하나님과 하나 되는 회복 계획, 예수 그리스도의 복음이 새로운 제사장 직분을 통해 전파되고 결국 왕이신 예수님이 돌아오셔서 심판하시고 만물을 회복하실 것들이 포함된다.

이제 이 이야기의 흐름을 이해했다면, 우리가 초자연적인 일들을 추구하는 것은 단순히 친구들과 쇼핑몰에서 가서 예언적인 활동을 해보는 것과는 비교가 되지 않는다는 것을 분명히 알았을 것이다. 이것은 한 세대에게 이 땅에서 그들의 제사장적 목적과 사명을 일깨우는 일이다. 그리스도의 몸 된 교회가 하나님이 주신 은사에 대해 책임을 지는 것이다. 이것은 우리의 권세를 깨닫고 혼란 속에 뛰어들어 질서를 회복하는 일이다.

우리의 눈은 우리를 속이려 할 것이다. 패배를 인정하고 상황을 그냥 받아들이라고 설득할 것이다. 마찬가지로 다른 사람들의 눈도 과거의 실패 등 다른 결격 사유를 들먹이며 우리는 자격이 되지 않는다고 할 것이다.

그러나 다윗의 예를 보자. 물맷돌 하나로 거인 골리앗을 쓰러뜨렸을 때 그는 어린 목동에 불과했다. 또는 모세는 80세의 나이에 이스라엘 백성을 애굽에서 이끌어내야 했다. 이들은 너무 어리거나 너무 나이가 많아서 자격이 되지 않는다고 여겨지던 한두 가지 예에 불과하지만, 하나님의 도우심으로 위대한 일을 성취했다. 우리가 예수님께 "예"라고 대답하면, 그분은 우리의 연약함을 통해 그분의 능력을 나타내신다.

게다가 우리의 실수나 실패로 마음이 흔들리는 것은 당연한 일이다. 때로는 우리가 하나님께 쓰임 받을 만큼 훌륭하지 못하다는 생각이 든다. 그러나 성경에는 실수했지만, 하나님의 계획 안에서 구속과 목적을 발견한 이들을 찾아볼 수 있다.

예를 들어 사도 바울은 한때 그리스도인들을 박해하며 철저히 증오하고 악랄하게 대하는 자였다. 하지만 예수님을 만난 후 초대교회의 가장 영향력 있는 인물 중 하나가 되어 사랑 장으로 유명한 고린도전서 13장을 기록했다. 하나님은 바울을 구속하셨고 그를 통해 복음을 전하면서 신약의 중요하고도 많은 부분을 기록하게 하셨다. 마찬가지로 다윗 왕도 간음과 살인이라는 큰 죄를 지었지만, 그런 후에도 여전히 하나님 마음에 합한 사람으로 불렸다. 자기 죄를 회개하자 하나님이 용서하셨고 이스라엘의 지도자로 그를 계속 사용하셨다.

용기를 내라! 이들은 우리의 과거와 상관없이 우리가 하나님의 은혜와 용서를 받을 수 있음을 보여 준다. 우리가 아무리 상하고 깨진 것처럼 느껴지더라도 하나님을 섬기는 것에서 목적과 의미를 찾을 수 있다. 수치심과 죄책감은 우리를 하나님의 사랑과 은혜, 능력을 온전히 경험하지 못하게 가로막을 수 없다. 하나님은 과거의 실수나 연약함 너머를 보시며 우리의 가장 어두운 순간까지도 그분의 영광과 우리의 유익을 위해 사용하신다.

제사장으로서 이 세상을 하나님의 눈으로 보기 시작하는 것이 대단히 중요하다. 이것은 우리의 부르심에 그리고 공동체와 세상을 섬기는 데 반드시 필요하고 핵심적인 요소이다. 하나님의 눈으로 세상을 보면 분별력과 목적이 생김으로써 무엇이 정말로 중요한지 우선순위를 정하고 당신의 영광스럽고 초자연적인 사명에 집중할 수 있게 된다. 또한 성령님과의 관계를 깊어지게 하여 자신이 경험하고 깨달은 것들의 의미를 활용하여 주변 세상을 더 잘 섬기게 될 것이다.

2. 지금 이 땅에서의 삶 가운데 초자연적 타이밍을 인식하라

지금 이 땅의 삶 가운데 초자연적 타이밍을 인식하려면 관점의 변화가 필요하다. 세상의 부정적인 측면에 초점을 맞추지 말고, 더 큰 그림을 보며 우리가 이와 같은 때를 위하여 왕의 자리에 있게 되었다는 사실을 알아야 한다. 이사야서 60장 1절은 우리에게 다음과 같이 일깨운다.

> 일어나라 빛을 발하라 이는 네 빛이 이르렀고 여호와의 영광이 네 위에 임하였음이니라

이것은 하나님을 섬기며 인류를 향한 그분의 계획에 동참할 수 있는 기회를 주신 것에 감사하며 응답하라는 부르심이다.

우리를 둘러싼 부정적인 기운과 어둠에 사로잡혀 바로 지금이 역사상 가장 어둡고 악한 때라고 오해하고 착각하기 쉽다. 우리는 불평하거나 원망하고 싶은 유혹에 맞설 뿐만 아니라 전례 없는 독특한 도구와 기회들이 주어진 것에 집중해야 한다.

생각해 보라. 인류 역사상 이처럼 세계가 좁아져서 미전도종족에 다가가기 쉬운 때가 없었다. 교통 기술의 발달로 세계를 여행하는 것이 쉽고 빨라졌다. 인터넷이나 휴대폰이 소통에 변화를 가져와서 전 세계 사람들과 실시간으로 소통할 수 있게 되었다. 세계 경제가 점점 더 긴밀하게 연결되어 재화와 용역이 국경을 자유롭게 넘나들면서 사람들도 전 세계를 상대로 일하고 비즈니스 할 수 있는 기회를 얻게 되었다. 이처럼 이동과 소통이 쉬워지면서 새로운 생각이나 관점도 더 열린 마음으로 잘 받아들이게 되었다. 사람들은 정보에 접근하여 급

진적이고 초자연적인 소망, 즉 복음을 찾아다니고 있다!

지금 이 시대를 살아가는 것에는 도전과 어려움도 있음을 인정해야 한다. 세상에 대해 냉소적, 비관적이 되거나 우리의 문제들에 짓눌리기 쉽다. 그러나 전례 없는 기회에는 전례 없는 책임이 따른다는 사실을 유념해야 한다. 우리의 독특한 도구와 능력을 사용하여 세상에 긍정적인 영향을 미치고 하나님의 영광을 위한 구속의 통로가 되는 것은 우리에게 달려 있다.

3. 문제에 초점을 맞추지 말고, 초자연적 기회에 집중하라

도전에 직면하면, 그 문제에 집착하며 압도당하기 쉬워진다. 그러나 하나님 나라에는 문제가 없다. 오직 기회만 있을 뿐이다. 성경 전반에 걸쳐 문제가 생기면 하나님의 은혜로 어려움 가운데 초자연적 기회를 발견할 수 있다는 격려의 메시지를 발견할 수 있다. 로마서 8장 28절은 다음과 같이 말씀한다.

> 우리가 알거니와 하나님을 사랑하는 자 곧 그의 뜻대로 부르심을 입은 자들에게는 모든 것이 합력하여 선을 이루느니라

주의 깊게 살펴보면 모든 시련 속에는 하나님을 친밀하게 알고 놀랍게 영광 돌릴 만한 소중한 요소들이 있음을 발견하게 된다.

우리는 문제에 압도되지 않고 그것을 성장과 변화의 기회로 여길 수 있다. 어둠 속에 숨겨진 초자연적인 가능성에 집중함으로써 돌파와

승리의 문, 통로를 만들어낼 수 있다. 이러한 도전들은 우리 안에 있는 결단과 의지를 불태워 원수에 맞서게 함으로써 승리의 간증을 다른 사람들에게 나눌 수 있게 한다.

그러니 바로 지금 삶 가운데 어려움을 겪고 있더라도 낙심하지 말라. 오히려 관점을 바꾸어 이러한 도전들이 하늘의 빛을 환히 비추고 더 큰일들을 향해 나아갈 기회임을 인식하라. 초자연적인 하나님 나라의 기회들이 어둠 속에서 우리가 들어오기를 기다리고 있다. 문제를 두려워 말라. 하나님을 두려워하라!

이제는 관점을 바꾸어 어둠 속에 있는 기회를 볼 때이다. 문제에 얽매여 주저앉지 말고 오히려 새로운 기회의 문을 여는 디딤돌이 된다는 사실을 인식해야 한다. 이러한 거룩한 기회들을 통해 커다란 장애물을 극복하고 큰 승리를 쟁취하며 새롭게 발견한 계시를 세상에 나눌 수 있게 된다.

삶의 문제들에 낙심하지 말고 오히려 기뻐하기로 선택해야 한다. 왜냐하면 이러한 환난들이 원수와 맞서 싸우는 데 필요한 탄약, 곧 무기가 되기 때문이다. 도전을 통해 우리의 기술을 갈고 닦으며 더 강한 회복력과 인내심을 키우게 된다. 그것은 성장과 발전의 촉매제가 되어 우리로 하여금 어둠 속에 빛을 비추게 한다.

그러므로 문제에 초점을 두지 말고 시선을 돌려서 반대편에서 당신을 기다리는 가능성을 받아들이라. 예언적 관점과 이겨내겠다는 결단으로 성령님과 동역하면 환난을 승리로 바꿀 수 있고 주변 사람들에게 소망의 등대가 될 수 있다.

4. 하나님께 "예!"라고 대답하라

하나님께 "예"라고 응답하라는 부르심은 새로운 것이 아니다. 성경 전반에 걸쳐 우리는 하나님의 부르심에 결연히 응답하고 그로 인해 삶이 영원히 변화된 사람들을 보게 된다. 창세기 12장 1-3절에서 하나님은 아브람을 부르셔서 본토 친척 아비 집을 떠나 그분이 보여주실 땅으로 가라고 하셨다. 아브람은 "예"라고 대답함으로써 많은 나라의 아버지가 되었다.

마찬가지로 신약에서도 제자들은 예수님이 부르셨을 때 모든 것을 내려놓고 그분을 따랐다. 그들이 "예"라고 대답하자, 그것이 그들의 삶과 역사의 흐름을 바꾸어버렸다. 누가복음 5장 8절에서는 예수님이 기적을 행하셔서 그들의 배에 물고기가 가득 차자 시몬 베드로는 그분 앞에 엎드려 "주여 나를 떠나소서 나는 죄인이로소이다"라고 말한다. 하지만 예수님이 "무서워하지 말라 이제 후로는 네가 사람을 취하리라"(눅 5:10)고 말씀하시자 시몬 베드로와 동료인 야고보, 요한이 모든 것을 놔두고 그분을 따랐다.

하나님께 "예"라고 응답한다는 것은 우리의 뜻과 욕망을 그분께 내려놓고 우리의 삶과 미래를 맡겨 드린다는 의미이다. 즉 두려움과 의심을 내려놓고 믿음으로 나아가며 하나님이 결코 우리를 떠나지도 버리지도 않으심을 아는 것이다. 우리가 하나님께 "예"라고 아뢰면, 그분의 속성과 능력으로 우리를 무장시켜 주신다. 또한 번개 같은 그분의 임재와 놀라운 기적이 우리를 통해 더욱 강력하고 정확하며 빠른 속도로 흘러가게 될 것이다.

그러므로 그냥 하나님을 기다리거나 그분께 마음을 열어 두기만 하지 말고 시편 119편 10절의 "내가 전심으로 주를 찾았사오니 주의 계명에서 떠나지 말게 하소서"라는 말씀처럼 마음과 뜻을 다해 하나님께 "예"라고 응답하자. 예수님을 따르고 그분을 위해 살아가며 그분의 성품과 능력을 지닌 사역자가 되기로 선택하자. 그래서 그분이 우리의 삶과 우리 주변 사람들의 삶을 변화시키시는 모습을 지켜보자.

5. 나아가라

사랑하는 친구들이여, 지금은 에덴을 확장하라는 부르심을 받아들일 때이다. 하나님이 아담과 하와에게 에덴 동산을 경작하고 지키라고 명령하신 것처럼, 우리도 이 땅에 하나님 나라를 일구고 확장시키도록 부름 받았다. 미국의 신학자이자 교수인 리처드 마우(Richard Mouw)는 이 땅의 제사장이면서 하나님 나라를 확장시켜야 하는 부르심 사이의 긴장감에 대해 이렇게 말했다. "믿는 자들이 받은 제사장 직분은 개인주의나 고립주의를 허가하는 것이 아니다. 이는 오히려 그리스도의 사명 안에서 공동체를 이루고 협력하라는 부르심이다."

이렇게 나아가려면 성장의 가치를 인정해야 한다. 그런데 성장에는 변화가 필요하다. 전도서 3장 1절에는 "범사에 기한이 있고 천하만사가 다 때가 있나니"라고 기록되어 있다. 우리는 기꺼이 이전 것을 내려놓고 주님이 우리를 통해 일으키시려는 새로운 것들을 받아들여야 한다.

이렇게 나아간다는 것은 전환과 승진을 의미한다! 하나님이 요셉을 죄수에서 애굽의 통치자로 높이셨듯이 우리가 그분께 신실하게 순종할 때 우리를 높여 주실 것이다. 그러나 순종이 가장 중요하다는 사실을 기억해야 한다. 신명기 28장 1절에서 하나님은 자신의 명령에 순종하는 자들에게 축복을 약속하셨다. 그러므로 이처럼 나아가려고 열망하면서도 하나님을 영화롭게 하며 자기 야망이나 권력욕이 궁극적인 동기가 되지 않도록 주님께 대한 순종으로 이끌림을 받도록 힘써야 한다 하나님의 뜻은 우리의 순종을 통해 이루어진다. 미가서 6장 8절은 다음과 같이 기록한다.

> 사람아 주께서 선한 것이 무엇임을 네게 보이셨나니 여호와께서 네게 구하시는 것은 오직 정의를 행하며 인자를 사랑하며 겸손하게 네 하나님과 함께 행하는 것이 아니냐

우리는 하나님 앞에 겸손히 낮아져서 그분의 뜻을 행하고자 힘써야 한다.

결론적으로 하나님 나라의 확장과 전진을 다른 사람과 비교하는 것은 위험한 덫이 되어 우리를 잘못된 길로 이끌 수 있다. 스스로 자격 미달이라고 느끼거나 우리를 교만에 빠지게 할 수도 있는데, 둘 다 하나님의 뜻에 어긋난다. 하나님 나라의 성공은 부, 지위, 권력 같은 이 땅의 기준으로 측정되지 않는다. 오히려 그것은 하나님의 명령에 대한 순종과 그분을 섬기려는 헌신과 의지로 측정된다.

그리스도를 따르는 자로서 우리의 시선을 땅의 보물에서 하늘의

보물로 옮겨야 한다. 우리가 하늘에 쌓는 보물은 이 땅의 보물처럼 썩거나 사라지지 않는다. 그것은 영원하며 아무도 우리에게서 빼앗아갈 수 없다. 우리는 하나님께 충실히 순종하고 마음을 다해 하나님을 섬김으로써 하늘에 보물을 쌓을 수 있다.

그러므로 자신을 남과 비교하거나 또는 이 땅의 인정이나 성공을 구하는 덫에 빠지지 않도록 해야 한다. 그 대신에 하나님께 충성스럽게 순종함으로써 하늘에 보물을 쌓자. 우리가 가진 모든 것으로 그분을 섬기는 데 집중하고 그분이 영원히 사라지지 않을 보물을 상으로 주실 것을 신뢰하자. 신실한 청지기로서 하나님이 주신 선물과 은사들을 잘 관리하며 항상 우리가 하는 모든 일로 하나님께 영광 돌리자.

활성화 기도

사랑하는 하늘 아버지,

아버지의 아들 예수 그리스도를 귀한 선물로 주셔서 감사합니다. 예수님은 우리가 주님의 거룩한 성품에 참여하여 당당하게 초자연적인 삶을 살아갈 수 있게 해 주십니다. 우리 자신을 초자연적으로 보게 하시고 주님이 이 세상 가운데 이루고 계신 위대한 일을 깨닫기를 기도합니다.

우리가 연약할 때에도 우리의 연약함을 통해 주님의 능력을 나타내신다는 것을 기억하게 하소서. 우리의 잘못과 실패에 산만해지지 않게 해 주시고 주님이 가장 어두운 순간에도 주님의 영광과 우리의 유익을 위해 우리를 구속하시고 사용하심을 기억하게 도와주소서.

하나님 아버지, 또한 지금이 이 땅에서의 삶이 초자연적 타이밍임을 감사히 여길 수 있도록 도와주실 것을 간구합니다. 관점을 바꾸어 주셔서 더 큰 그림을 보게 하시고 지금 이때에 우리가 이곳에 있다는 것을 이해할 수 있도록 도와주소서. 불평하고 원망하려는 유혹에 맞서고 인류 역사상 없었던 특별한 도구와 기회에 집중할 수 있게 해 주소서.

주님의 눈으로 세상을 보게 하시고 분명한 목적과 깨달음을 얻게 하시며 우리가 맡은 영광스럽고 초자연적인 사명에 지속적으로 집중하게 하소서. 또한 성령님과의 관계가 깊어지게 하심으로써 우리의 경험과 통찰의 의미를 깨달아 우리 주변 세상을 더 잘 섬기게 하소서.

인류를 향한 주님의 계획에 동참할 수 있는 특권을 주셔서 감사합니다. 우리에게 베풀어 주신 은사와 선물을 책임 있게 감당하여 혼란한 세상에 질서를 세우는 일에 쓰임받게 하소서. 이 모든 것을 우리 구주 예수 그리스도의 이름으로 기도합니다. 아멘.

너희도 산 돌 같이 신령한 집으로 세워지고 예수 그리스도로 말미암아 하나님이 기쁘게 받으실 신령한 제사를 드릴 거룩한 제사장이 될지니라 성경에 기록되었으되 보라 내가 택한 보배로운 모퉁잇돌을 시온에 두노니 그를 믿는 자는 부끄러움을 당하지 아니하리라 하였으니 그러므로 믿는 너희에게는 보배이나 믿지 아니하는 자에게는 건축자들이 버린 그 돌이 모퉁이의 머릿돌이 되고 또한 부딪치는 돌과 걸려 넘어지게 하는 바위가 되었다 하였느니라 그들이 말씀을 순종하지 아니하므로 넘어지나니 이는 그들을 이렇게 정하신 것이라 그러나 너희는 택하신 족속이요 왕 같은 제사장들이요 거룩한 나라요 그의 소유가 된 백성이니 이는 너희를 어두운 데서 불러 내어 그의 기이한 빛에 들어가게 하신 이의 아름다운 덕을 선포하게 하려 하심이라 _벧전 2:5-9

순전한나드 도서목록

번호	도서명	저자	가격
1	존 비비어의 승리<개정판>	존 비비어	13,000
2	교회를 뒤흔드는 악령을 대적하라	프랜시스 프랜지팬	5,000
3	교회를 어지럽히는 험담의 악령을 추방하라	프랜시스 프랜지팬	5,000
4	그리스도인의 삶의 비결<개정판>	진 에드워드	9,000
5	존 비비어의 친밀감<개정판>	존 비비어	16,000
6	내게 신선한 기름을 부으셨나이다	허 철	9,000
7	내어드림<개정판>	프랑소와 페늘롱	7,000
8	더 넓게 더 깊게	메릴린 앤드레스	13,000
9	존 비비어의 축복의 통로<개정판>	존 비비어	8,000
10	부서트리고 무너트리는 기름부으심	바바라 J. 요더	8,000
11	사도적 사역	릭 조이너	12,000
12	사사기	잔느 귀용	7,000
13	상한 마음을 치유하는 기도	마크 & 패티 버클러	15,000
14	상한 영의 치유1	존 & 폴라 샌드포드	17,000
15	상한 영의 치유2	존 & 폴라 샌드포드	12,000
16	여정의 시작	릭 조이너	13,000
17	영광스러운 교회에 보내는 메시지 1	릭 조이너	10,000
18	영분별<개정판>	프랜시스 프랜지팬	4,000
19	영적 전투의 세 영역<개정판>	프랜시스 프랜지팬	13,000
20	예레미야	잔느 귀용	6,000
21	예수 그리스도와의 친밀함	잔느 귀용	10,000
22	예수님을 닮은 삶의 능력<개정판>	프랜시스 프랜지팬	12,000
23	예수님을 향한 열정<개정판>	마이크 비클	12,000
24	잔느 귀용의 요한계시록<개정판>	잔느 귀용	13,000
25	인간의 7가지 갈망하는 마음	마이크 비클 & 데보라 히버트	11,000
26	저주에서 축복으로	데릭 프린스	6,000
27	주님, 내 마음을 열어 주소서	캐티 오츠 & 로버트 폴 램	9,000
28	지구상에서 가장 강력한 기도	피터 호로빈	7,500
29	축사사역과 내적치유의 이해 가이드	존 & 마크 샌드포드	22,000
30	출애굽기	잔느 귀용	10,000
31	하나님과 동행하는 사람들<개정판>	샨 볼츠	9,000
32	하나님과 사람에게 더욱 사랑스러운 자	듀안 벤더 클럭	10,000
33	하나님과의 연합	잔느 귀용	8,000
34	하나님을 연인으로 사랑하는 즐거움	마이크 비클	13,000
35	하나님 마음에 합한 사람	마이크 비클	13,000
36	하나님의 아름다움을 바라보는 축복	허 철	10,000
37	하나님의 요새<개정판>	프랜시스 프랜지팬	9,000

번호	도서명	저자	가격
38	하나님의 장군의 일기<개정판>	잔 G. 레이크	6,000
39	항상 배가하는 믿음<개정판>	스미스 위글스워스	16,000
40	혼동으로부터의 자유	릭 조이너	5,000
41	혼의 묶임을 파쇄하라	빌 & 수 뱅크스	10,000
42	존 비비어의 회개<개정판>	존 비비어	11,000
43	금식이 주는 축복	마이크 비클 & 다나 캔들러	12,000
44	부활	벤 R. 피터스	8,000
45	거절의 상처를 치유하시는 하나님	데릭 프린스	7,000
46	존 비비어의 분별력<개정판>	존 비비어	13,000
47	통제 불능의 상황에서도 난 즐겁기만 하다	리사 비비어	12,000
48	어린이와 십대를 위한 축사사역	빌 뱅크스	11,000
49	빛은 어둠 속에 있다	패트리샤 킹	10,000
50	목적으로 나아가는 길	드보라 조이너 존슨	8,000
51	지도자의 넘어짐과 회복	웨이드 굿데일	12,000
52	하나님의 일곱 영	키이스 밀러	13,000
53	너희 지체를 의의 병기로 하나님께 드리라	허 철	8,000
54	세계를 변화시키는 능력	릭 조이너	12,000
55	왕의 자녀의 초자연적인 삶	빌 존슨 & 크리스 밸러턴	13,000
56	믿음으로 산 증인들	허 철	12,000
57	욥기	잔느 귀용	13,000
58	나라를 변화시킨 비전: 윌리엄 테넌트의 영적인 유산	존 한센	8,000
59	세상을 다스리는 권세의 회복	레베카 그린우드	10,000
60	창세기 주석	잔느 귀용	12,000
61	하나님의 강	더치 쉬츠	13,000
62	당신의 운명을 장악하라	알렌 키란	13,000
63	자살	로렌 타운젠드	10,000
64	그리스도인의 영적혁명	패트리샤 킹	11,000
65	초자연적 중보기도	레이첼 힉슨	13,000
66	하나님의 초자연적인 능력	바비 코너	11,000
67	사랑하는 하나님	마이크 비클	15,000
68	일곱 교회 이기는 자에게 주시는 축복	허 철	9,000
69	초자연적 경험의 신비	짐 골 & 줄리아 로렌	13,000
70	폭풍의 전사	마헤쉬 & 보니 차브다	13,000
71	천국 보좌로부터 온 전략	샌디 프리드	11,000
72	영향력	윌리엄 L. 포드 3세	11,000
73	속죄	데릭 프린스	13,000
74	신의 성품에 참예하는 자	허 철	8,000

순전한나드 도서목록

번호	도서명	저자	가격
75	불타오르는 사랑	스티브 해리슨	12,000
76	능력, 성결, 그리고 전도	랜디 클락	13,000
77	종교의 영	토미 펨라이트	11,000
78	예기치 못한 사랑	스티브 J. 힐	10,000
79	모르드개의 통곡	로버트 스턴스	13,500
80	1세기 교회사	릭 조이너	12,000
81	예수님의 얼굴<개정판>	데이비드 E. 테일러	13,000
82	토기장이 하나님	마크 핸비	8,000
83	존중의 문화<개정판>	대니 실크	13,000
84	제발 좀 성장하라!	데이비드 레이븐힐	11,000
85	정치의 영	파이살 말릭	12,000
86	이기는 자의 기름부으심	바바라 J. 요더	12,000
87	치유 사역 훈련 지침서	랜디 클락	12,000
88	헤븐	데이비드 E. 테일러	13,000
89	더 크라이	키스 허드슨	11,000
90	천국 여행	리타 베넷	14,000
91	파수 기도의 숨은 능력	마헤쉬 & 보니 차브다	13,000
92	지저스 컬처	배닝 립스처	12,000
93	넘치는 기름부음	허 철	10,000
94	거룩한 대면	그래함 쿡	23,000
95	믿음을 넘어선 기적	데이브 헤스	10,000
96	영적 전쟁의 일곱 영	제임스 A. 더함	17,000
97	영적 전쟁의 승리	제임스 A. 더함	13,000
98	기적의 방을 만들라	마헤쉬 & 보니 차브다	12,000
99	개인적 예언자	미키 로빈슨	13,000
100	어둠의 영을 축사하라	짐 골	13,000
101	보좌를 향하여	폴 빌하이머	10,000
102	적그리스도의 영을 정복하라	샌디 프리드	13,000
103	성령님 알기	마헤쉬 & 보니 차브다	12,000
104	십자가의 권능	마헤쉬 & 보니 차브다	13,000
105	축복의 능력	케리 커크우드	15,000
106	하나님의 호흡	래리 랜돌프	11,000
107	아름다운 상처	룩 홀터	11,000
108	하나님의 길	덕 애디슨	13,000
109	천국 체험	주디 프랭클린 & 베니 존슨	12,000
110	당신의 사명을 깨우라	M. K. 코미	11,000
111	기독교의 유혹	질 셔넌	25,000

번호	도서명	저자	가격
112	우리가 몰랐던 천국의 자녀양육법	대니 실크	12,000
113	임재의 능력	매트 소거	12,000
114	예수의 책	마이클 코울리아노스	13,000
115	신앙의 기초 세우기	래리 크레이더	13,000
116	내 인생을 바꿔 줄 최고의 여행	제이 스튜어트	12,000
117	거룩한 흐름 분위기	조슈아 밀즈	10,000
118	하이디 베이커의 사랑	하이디 & 롤랜드 베이커	13,000
119	하나님의 임재	빌 존슨	13,000
120	초자연적 기름부음	줄리아 로렌	12,000
121	하나님의 갈망	제임스 A. 더함	14,000
122	형통의 문을 여는 31가지 선포기도	케빈 & 캐티 바스코니	6,000
123	임박한 하나님의 때	R. 로렌 샌드포드	13,000
124	하나님을 향한 울부짖음	바바라 J. 요더	12,000
125	춤추는 하나님의 손	제임스 말로니	37,000
126	참소자를 잠잠케 하라	샌디 프리드	13,000
127	영광이란 무엇인가?	폴 맨워링	14,000
128	내일의 기름부음	R. T. 켄달	13,000
129	영적 전투를 위한 전신갑주	크리스 밸러턴	12,000
130	성령을 소멸치 않는 삶	R. T. 켄달	13,000
131	초자연적인 삶	아담 F. 톰슨	10,000
132	한계를 돌파하라	샌디 프리드	13,000
133	구약에서 일어난 모든 일들	윌리엄 H. 마티	13,000
134	신약에서 일어난 모든 일들	윌리엄 H. 마티	11,000
135	드보라 군대	제인 해몬	14,000
136	거룩한 불	R. T. 켄달	13,000
137	당신의 자녀를 향한 하나님의 65가지 약속	마이크 슈리브	8,000
138	무슬림 소녀, 예수님을 만나다	사마 하비브 & 보디 타이니	13,000
139	스미스 위글스웟스의 병 고침<개정판>	스미스 위글스웟스	12,000
140	뇌의 스위치를 켜라	캐롤라인 리프	15,000
141	약속된 시간	제임스 A. 더함	13,000
142	실패를 딛고 일어서는 믿음	샌디 프리드	12,000
143	스미스 위글스웟스의 성령의 은사<개정판>	스미스 위글스웟스	13,000
144	끝날 때까지 끝난 것이 아니다	R. T. 켄달	15,000
145	완전한 기억	마이클 A. 댄포스	10,000
146	금촛대 중보자들 1	제임스 말로니	15,000
147	금촛대 중보자들 2	제임스 말로니	13,000
148	금촛대 중보자들 3	제임스 말로니	13,000

순전한나드 도서목록

번호	도서명	저자	가격
149	마지막 때와 이슬람	조엘 리차드슨	15,000
150	질투	R. T. 켄달	14,000
151	사탄의 전략	페리 스톤	14,000
152	죽음에서 생명으로	라인하르트 본케	12,000
153	올바른 생각의 힘	케리 커크우드	12,000
154	악의 삼겹줄을 파쇄하라<개정판>	샌디 프리드	12,000
155	지옥의 실체와 하나님의 열쇠	메리 캐서린 백스터	12,000
156	문지기들이여 일어나라	제임스 A. 더함	15,000
157	안식년의 비밀	조나단 칸	15,000
158	하나님의 시간표	마크 빌츠	12,000
159	예루살렘의 평화를 위해 기도하라	탐 헤스	13,000
160	유대적 관점으로 본 룻기	다이앤 A. 맥닐	15,000
161	폭풍을 향해 노래하라	디모데 D. 존스	13,000
162	영광의 세대	브루스 D. 알렌	15,000
163	하나님을 홀로 두지 말라	행크 쿠네만	14,000
164	하나님이 디자인하신 완전한 나	캐롤라인 리프	20,000
165	대적의 문을 취하라<개정증보판>	신디 제이콥스	15,000
166	R. T. 켄달의 임재	R. T. 켄달	13,000
167	영성가의 기도	찰리 샴프	10,000
168	과거로부터의 자유<개정판>	존 로렌 & 폴라 샌드포드	14,000
169	하나님의 불	제임스 A. 더함	15,000
170	일상에 임한 하나님의 영광	브루스 D. 알렌	14,000
171	일곱 산에 관한 예언<개정판>	조니 엔로우	15,000
172	마지막 시대 마지막 주자	타드 스미스	13,000
173	주의 선하신 치유 능력	크리스 고어	13,000
174	건강한 생활 핸드북	로라 해리스 스미스	15,000
175	더 높은 부르심	제임스 말로니	12,000
176	레위기, 민수기, 신명기<개정판>	잔느 귀용	14,000
177	당신도 예언할 수 있다<개정판>	스티브 탐슨	14,000
178	생각하고 배우고 성공하라	캐롤라인 리프	15,000
179	기적을 풀어내는 예언적 파노라마	제임스 말로니	13,000
180	케빈 제다이의 초자연적 재정	케빈 제다이	14,000
181	적그리스도와 마지막 때 분별하기	마크 빌츠	13,000
182	마음을 견고히 하라	빌 존슨	9,000
183	천국으로부터 받아 누리기	케빈 제다이	13,000
184	모든 것이 당신에게 유리하게 되어 있다	케빈 제다이	15,000
185	징조 II	조나단 칸	18,000

번호	도서명	저자	가격
186	데릭 프린스의 교만과 겸손	데릭 프린스	10,000
187	유다의 사자	랍비 커트 A. 슈나이더	15,000
188	원뉴맨 성경(신약편)	윌리엄 J. 모포드 역	50,000
189	하나님의 임재 안으로 들어가기	데릭 프린스	11,000
190	원띵	샘 스톰스	15,000
191	천사들과 동역하는 삶	케빈 제다이	15,000
192	뇌의 스위치를 켜라 365	캐롤라인 리프	22,000
193	말씀으로 꿈을 해석하는 법	아담 F. 톰슨 & 아드리안 비일	37,000
194	능력의 문	조슈아 밀즈	17,000
195	데릭 프린스의 믿음의 능력	데릭 프린스	13,000
196	하나님의 인질	앤드류 브런슨	17,000
197	천국 화폐의 축복을 취하라	케리 커크우드	14,000
198	기름 부음의 비밀	베니 힌	15,000
199	창조적 영광	조슈아 밀즈	19,000
200	하나님을 보는 마음	프랜시스 프랜지팬	13,000
201	성령님	빌 존슨	16,000
202	초자연적 그리스도인	대런 스토트	17,000

Unapologetically Supernatural

Copyright ⓒ 2024 by Darren Stott

Originally published in English under the title : Unapologetically Supernatural
Published by DESTINY IMAGE® PUBLISHERS, INC.
P.O. Box 310, Shippensburg, PA 17257-0310
All rights reserved.

Korean Translation Copyright ⓒ 2025 by Pure Nard, Seoul, Republic of Korea
This Korean edition was published by arrangement with DESTINY IMAGE.

이 책의 한국어판 저작권은 DESTINY IMAGE와의 독점 계약으로 순전한 나드에 있습니다.
저작권법에 의해 한국 내에서 보호받는 저작물이므로 무단 전재와 무단 복제를 금합니다.

초자연적 그리스도인

초판 발행 | 2025년 8월 7일

지 은 이 | 대런 스토트
옮 긴 이 | 김주성

펴 낸 이 | 허철
책임편집 | 인수현, 김선경
디 자 인 | 이보다나
총   괄 | 허현숙
인 쇄 소 | (주)프리온

펴 낸 곳 | 도서출판 순전한 나드
등록번호 | 제2025-000033
주   소 | 경기도 부천시 원미구 길주로347, 305호(중동)
도서문의 | 032)327-6702
홈페이지 | www.purenard.co.kr

ISBN 978-89-6237-401-8 03230